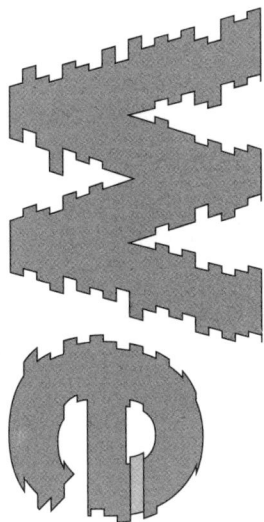

自媒体

营销与运营实战

内容创作、平台推广与商业变现

秦绪文◎编著

人民邮电出版社

北　京

图书在版编目（CIP）数据

自媒体营销与运营实战：内容创作、平台推广与商业变现 / 秦绪文编著. -- 北京：人民邮电出版社，2020.5
ISBN 978-7-115-53024-0

Ⅰ. ①自… Ⅱ. ①秦… Ⅲ. ①网络营销 Ⅳ. ①F713.365.2

中国版本图书馆CIP数据核字(2020)第001211号

内 容 提 要

本书包含自媒体新手入门、内容运营、平台运营、推广变现四大模块，共15章，主要内容包括新手如何认识和开启自媒体营销、自媒体人如何自我定位、自明星的IP打造、自媒体的爆款内容创作、如何通过直播运营提升人气、自媒体流量平台的运营（包含微信公众号、头条号、百家号、大鱼号等多个流量平台）、自媒体引流涨粉与变现等，帮助自媒体人快速成为营销高手。

本书适合自媒体创业者、新媒体运营者和那些特别想通过自媒体创业成为自明星的互联网从业者阅读。

◆ 编　著　秦绪文
　　责任编辑　马　霞
　　责任印制　周昇亮

◆ 人民邮电出版社出版发行　北京市丰台区成寿寺路 11 号
　邮编　100164　电子邮件　315@ptpress.com.cn
　网址　http://www.ptpress.com.cn
　三河市中晟雅豪印务有限公司印刷

◆ 开本：700×1000　1/16
　印张：15.5　　　　　　　　　2020 年 5 月第 1 版
　字数：303 千字　　　　　　　2020 年 5 月河北第 1 次印刷

定价：59.80 元

读者服务热线：(010)81055296　印装质量热线：(010)81055316
反盗版热线：(010)81055315
广告经营许可证：京东工商广登字 20170147 号

序言

经过一段时间的忙碌，我的这本新书终于完稿了，出书这件事其实是我没有想到的。我当时做自媒体的初衷很有意思，就是想给自己的孩子树立一个榜样，以身作则地去做出点成绩。

我本身是做企业培训的，专门为一些企业做关于全网营销、微营销、新媒体营销等的培训。但是我的孩子是看不见这些培训的，他也不知道我到底在做什么，只知道自己的爸爸隔几天就要出差一次。于是我就想能不能做一件事，让他了解我的工作，通过我的言传身教，让他也可以学到一些东西。所以我就利用不出去讲课的时间开始在自媒体平台上写作和录制讲课视频，没想到效果显著。

这不只让我的孩子知道了我在干什么，还让他也养成了看书、演讲的习惯，他还跟我说："爸爸，我以后也要当老师。"我曾经跟他说过，我是个老师，他也想像我一样，当个老师，给别人讲课，他认为这是很好的事情。

我很开心，我的目的达到了。除了开心，我还感到一丝丝欣慰，因为我重视孩子的教育，知道了父母对孩子的重要性。孩子的教育不只是言传那么简单，你说再多，如果自己做不到，那就是失败的教育。但是如果你自己做到了，孩子看在眼里，就会以你为榜样，去严格要求自己，而你需要的仅仅是"做"。

这就是我做自媒体的原因，很简单。另外，我还有很多意想不到的收获，如接受了新加坡《联合早报》的采访，成为《联合早报》的评论家；完成了授自媒体课程，共 230 页 PPT 内容；被很多人邀请去线下讲授自媒体课程；在全网增长了近 10 万粉丝。而这仅仅是花费半年时间、我分享自己做自媒体的经验取得的成果。

我很荣幸能够和更多的伙伴分享我所知道的关于自媒体的"玩法"，让大家可以了解自媒体、熟悉自媒体、掌握自媒体、玩转自媒体，并且可以在生活以及工作中通过自媒体达成目标、实现梦想。

一、名利双收的法宝

不少人认为自媒体人仅仅通过发布文章或者视频就可以靠阅读量获得收益，其实这是对自媒体最狭隘的解读。自媒体不是只有这一个功能，它还可以让我们成名，让我们提高影响力。有人会说："那会获得收益吗？"有名气了还怕没有收益吗？如果你有100 万个粉丝、1000 个万粉丝，收益自然水到渠成。即使你只有 10 万个粉丝，也算是有一定影响力了。有人通过众多粉丝做了很多以前想都不敢想、做都不敢做的事情。

只要能把自己擅长、喜欢的东西展示给更多的人，那么做自媒体就是有价值的。有价值的自媒体，会被人记得，也会获得超过自己预期的回报！

二、全民动员的盛会

自媒体是否只适用于一部分人？单人作战是不是就不能做好？自媒体是不是必须要团队运作才行？我们无法保证做任何事一定能成功，但只要自己努力了，并且全力以赴，结果一定不会差到哪儿去。

现在有很多"三农"自媒体人，仅凭自己一个人，一年涨粉十几万甚至几十万，他们没有团队，都是自己研究；有些美食自媒体人去找寻街边美食，自己掏腰包试吃，也获得了不少关注；还有旅游领域的自媒体人，只靠着自己的兴趣，拍摄旅游视频。可见，现在做自媒体已经不是某一类人的专利了，只要你想做，无论是上班族，还是老板、学生，都可以去做。当全员都在做自媒体的时候，你还要观望，认为它不适合自己吗？

三、四大版块 15 章的内容

本书就是一本关于自媒体的工具书，它包括新手入门、内容运营、平台运营、推广变现四大板块，共分成了 15 章来具体阐述。

第 1 个板块是新手入门，你将首先掌握自媒体的知识，例如什么是自媒体、自媒体有哪些优势、有哪些推广平台等。这一版块让你先对自媒体有个全新的理解，重新认识什么才是真正的自媒体。然后，教你如何定位、如何分析、如何找到适合自己的领域以及自媒体的发展道路，让你明白从"小咖"到"中咖""大咖"，各个领域的人是如何打造自媒体的。

第 2 个板块是内容运营，你将会了解如何创作内容、如何拍摄视频、如何使用工具、如何打造爆文以及如何玩转直播。这一版块让你迅速掌握自媒体运营的知识和技能，快速成为自媒体达人。

第 3 个板块是平台运营，你将会了解目前比较热门的自媒体平台和它们的运营方式，以及各平台独有的特点。这一版块可以让你更好地运营各个自媒体平台，不再为找不到好的方法而忧虑重重，更有效地玩转自媒体平台。

最后一个板块是推广变现，也是压轴大戏，因为我们做自媒体的一个主要目的就是变现营利。这一版块罗列了推广涨粉的有效方法以及比较常用的变现方式，让大家更有动力做好自媒体。

四、感恩，感谢

太多的内容，我无法全部呈现；更多的干货，留给伙伴们到书中去探寻。感恩在我做自媒体的过程中给我鼓励的所有人；感谢你选择了这本书，正是因为你的选择才凸显出了这本书的价值；感谢在本书形成过程中默默付出的所有人。更多的感谢汇聚成一句话：感恩你打开了这本"神奇"的书，祝愿你可以用它成为最棒的自媒体人！

秦绪文

目录 | Contents

第 3 章　自我蜕变：草根个人从自媒体成长为自明星

第 4 章　爆款 IP：运用自明星打造强势的个人品牌

第 5 章　内容为王：不再做内容搬运工

第 6 章 图文创作：10W+ 自媒体爆文写作技巧

第 7 章　视频创作：轻松打造高曝光量的爆款短视频

第10章　今日头条：支持所有自媒体内容体裁创作

第11章　BAT平台：百家号＋大鱼号＋腾讯企鹅号

第15章 运营灼见：将自媒体内容做全渠道覆盖推广

第 1 章

新手速学：
小白如何从零开始学自媒体

随着社会信息化的发展和移动智能时代的到来，信息的发布越来越简易化、平民化、自由化，自媒体便应运而生。如今自媒体的运营存在可观的商机和利益，这使自媒体变得非常火热。本章主要介绍与自媒体相关的基础知识，为后面的学习奠定良好的基础。

要点展示

>> 新手入门，认识自媒体的特点和形式
>> 开启自媒体，实现全媒体渠道营销
>> 掌控自媒体，你才能赢得这个时代

1.1 新手入门，认识自媒体的特点和形式

无论是从市场大环境的发展和变化来分析，还是从自媒体自身的发展状况来展望，自媒体的发展都是有前途的，并且其上升空间还很广阔。本节主要介绍自媒体行业。

1.1.1 什么是自媒体？

自媒体的主要特点凸显在一个"自"字上——自我、自由、自主地利用现代化手段和平台传播信息。我们可以将其简单地看作一个"个人媒体"。

1. 自媒体的特点

自媒体是一种私人化性质的传播介质，通常以个人或小团队为单位，依靠手机、计算机等简单工具，结合微信、微博、贴吧等网络媒休就可以操作运营。自媒体的特点有 3 个：私人化，通常以个人为单位运营；简易化，在手机，计算机上就可操作；自主化，不受他人思想的指挥。

2. 自媒体的类型

自媒体给人的直观感受就是一个单个人的媒体，但其实它背后的操作者可以是个人也可以是团队，并且操作的平台和营利模式都大不相同，自媒体的类型如图 1-1 所示。

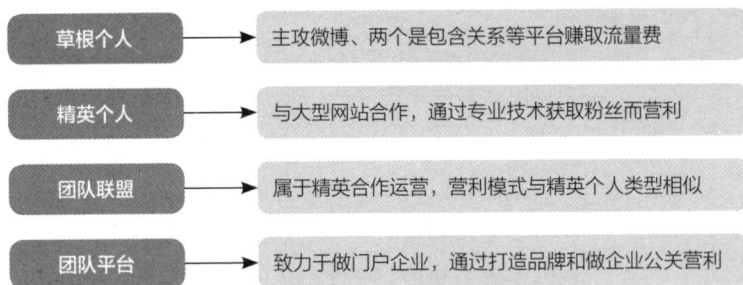

草根个人	→ 主攻微博、两个是包含关系等平台赚取流量费
精英个人	→ 与大型网站合作，通过专业技术获取粉丝而营利
团队联盟	→ 属于精英合作运营，营利模式与精英个人类型相似
团队平台	→ 致力于做门户企业，通过打造品牌和做企业公关营利

▲ 图1-1 自媒体的4种类型及营利方式

3. 自媒体的平台细分

对自媒体平台认识不深的人，印象里大概只有微博、微信、QQ 这些比较初级的个人平台。从上图可知，自媒体的运营还有团队化、企业化和网站合作化的模式，相应地就会有与之配套的自媒体平台，下面介绍 5 种不同类型的平台。

（1）视频平台：抖音、火山小视频、快手等。

（2）语音平台：喜马拉雅、蜻蜓 FM 等。

（3）网站平台：今日头条、一点资讯、网易、搜狐、简书等。

（4）微博平台：新浪微博、腾讯微博、网易微博、搜狐微博等。

（5）微信平台：微信公众号、微信朋友圈、微信小程序等。

> 💡 **专家提醒**
>
> 　　个人自媒体是自媒体经营的初级模式，个人自媒体与团队自媒体之间存在着不公平的竞争，但也存在着合作。当个人自媒体发展到一定程度后，团队化、企业化也必然成为其发展的趋势。

1.1.2　自媒体有什么优势？

　　自媒体近几年已经成为人们讨论的热门话题，变得越来越大众化，那么自媒体究竟有哪些优势呢？下面就为大家做具体的分析。

1. 曝光量大

　　一个自媒体人可以通过自媒体平台的曝光，一下子就拥有几万甚至几十万名粉丝。例如抖音上的"西瓜妹"，在网红脸让大众审美疲劳的时期，她通过一则发布在抖音平台的短视频，用清纯可人的形象引发了大众的关注，从开始的少量粉丝飙升到百万粉丝，到现在已经拥有了 600 多万名粉丝，这就是自媒体曝光量大的体现。图 1-2 所示为抖音平台"西瓜妹"的账号视频。

▲ 图1-2　"西瓜妹"的账号及视频

2. 能够营利

自媒体人受到大众关注之后，就会有企业找他们进行合作。自媒体人不仅可以通过给企业发广告软文来获利，还可以用自己的影响力进行粉丝商业变现。自媒体容易赢利的特点也是吸引很多人纷纷加入自媒体行业的原因。

3. 打造个人 IP

个人 IP（Intellectual Property，知识产权）的打造不是发个图文或者动态就能完成的。例如某自媒体在火之前就不能打造个人 IP，因为个人 IP 必须是有粉丝量、有影响力的自媒体才可以打造的。截至书稿完成，某自媒体的微博粉丝量已超 3000万。如图 1-3 所示。

▲ 图1-3　某自媒体的微博

4. 权重特别高

权重会通过各个平台的平台指数反映出来，如原创度、健康度以及与粉丝的互动程度。这些指数越高，权重就会越高。权重还有另一个诠释，例如我们在论坛上发一个帖子，不一定能获得展示的机会，没有人在下面顶帖就很容易石沉大海，所以论坛的权重相对来说是比较低的。而在自媒体平台发布的文章比较完整，无论是通过标题还是内容增加吸引力，都有更多的机会被用户关注。

1.1.3　主流自媒体有哪些？

目前，自媒体有 9 个主流平台，分别是今日头条、网易平台、搜狐平台、一点资讯、企鹅媒体平台、百家号、新浪看点，大鱼号，以及抖音等具体如图 1-4 所示。

今日头条	→	在 2018 年公布的数据中，今日头条的日活跃用户量已经超过 1 亿
网易平台	→	在网易平台上发布文章，需要达到一定的星级等级才能有好的传播量
搜狐平台	→	融合搜狐门户下搜狐网、手机搜狐网、搜狐新闻客户端资源于一体的平台
一点资讯	→	一点资讯的特点在于可以根据用户的爱好为其提供资讯内容
企鹅媒体平台	→	即腾讯内容开放平台，在这个平台上发布文章要格外注意发文的规范
百家号	→	此平台以百度新闻的流量资源作为支撑，能帮助运营者进行文章推广
新浪看点	→	新浪平台权重高，如果将内容设置为同步新浪微博并长久保持，会自动给微博涨粉
大鱼号	→	非常容易通过新手期，最快 1 天就能通过，大鱼号平台的收益也很可观
抖音	→	一个专注年轻人的 15 秒音乐短视频社区，内容越来越丰富多元

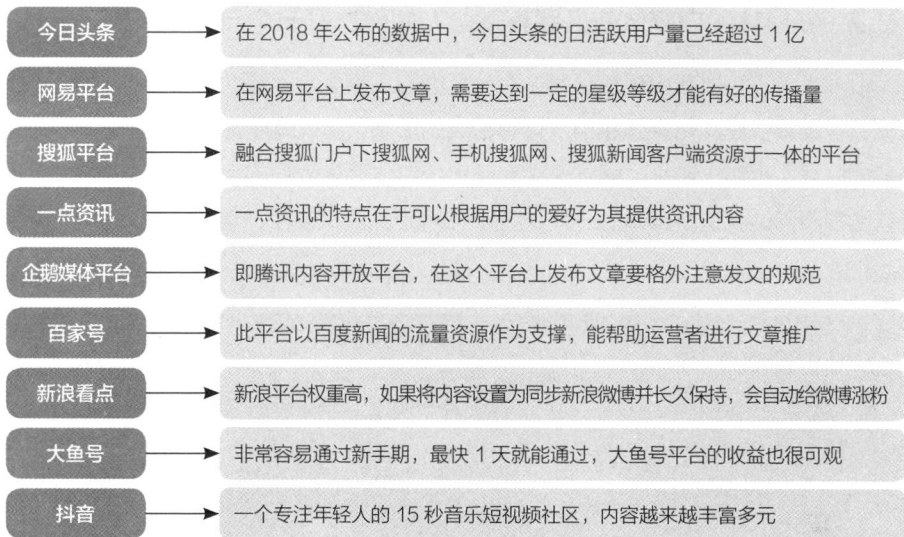

▲ 图1-4 主流自媒体平台

1.2 开启自媒体，实现全媒体渠道营销

在这个自媒体风靡的时代，做自媒体成为一个很好的选择。为了让更多的人快速地上手做自媒体，本节内容主要介绍新手如何开启自媒体之旅。

1.2.1 如何踏入自媒体？想做自媒体，该从哪里着手？

做自媒体其实没有大部分人想象的那么难，但为什么有些人没做多久就放弃了呢？主要是因为前期没有太多的盈利，且他们认为想要获利很复杂。那么我们又该怎么简单入手自媒体呢？

首先要考虑定位的问题，例如，自媒体人想做旅游方面的账号，就要考虑自己是否擅长做旅游账号，其次要考虑自己是否热爱旅游。只有运营自己擅长且喜欢领域的账号才能真正在自媒体行业稳步发展。

定好自己的目标之后，我们只需要持续不断地更新内容就可以了。无论是视频还是文字内容都能吸引感兴趣的用户，但如果没有内容只进行运营的话，是不能将用户转化为粉丝的，因为别人根本不会关注你。也就是说，自媒体人要能给用户一些输出，最好是输出"干货"内容，让用户可以学习交流。

所以经营自媒体首先要明确定位，选择自己喜欢、擅长的领域去创作内容，并且一定要持续更新内容才能留住粉丝。前期先不要考虑收益问题，至少过 3 个月以后再开始关注营利问题。

1.2.2 新媒体和自媒体的区别有哪些？如何做好一个自媒体人？

很多人都不知道新媒体和自媒体有什么区别，甚至会混淆两者的概念，认为新媒体就是自媒体。其实新媒体和自媒体有很大的区别，新媒体不完全是指新兴媒体。在最初的时候，相对于电视、报纸、杂志等传统媒体而言出现的媒体就叫新媒体，例如现在的视频网站就是新媒体的一种。图 1-5 所示为腾讯视频的官网首页，也是新媒体的一种。

▲ 图1-5 腾讯视频首页

也就是说，与传统媒体发声渠道不同的媒体统称为新媒体，现在很多的视频网站、音频网站等各种各样的平台都属于新媒体。

而自媒体则是在大鱼号、百家号这类自媒体平台运营的账号。自媒体和新媒体的营利方式也不一样，新媒体是以平台的形式，吸收一些收费会员或信息流的广告来营利，而自媒体主要是靠广告费、软文费营利。当然，目前有些自媒体人也开始创建自己的社群，通过会员付费等形式来营利了，所以现在新媒体和自媒体的界限也没有那么清晰了。

1.2.3 如何申请自媒体？

很多人由于刚刚开始接触自媒体，还不是特别了解怎么去申请注册自媒体账号。有些人可能认为发布一个动态，或在今日头条上发布一个微头条就成功注册了，又或者手机登录一下就是成功申请了。其实不是这样的，自媒体需要在 PC 端进行操作，只有 PC 端注册成功，并且通过审核，才算申请注册成功，才能去自媒体平台发文，这样你才能算真正进入自媒体领域。具体的申请流程笔者以今日头条为例给大家详细介绍，主要有以下5步。

第1步，找到自媒体注册平台，如果不知道自媒体平台在哪里可以直接在网上搜索。例如搜索"今日头条"，排在搜索第一位的就是"今日头条"这个自媒体平台。

第2步，选择注册，系统会提供多个选择，有手机号注册、QQ注册和微信注册等。如果选择手机号注册，在填写完手机号后平台就会发送验证码，只要填写验证码，单击注册即可。

第3步，注册完成后，会跳转到第2个选择类型的页面，这时会有4个类型以供选择，即个人、媒体、国家机构和企业。自媒体是个人操作，因此选择个人即可。

第4步，选择个人后，会跳转到完善资料页面，名称和简介一定要突出自媒体人的专业领域，这样更有吸引力。例如，自媒体人运营的是健身教学类账号，那么在简介中写"健身达人"会显得更专业，其他的内容根据要求填写即可。

第5步，提交资料之后，平台会要求进行实名认证。此时登录手机今日头条客户端，用注册的移动号登录移动端今日头条，再单击实名认证，提交身份证正反面照片即可，审核通过后就会有短信通知。

审核通过后自媒体人就可以发布图文、视频、问题了，但注册成功并不表示能获得收益，想要获得收益还需要自媒体人耐心地经营一段时间，累积一定的粉丝量。

1.3　掌控自媒体，你才能赢得这个时代

在互联网时代，自媒体被认为是时尚的代表，几乎每个人的手机上都会有至少一个自媒体APP，自媒体已成为全民时尚和全民事业。因此只有掌控自媒体，才能赢得这个时代。

1.3.1　现阶段什么生意赚钱？做自媒体靠谱吗？

对于做什么生意赚钱，不同的人有不同的看法。例如现在互联网发展迅速，有人认为实体店不赚钱，但是依然有不少线下实体店做得不错。所以关于做自媒体是否靠谱的问题，关键还是在于个人，有些人能做好自媒体，有些人却做不好自媒体。那么是自媒体不好做吗？其实不是，关键还是要看什么人在做以及是怎么去做的。做自媒体的难点主要表现在以下3个方面。

（1）做自媒体一定是辛苦的。自媒体人要选主题、找素材、拟标题、创作内容。如果每天只需要发布1篇文章，算是比较容易的。如果每天需要发布5篇甚至是10篇文章的话，则需要自媒体人投入大量的时间和精力。而且发布的文章不一定能成为爆文，阅读量也不一定高，还有可能没有收益。

（2）符合用户的喜好难。因为在互联网时代，可供用户选择的自媒体太多了，你没有优质的内容，没有特点，无法把握用户的喜好，用户马上就会忘记你。而我们唯一能做的就是多创作优质的内容，别人创作过的内容尽量不要去模仿，多输出一些用户没看过的内容，维护好用户才是自媒体的立足之本。

（3）原创不容易。现在各个自媒体平台都在鼓励原创，有些平台甚至提供了原创补贴。原创收益是非原创的几倍甚至几十倍。但是原创不是随便想想就有的，创作方向、创作素材、爆点等都需要认真去研究、思考。

现在已经有更多的专业原创者涌入了自媒体平台，在群雄逐鹿的时代，唯有精准原创才是制胜法宝。如果你做好了应付以上各种困难的准备，就可以开始做自媒体了。

1.3.2 自媒体何去何从？自媒体营利点在哪里？

一般来说，只要自媒体人用心去经营自己的账号，把自媒体做好，当积累了一定的粉丝量以后，就可以营利了。其实自媒体的营利点很多，例如刚开始经营自媒体的营利方式就有 5 种，具体如图 1-6 所示。

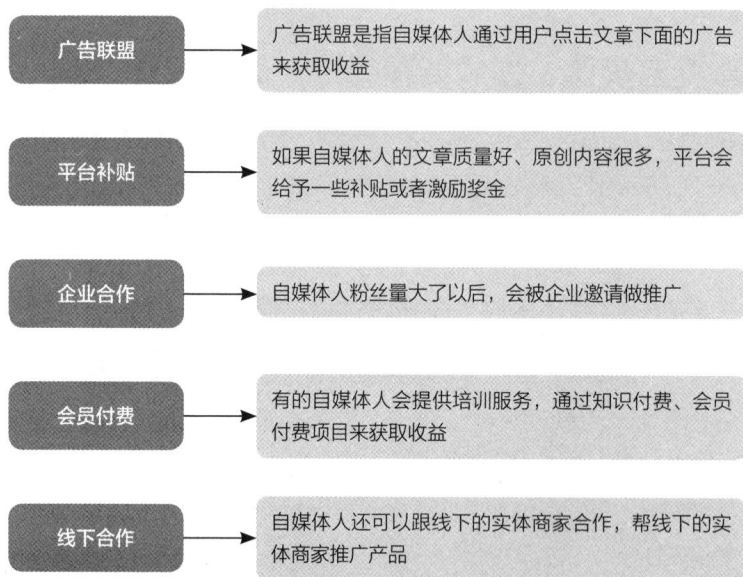

广告联盟	广告联盟是指自媒体人通过用户点击文章下面的广告来获取收益
平台补贴	如果自媒体人的文章质量好、原创内容很多，平台会给予一些补贴或者激励奖金
企业合作	自媒体人粉丝量大了以后，会被企业邀请做推广
会员付费	有的自媒体人会提供培训服务，通过知识付费、会员付费项目来获取收益
线下合作	自媒体人还可以跟线下的实体商家合作，帮线下的实体商家推广产品

▲ 图1-6 自媒体人的营利方式

一般来说，通过做知识付费项目以及和企业合作的方式营利，是自媒体行业比较常见的营利方式，例如某公众号就是通过知识付费、会员付费的方式来营利的，如图 1-7 所示。

▲ 图1-7 通过知识付费、会员付费的方式营利

企业合作则是自媒体人通过在账号发布视频或者软文的方式，来帮助企业进行推广，然后双方都获得收益的方式。这一营利方式的前提是自媒体人要有一定的粉丝量。图 1-8 所示为某自媒体帮助唯品会发布的推广视频。

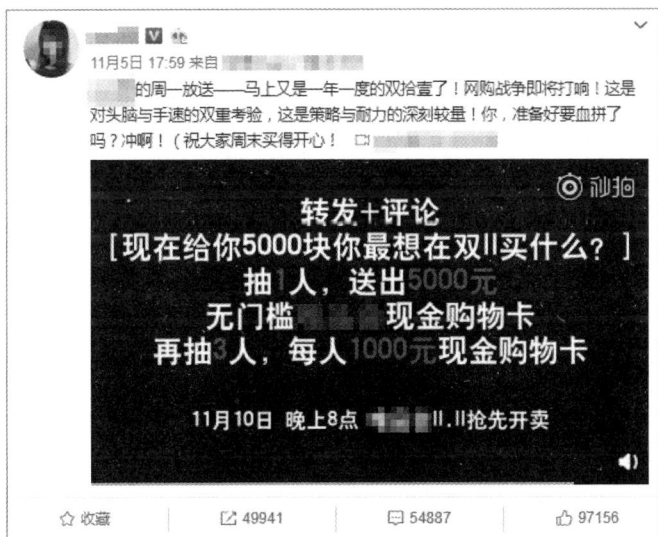

▲ 图1-8 通过与企业合作的方式盈利

在运营前期，自媒体人的首要任务是将自己的内容做好、做到极致。等自媒体人获得了一定的粉丝量和关注量以后，想要获利就会变得很容易了。

1.3.3　月赚 3 000 元和月赚 30 000 元的自媒体的区别

对于刚刚投身自媒体行业的人来说，经常会遇到这些问题：自己兢兢业业地运营，却不能获得高的阅读量和推荐量；其他同行都收入可观，为什么自己却几乎没有收益……究竟是哪里出了问题？自己到底该不该坚持？其实自媒体没有收益或者收益很少，往往是因为以下 4 个原因。

（1）没有精准定位。有些自媒体人刚进入自媒体行业就急于发布文章，今天发布娱乐新闻，明天发布励志"鸡汤"，后天发布体育解说或是科技新闻。这样会导致账号定位混乱，没有精准的粉丝用户。

（2）没有原创，全部靠搬运。有些自媒体人自己不愿意花心思琢磨内容，而仅仅靠搬运别人的文章。即使他们每天搬运几十上百篇文章，其推荐量和阅读量可能也比不上一篇原创文章，当然得不到收益。

（3）没有选择好的自媒体平台。有些自媒体人没有认真地评估每个平台的发布规则，而是随意选择一个平台注册账号并发布内容，结果是花了很多时间，却做了不少无用功。因为这些自媒体人选择的是一个没有流量的自媒体平台，当然不会有收益。还有一些自媒体人只守着一个自媒体平台，虽然专注是一种好品质，但在互联网发展日新月异的时代环境下，死守着一个平台很可能会阻碍自己的发展。

（4）心态浮躁，急功近利。有些自媒体人认为只要发布内容就能获得收益，希望内容发布之后就能被系统推荐，然后很快就能成为拥有 10W+ 阅读量的爆文。结果发现系统并没有推荐自己发布的内容，自媒体人就会一蹶不振，之后就三天打鱼两天晒网，当然不可能获得收益。

其实想实现月赚 30 000 元也不是没有希望的，只需要做到下面 4 点即可。

1. 精准定位

精准的定位是自媒体人成功的保障。也就是说自媒体人必须要让用户准确地知道自己是做哪方面内容的，提到你就能想到你写的内容，就像提到马云大家就能想到阿里巴巴，提到雷军就能想到小米一样，所以精准定位很重要。

现在定位哪些内容能够让创收事半功倍呢？主要有以下 3 个方向。

（1）母婴育儿类。母婴和亲子教育类的自媒体很受大众欢迎，因为随着时代的发展，家长越来越重视孩子的教育。做一个母婴育儿类的自媒体，除了阅读量会提升之外，后面还会有更多的营利渠道。

（2）生活类。这一类的内容有很多。现在人们的生活水平大幅度提高，对于生活品质的要求也在进一步提升，所以关于运动健身、美食、养生的自媒体常常会大受追捧。与此同时，大众在情感上更需要倾诉，于是情感励志类的自媒体也很容易获得关注。另外，时尚娱乐类的自媒体同样深受大众所喜爱。

（3）理财类。财富一直是一个备受关注的话题，所以理财方面的市场也很大，应运而生的理财类自媒体同样大放异彩。

另外，创业指导类、职场招聘类等与利益有关的自媒体也很有发展前景。

2. 内容一定要原创

在内容为王的时代，原创永远是正道。仅仅依靠搬运内容是不会获得长久发展的，对自媒体人自身也起不到提升能力的作用。所以坚持内容原创、保持推广原创才是发展的关键。

3. 选择优质的自媒体平台

一个好的平台可以让收益翻倍，所以自媒体人一定要选择用户量大收益可观的平台。同时，收益较高的平台会对"吸粉导流"起到事半功倍的作用。

4. 做不忘初心的自媒体人

大家做自媒体都希望有好的收益，同时能成为一个有影响力的人。但是如果轻易放弃的话，想要通过做自媒体达成的这些愿望就不能实现了。所以如果下定决心做自媒体，就要记住这些目标，快速地提升自己。

1.3.4　在职人员如何做好自媒体？

做自媒体很简单，但是要做好自媒体并不容易，在职人员主要可以从以下两个方面明确自己的定位。

（1）做自己本职工作范围内的自媒体账号，因为这是自己比较熟悉的领域，运营起来要轻松一些。

（2）如果不想做本职工作范围内的账号，就需要花大量的时间去学习其他领域的知识，然后将这些知识用通俗易懂的方式变成内容发布出来。

> 🔆 专家提醒
>
> 　　自媒体工作是比较枯燥的，在职人员一定要调整好心态。在初始阶段，做自媒体纯粹是义务输出，如果不能端正心态，多鼓励自己，就有可能无法坚持下去。

1.3.5　自媒体行业火爆的原因及其发展前景

现在自媒体行业的从业人员非常多，让人不禁想问，为什么现在自媒体行业这么火爆？其实自媒体的火爆主要有以下两个原因。

1. 做自媒体收益可观

各个平台都有扶持政策，只要运营好了一个账号，自媒体人就可以通过广告获利，也可以通过商品获利。如果内容创作得好，平台还会有补贴。自媒体营利的渠道可谓多种多样。

2. 逆袭成名变得比以前容易

从前人们想要成名太难了，而如今只要自媒体人能吸引大量的粉丝用户，那么就算成名了。如果说拥有 100 万名粉丝的自媒体人就是名人，那么拥有 1000 万甚至 1 亿名粉丝的自媒体人就是超级明星。这在以前是无法想象的事，但在自媒体时代却真真切切地发生了。

既然自媒体行业现在就如此火爆，那么将来自媒体还会有前景吗？现在开始做自媒体是否已经晚了？其实，自媒体发展到今天已经有近 20 年的历史，经历过 4 个阶段，只不过以前这个行业还不叫自媒体。每个时间段开始做自媒体都有人会说已经晚了，但每个时间段都有人通过自媒体迎来崭新的人生。所以任何时间做自媒体都不晚，就看你想不想做、能不能坚持去做。未来自媒体会朝着以下 4 个方向发展。

（1）内容变得尤为重要。随便发一些内容就能获得收益的情况将一去不复返了，搬运内容的收益也已经大幅度降低，而且有侵权的风险。所以原创将是实现长远发展的唯一途径，同时将促进收益的增加。

（2）运营变得尤为重要。如何让粉丝有黏性，让自媒体人更有话语权，让粉丝自发地去做推广，这是每个自媒体人都需要考虑的问题。

（3）短视频将会持续大热。随着 5G 时代的来临，流量将变得越来越便宜，随之而来的就是可以随时随地观看视频。自媒体的重心将会转移到短视频上，因此短视频的质量也将会变得尤为重要。大浪淘沙之后，那些原创质量高的短视频将会迅速占领市场。

（4）创意将会是自媒体人的必修课。"一个好的创意抵得过千军万马"，这一句在广告界流传久远的话，在自媒体界也逐渐被人谈起。在内容相差无几的情况下，谁有好的创意，谁就可以快速胜出。

所以，未来的自媒体行业依然前景无限。如果你想在自媒体领域有长远发展，就必须重视内容及其运营，并保持对新鲜事物的敏感度。只有这样，你才能在变化的环境中以不变应万变。

第2章

自我定位：
新手自媒体人要选择正确的领域

学前提示

凡事预则立，不预则废。既然我们决定将自媒体的经营作为一项事业，那么就和我们从事任何一项工作一样，需要认真做好准备。本章最主要的目的就是要教会自媒体人锁定用户和选对自己的领域，把握自己未来的方向，获取更多的收益。

要点展示

- ≫ 说给谁听？自媒体的目标用户定位
- ≫ 说些什么？自媒体的内容领域定位
- ≫ 在哪里说？自媒体的平台渠道定位

2.1 说给谁听？自媒体的目标用户定位

要想经营好自媒体，准备工作是必不可少的，这决定了自媒体人今后的长久发展。本节主要向读者介绍经营自媒体前如何锁定用户，并通过分析竞争环境、自身特点获得精准粉丝用户。

2.1.1 锁定用户群体

在运营过程中，用户都是具有差异化的个体，不管是个人爱好还是个人属性，都是不同的。而运营者要想锁定用户并留住用户，让用户对自己产生认同感和归属感，就应该以打造差异化、个性化的产品和内容为运营主旨，让用户觉得你对他们是用心的、是重视的。这样不仅有利于留住用户，还有利于后续营销的实现。

在对用户的不同爱好、属性有一定了解的情况下进行的运营工作，不仅是差异化的，也是精准化的，能够快速锁定用户。而差异化和精准化的运营需要做到以下3点。

（1）及时——急他们之所急。

（2）周到——想他们之所需。

（3）暖心——荐他们之所喜。

做到这3点，既能让用户看到不一般的推送内容，还能带给自媒体人可喜的回报。就拿淘宝头条来说，它将软文分成了不同的类型，运营者在发布文章时也会更有针对性。这样用户能从中更快速地找到所需要的软文，这无疑能更快地引起用户的关注。图2-1所示为"淘宝头条"的软文分类。

▲ 图2-1 "淘宝头条"的软文分类

2.1.2 分析竞争环境

自媒体人在锁定用户群体后，就需要进行市场分析了，其主要工作是分析市场上有哪些与自己运营领域相同的账号，并且能否分割出一块属于自己的市场。不然如果我们选择了一个竞争对手特别强的领域，作为新人是很难超越竞争对手获得关注的，那么之前在这个领域消耗的时间和精力也就白费了。分析竞争环境的重要性如下所述。

1. 分析竞争环境是做自媒体的根本前提

自媒体做内容推送，一方面是为了满足读者的技能、精神或文化等需求；另一方面是为了吸引用户关注，从而获得更多的收益。实现这两个目标的根本前提就是进行市场竞争环境的分析。只有细致、深入地对竞争环境进行分析之后，自媒体人才能认清自身的优势和劣势，进而扬长避短，让自己的内容创作更优质，被更多用户关注，而不会因为对自身认知不足被市场淘汰。

2. 分析竞争环境有利于把握机会、把握未来

在一个充满竞争的市场环境中，威胁与机会往往都是并存的，并且二者之间还有可能相互转化。如果不能把握机会，优势也会变成劣势甚至变成威胁；而把握机会，则可能将劣势变为对自己有利的因素，其关键就在于对市场竞争环境的分析。因为分析市场的过程就是发现机会的过程，只要发现机会并把握机会，我们就能充分把握自己的未来。

2.1.3 分析自身特点，找到目标用户的切入点

在笔者看来，有针对性地解决用户的痛点需求可从两个方面来进行，即从用户的需求出发和专攻一点解决用户痛点问题，具体分析如下。

1. 了解用户需求

在自媒体人清楚地了解了用户需求的情况下，有针对性地解决用户提出的不同问题，对于留住用户、降低用户的流失率有很大帮助，这一点体现在以下两个方面。

（1）从用户需求出发解决问题，可以改善用户体验不如意的情况，从而极大地提升用户对自媒体人的好感度。

（2）从用户需求出发还可以让用户感受到自媒体人对他们的关注和重视，从而提升用户的参与度和关注度。

2. 专攻一点解决问题

古语有云："兵在精而不在多。"其实，这句话同样适用于互联网领域的运营工作。

任何平台的运营者，都希望追求全面发展，希望可以吸引很多用户。但是想要达到这一运营目标需要耗费巨大的人力、财力，且在追求全面的过程中，可能一不留心，就会犯知识性的错误，从而让用户产生不信任的心理，最终得不偿失。

因此，对于运营工作，我们应该选择的方向是专攻一点。我们首先要分析自身的特点，再结合这一特点在某一领域中做到极致。然后从该领域极致的点上针对特定用户群体，解决他们的痛点需求。那么，这些有着明确指向的用户群体便会成为你的忠实粉丝。

基于此，自媒体人想要更有效地留住用户，可以把平台功能和内容设置得简单一些，专门从某一角度出发，有针对性地解决用户痛点问题。

2.2 说些什么？自媒体的内容领域定位

自媒体的内容领域，通俗地说，就是自媒体人做的是哪一方面的内容。很多自媒体人因为没有明白自媒体内容领域的问题，在写文章的时候会出现跨领域的现象。本节主要介绍自媒体的内容领域定位以及如何做好领域垂直度，以便自媒体人能轻松确定内容的领域定位，不再彷徨。

2.2.1 自媒体人如何定位自己创作的领域？

有的自媒体人不知道该怎么选择自己创作的领域。其实要选择一个领域并不难，只需要遵循 3 点：① 自己喜欢的领域；② 自己擅长的领域；③ 市场前景好的领域。能够满足这 3 个因素的领域就是一个好的领域。下面我们分别对这 3 个因素展开论述，如图 2-2 所示。

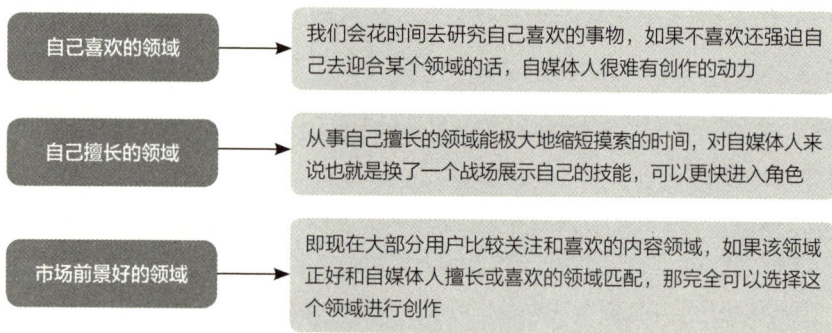

自己喜欢的领域	我们会花时间去研究自己喜欢的事物，如果不喜欢还强迫自己去迎合某个领域的话，自媒体人很难有创作的动力
自己擅长的领域	从事自己擅长的领域能极大地缩短摸索的时间，对自媒体人来说也就是换了一个战场展示自己的技能，可以更快进入角色
市场前景好的领域	即现在大部分用户比较关注和喜欢的内容领域，如果该领域正好和自媒体人擅长或喜欢的领域匹配，那完全可以选择这个领域进行创作

▲ 图2-2 自媒体人定位写作领域的3个因素

现在大多数人喜欢的内容有 3 种：一种是技能提升的；一种是开阔眼界的；还有一种是满足情感需求的，也就是关于正能量和情感的。自媒体人在选择内容领域时满足其中一种即可。有人说自己既没有擅长的领域，也没有喜欢的领域，那是不是就无法定位自己的领域了呢？当然不是，如果没有喜欢的也没有擅长的领域，那么就可以在以下 3 个领域中筛选一个适合自己的。

（1）涉及利益的领域是比较容易被大众关注的，这个领域包含 4 个主要类别，即理财类、创业类、房产类和职场类。

（2）母婴育儿和教育领域的关注量也是可观的，因为只要是关于孩子的内容，父母都会特别关心。

（3）关于社会生活的领域。因为在物质生活得到满足之后，大家都想提升生活品质，于是大量的追求高品质生活的群体出现了。例如情感类、美食类、时尚穿搭、明星八卦、运动健身等内容，都是追求高品质生活的群体会主动关注的。

2.2.2 自媒体如何做好垂直度？

一直有人说做自媒体就要做垂直自媒体，否则就没有发展前景、没有未来。那么什么是垂直自媒体，又应该如何打造呢？简单地说，垂直自媒体就是专注于某一领域的自媒体。例如，写母婴的就只写母婴，写娱乐新闻的就只写娱乐，写营销的就专门写营销，尽量不要涉及多个领域。例如，有的自媒体人又写母婴育儿，又写娱乐新闻，时不时还写一些正能量的"鸡汤文"。读者肯定不会对每个类型的内容都有兴趣，每个领域都涉及是留不住读者的。而我们为什么要做好自媒体的垂直度呢？主要有以下 4 点原因。

（1）拥有标签。当专注于某一领域之后，自媒体人创作的内容都会是关于该领域的内容，那么自媒体人带给人的感觉就是他是这一领域的专家。因为研究得最仔细，研究的时间也够长，所以用户会对其非常信任。同时这个自媒体在众多人心中的标签就是某一领域的专家，一想到这个领域，大家就能想到这个自媒体，这样这个自媒体也就有了很高的识别度。

（2）容易凸显。如果能专注于某一领域，那么这个自媒体能够崭露头角的机会也会更多，获得成功所需要耗费的时间会大大减少。举个例子，一个自媒体人发了 1 000 篇关于某一领域的文章，关于其余的领域的内容分别发了 200 篇，那么哪个领域被人看到的机会更大？答案肯定是前者。可见，做好垂直度也为凸显自己提供了有利的条件。

（3）粉丝精准。当专注于写作某一领域内容的时候，自媒体人吸引来的粉丝大部分是精准粉丝，是对这个领域感兴趣的人群。这样就会使后期的粉丝变现运营变得容易。

（4）平台助力。一般来说，专注于某一领域的内容都需要持续不断输出原创作品。当原创输出达到一定的量以后，平台也会有政策扶持，会把更多、更优质的流量送给自媒体，把自媒体的内容更加精准、快速地推送给目标客户群。这样自媒体人就实现了快速增粉的目的。

介绍了以上 4 点做好自媒体垂直度的原因，大家是不是也迫不及待地想打造自己的垂直自媒体了呢？那如何打造有垂直度的自媒体呢？自媒体人做到以下 3 点即可。

（1）在做之前一定要厘清以下问题。这个账号是做什么内容的，是为做什么而存在的，目标群体是哪些人？这个账号又可以给用户提供什么帮助？专注的是哪个领域？厘清这些问题之后再开始注册，完成注册后尽量不要更改信息——"从一而终"才能拥有高黏度的粉丝。

（2）在给粉丝提供内容的时候，一定要保证内容是优质的。如果自己运营一段时间以后不知道如何继续输出优质内容，可以参考同领域的大咖是怎么输出内容的，借鉴他们的方式再输出。如果同领域大咖的内容看完了，还可以购买这个领域的相关书籍，边看边学，边学边做。这样的话，你会更快成长，同时也能保证高效输出。

（3）做自媒体一定要有计划，最好是先做年计划，再做月计划和日计划。就像上班族的工作一样，每天的工作任务是什么，任务量是多少，完成结果的标准是什么，都需要有清晰的规划。这样操作起来才有条理性，不会因为突发情况打乱自己的工作安排。

> **💡 专家提醒**
>
> 自媒体人如果想要通过做好垂直度获得粉丝关注，应做到两点。首先，自媒体人每天至少需要花费七八个小时在自媒体运营上。如果花的时间太少，那么做出成绩的时间就会被拉长，还有极大的可能会被同行超越。其次，自媒体人应该专注于一个领域，不要任何领域都涉及，也不要一个领域各个角度都去写，做到只专注于一个点，然后深挖，这样成功的可能性最大。

2.2.3 以兴趣定位

现在自媒体人可以做的领域有很多，从大的类别上来说大约有 40 个。如果在大的类别上再细分下去就更多了，例如说科技领域就分为智能硬件、创业投资还有互联网等内容，能延展的领域范围也有很多。大部分人选择做自媒体，刚开始时都不知道该如何定位，都想找一个容易出爆文的领域。殊不知，你能发现的领域可能在自媒体刚出现的时候就被其他人涉足了。所以我们唯一能做的，就是选择自己了解且感兴趣的领域，除此之外，别无他法。

以职场领域为例，如果自媒体人对该领域感兴趣，而自己本身也从事人力资源、行政等工作，接触的面试人员比较多，或者在职场中的经验很丰富，又或者是职场培训导师，就非常适合选择该领域。

图 2-3 所示为按照兴趣定位的微信公众号的文章内容页面。这个公众号的作者就是

凭着自己对诗词的喜爱，运营着一个诗词人物志的公众号，吸引了一大批粉丝的关注。

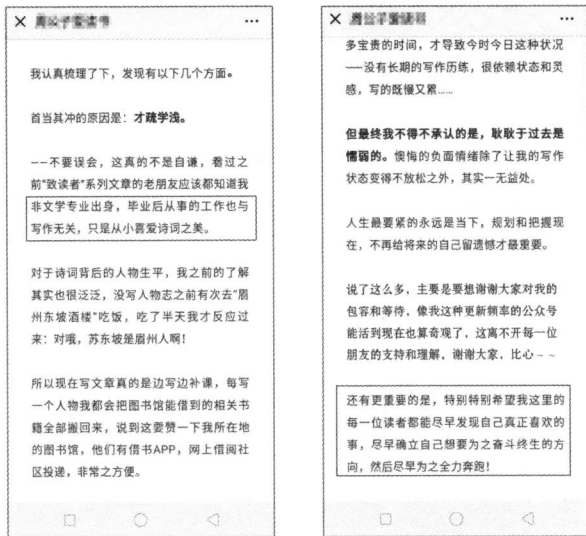

▲ 图2-3　按照兴趣定位的微信公众号的文章内容页面

2.2.4　以专业定位

对自媒体人来说，以专业来定位自己的领域也是很重要的。因为有的自媒体人会觉得自己的专业领域受众小，不易成功，所以看别人在某一领域有了一些成绩后就想去涉足该领域。但其实换个角度去思考，专业领域受众小的自媒体人，竞争也同样小，而且自己对所从事的专业领域也会比较了解。

如果自媒体人一味地去模仿和复制别人的成功，放弃自己的专业领域，做起来反而会比较困难。因为对于不熟悉的领域，自媒体人是没有任何知识和经验的积累的，需要从头开始学。在学习的过程中，自媒体人需要花费的时间比那些有积累的自媒体人要多上几倍，不仅在时间上会落后于其他人，还不一定能学到精髓。因此大家最好是以专业来定位自己的领域，这样做起来更容易。

例如，某微信公众号的运营者就是一位财经作家，其所有的文章都是关于财经的，这样更能做到精准引流。图2-4所示为按照专业定位的该微信公众号的文章展示页面。

💡 **专家提醒**

自媒体人选择某一领域之后，必须要通过不断地学习让自己保持较高水平的专业度。如果你只有兴趣而专业程度不够的话，是没有办法赢得粉丝信任的。

▲ 图2-4　按照专业定位的某微信公众号的文章展示页面

2.2.5　按照主流定位

按照主流定位，并不是说完全迎合大众的喜好，看大众喜欢什么内容就去做什么内容。主流定位指的是在自媒体人的喜好和专业的基础上，将大众关注的热点融合进自己选择的领域的内容中，从而让内容得到更多的关注。

自媒体中的主流定位就如同现实生活中的 GPS 定位一样，能让粉丝找到自己需要的自媒体。物以类聚，主流定位也是给自己做一个分类推广。有了这种分类推广后，才能让自媒体人更方便地在圈子中寻求伙伴，一起交流成长或者共同经营，向团队化方向发展。

图 2-5 所示为按照主流定位的微信公众号的文章内容页面。这是一个以推广中国古代文学为主的公众号。而《明星大侦探》是一个连续几季播放量破亿、豆瓣评分也高达 9 分且备受大众关注的网络综艺节目。这个公众号在清楚自己账号定位的同时，借助了综艺节目《明星大侦探》的热度来推广自己的文章。

> 💡 专家提醒
>
> 　　按照主流定位的领域是自带流量的，做这种内容很容易写出爆文，但是也有缺点。如果自媒体人不擅长捕捉主流热点，就很难保证持续的爆文内容输出，所以选择做主流领域的话，一定要边运营边关注热点。

▲ 图2-5　按照主流定位的微信公众号的文章内容页面

2.3　在哪里说？自媒体的平台渠道定位

对于自媒体人来说，粉丝数量自然是越多越好。现在网络上可以用来获得流量的平台有很多，各平台受到的关注度也会不一样，因此自媒体运营者应该选择最适合自己的平台。本节主要为大家介绍几个不同的自媒体流量平台。

2.3.1　当下有哪些火热的自媒体平台？

自媒体运营者如果想要获得更多的粉丝，可以通过在一些主流的流量平台上推送内容的方法来获取粉丝。下面对9个流量平台进行介绍。

1. 今日头条平台

今日头条平台，是张一鸣先生于2012年推出的一款个性化推荐引擎，它能为平台的用户提供各种有价值的信息。今日头条半台涵盖的资讯范围非常广，使用户能够看见各种类型、领域的资讯内容，以及其他平台资讯上推送的信息。

今日头条从创立之日开始，其用户数量就在不断增加，平台庞大的用户量为微信公众平台的粉丝获取、引流提供了强有力的支撑。图2-6所示是今日头条的官网入口以及部分介绍平台的内容。

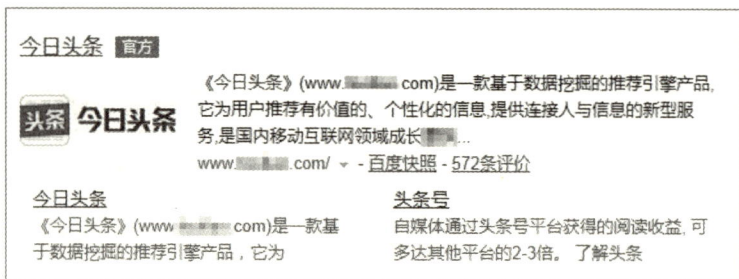

▲ 图2-6 今日头条的官网入口以及部分平台介绍的内容

2. 一点资讯平台

一点资讯平台凭借其独具特色的兴趣引擎技术实现了个性化订阅，能基于用户的兴趣提供资讯内容。一点资讯可以借助用户登录时选择的社交软件类型、兴趣频道等收集相关信息，并将其整理成数据资料，然后根据这些资料了解、推测出用户感兴趣的新闻领域。自媒体人在完成注册、登录等一系列准备工作后，就可以开始运营了。图2-7所示为一点资讯的注册页面。

▲ 图2-7 一点资讯注册页面

3. 知乎平台

知乎平台是社交化问答平台，它的月平均访问量已经达到上亿人次。知乎的口号是"与世界分享你的知识、经验和见解"。知乎也拥有PC端和移动端两种客户端口，用户需要注册才能登录平台首页。图2-8所示为是知乎的PC端官网注册首页。

▲ 图2-8　知乎的PC端官网注册首页

用户在注册时需要输入自己的职业或专业，屏幕下方还会给出其他用户的自我介绍案例以供参考，如图2-9所示。

你的职业或专业是什么？

简单介绍自己，会为你挑选你可能感兴趣的话题

比如医生、律师、设计师　　　　　　　完成

他们是这样介绍自己的

系外行星的研究生

onely Planet 作者，潜水员

北京大学南亚学系

机械工程师，pegasister

钛度科技/电子竞技

工科女博士/专业西点师

▲ 图2-9　注册知乎平台需要输入自己的职业或专业

4. 搜狐平台

搜狐平台是搜狐门户下的一个融合搜狐网、手机搜狐网、搜狐新闻客户端三大资源于一体的平台，所以搜狐平台的资源是比较充足的。搜狐平台凭借搜狐旗下的一系列资源，拥有自身独特的平台优势。图2-10所示为搜狐平台的官网入口及部分介绍。

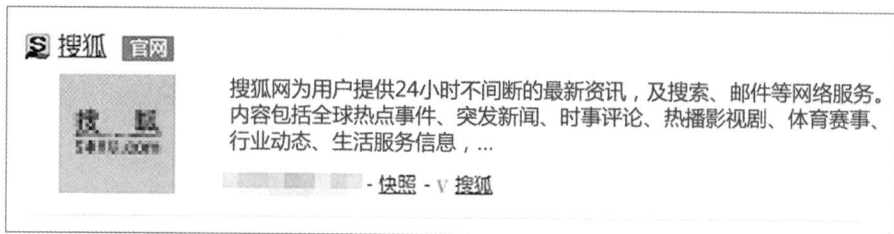

▲ 图2-10 搜狐平台的官网入口及部分介绍

5. 网易媒体开放平台

网易媒体开放平台是网易旗下推出的一个新媒体平台。在这个平台上，运营者可以利用多种方式来进行软性吸粉引流。但想要入驻网易媒体开放平台，自媒体人需要有网易邮箱或者网易通行证。图2-11所示为网易邮箱的注册页面。

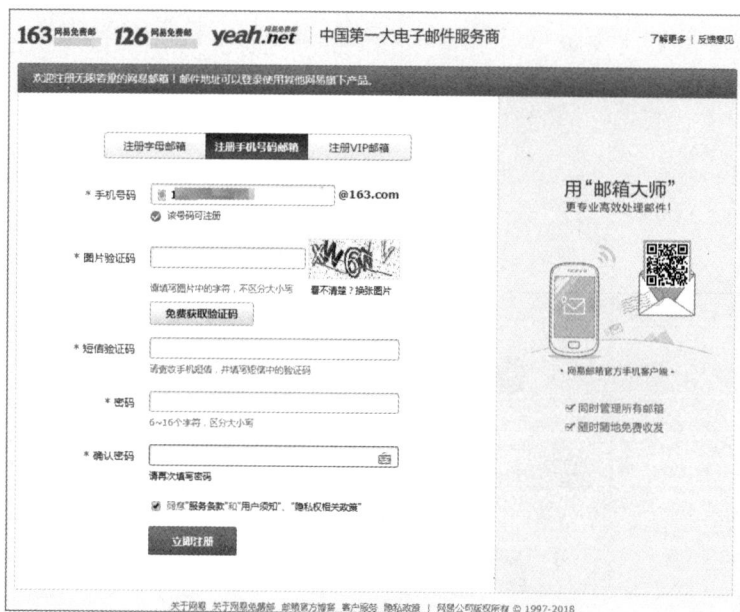

▲ 图2-11 网易邮箱的注册页面

6. 简书平台

简书平台是一款集写作与阅读于一体的社交型互联网产品，同时也是一个内容分享社区。若自媒体人想要利用简书平台进行引流、商品推广，首先需要有一个简书账号。图2-12所示为简书平台的主页。简书平台创作内容和注册账号的快捷方式都在主页上，只需点击即可执行相应操作。

▲ 图2-12　简书平台的主页

7. 百家号平台

百家号平台有百度新闻的流量资源作为支撑，能够帮助运营者推广文章，扩大流量。百家号平台上涵盖的新闻有 4 大模块，包括体育版、文化版、娱乐版和财经版。

公开的百家号数据显示，百家号平台开放注册不久，就创下了平台上单篇文章最高收入 6 000 多元的成绩，由此可见其受欢迎程度及由此创造的可观收益。图 2-13 所示为百家号平台的官网入口。

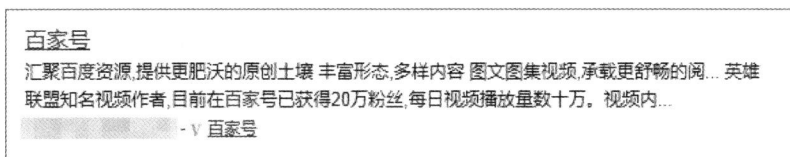

▲ 图2-13　百家号平台的官网入口

8. 大鱼号平台

大鱼号是中国资讯平台行业中第一家舆情实时公开展示的平台。该平台上的媒体服务有两部分，分别是订阅号和机构媒体。大鱼号的官网入口如图 2-14 所示。

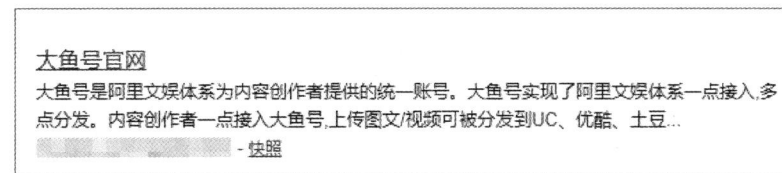

▲ 图2-14　大鱼号的官网入口

9. 企鹅媒体平台

企鹅媒体平台，是腾讯推出的一个媒体平台，又名腾讯内容开放平台。企鹅媒体平台虽然也是由腾讯公司推出的产品，但它与 QQ 公众平台并不是同一个产品。图2-15 所示为企鹅媒体平台的登录页面。

▲ 图2-15　企鹅媒体平台的登录页面

2.3.2　到底什么平台最适合自媒体人？

其实，目前适合自媒体人的主流平台有 7 个，分别是今日头条、大鱼号、网易、搜狐、一点资讯、百家号以及新浪看点。而主流平台中的今日头条平台无疑是需要重点介绍的。

今日头条平台最大的特点是具有基于数据分析的推荐引擎技术，能够将用户的兴趣、特点等多维度的数据挖掘出来，然后针对这些维度进行多元化、个性化的内容推荐。其推荐的内容多种多样，包括热点、图片、科技、娱乐、游戏、体育、汽车、财经等内容。

今日头条平台上的内容多种多样，包括热点、图片、科技、娱乐、游戏、体育、汽车、财经等多个频道。用户每次在平台上进行阅读、搜索等操作后，今日头条都会据此定时更新用户的相关信息和特点，从而实现精准的阅读内容推荐，图 2-16 所示为今日头条的主页。

▲ 图2-16　今日头条的主页

　　不算主流但适合自媒体人的平台有两个，分别是趣头条和东方号。其中，趣头条是一款新生代内容资讯 APP，已经吸纳了一大批时尚类、生活类、权威媒体、企业组织等类型的自媒体和内容创作方入驻。

　　东方号则是东方网旗下的自媒体平台，也是一个权威、高效的自媒体平台，特别适合主要做内容而营销不多的自媒体人，图 2-17 为东方号的注册页面。

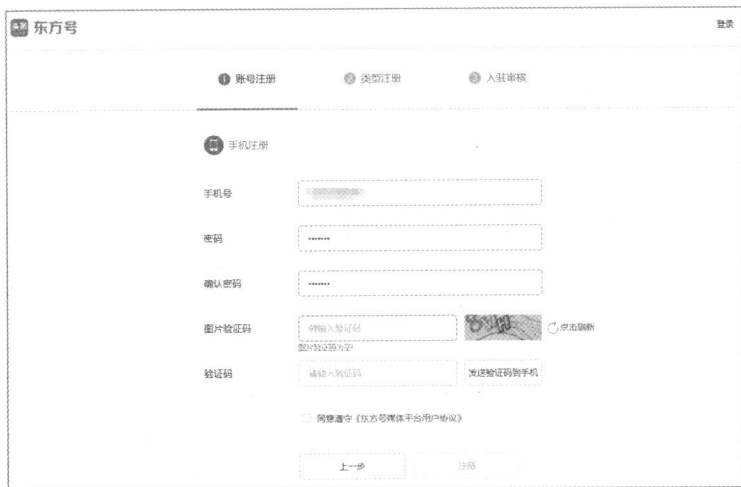

▲ 图2-17　东方号注册页面

第3章

自我蜕变：
草根个人从自媒体成长为自明星

如今，几乎所有的品牌都要用到爆款 IP 策略，才能在激烈的市场竞争中脱颖而出。对于自媒体人来说，IP 就是你的招牌，你可以通过这种招牌实现一定范围的传播。本章主要介绍自明星的打造及 IP 品牌建设的相关内容。

要点展示

≫ 自我营销，走入自明星经济时代
≫ 形象包装，宣传本质是明星包装
≫ 价值输出，个人品牌价值影响力

3.1 自我营销，走入自明星经济时代

随着移动互联网的发展，自明星变得越来越火。自明星一般都具备一定的影响力，拥有一定的粉丝群体。自媒体人也要朝着这个目标去努力，将自己打造成"网红"自明星，成为自媒体达人。而在成为自明星之前，我们首先要深入地了解什么是自明星以及自己是否适合做自明星。这也正是本节的主要内容。

3.1.1 自明星是什么？

自明星是指个人通过自媒体平台分享个人的经验和观点，成为让大众所熟知的某个领域的名人，以此来聚集粉丝，从而进行不同方式的营销活动。一般来说，将自己打造成自明星至少有两个前提：① 在某个领域要具备有价值的能力；② 要学会借助媒体放大自己的能力，从而让更多的人关注自己。

在某个领域要具备有价值的能力这一点尤为重要，也就是说，自媒体人一定要做专注于某个领域的垂直自媒体，才能将自己打造成自明星。例如自媒体人罗先生就是专注于知识类领域，通过微信公众号的文章吸引了一大批粉丝的关注，成为自明星。

综上所述，我们可以得知，自媒体和自明星的关联就在于相互依托，自明星要以自媒体为依托发展起来，自媒体则要以自明星的发展为依托来汇聚粉丝。那么自媒体和自明星又有哪些区别呢？它们的区别主要体现在 4 个方面，如图 3-1 所示。

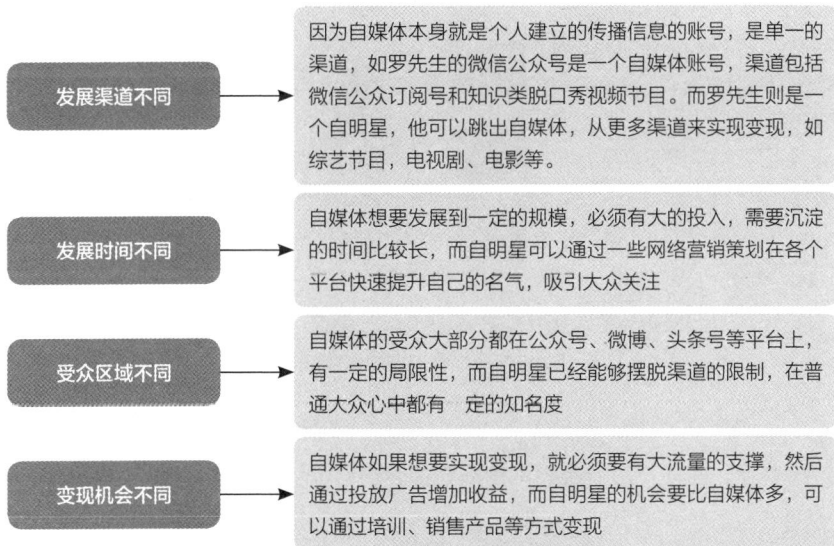

发展渠道不同	→	因为自媒体本身就是个人建立的传播信息的账号，是单一的渠道，如罗先生的微信公众号是一个自媒体账号，渠道包括微信公众订阅号和知识类脱口秀视频节目。而罗先生则是一个自明星，他可以跳出自媒体，从更多渠道来实现变现，如综艺节目，电视剧、电影等。
发展时间不同	→	自媒体想要发展到一定的规模，必须有大的投入，需要沉淀的时间比较长，而自明星可以通过一些网络营销策划在各个平台快速提升自己的名气，吸引大众关注
受众区域不同	→	自媒体的受众大部分都在公众号、微博、头条号等平台上，有一定的局限性，而自明星已经能够摆脱渠道的限制，在普通大众心中都有 定的知名度
变现机会不同	→	自媒体如果想要实现变现，就必须要有大流量的支撑，然后通过投放广告增加收益，而自明星的机会要比自媒体多，可以通过培训、销售产品等方式变现

▲ 图3-1 自媒体和自明星的区别

3.1.2　自明星的优势和特点

　　通过自明星的模式来创业已经成为很多创业者的选择，自明星的概念也在创业界引发了热潮。一般来说，任何事物能受到市场欢迎都是有原因的，自明星的模式能受到市场欢迎是因为这种模式有多种极具吸引力的优势。自明星模式的优势如下所述。

1. 自明星的优势

　　（1）创业成本低。与其他的创业形式相比，自明星模式的创业成本更低。因为打造自明星的创业成本更偏重于内容输出的质量或自媒体人的颜值，所以金钱的投入反而降低了。例如，罗先生就是通过 60 秒的音频内容吸引用户打开知名度，然后将自己打造成了自明星。利用这种方式进行推广的成本要比请有知名度的人代言低得多。图 3-2 所示为罗先生微信公众号的 60 秒音频。

　　所以，创业者先把自己打造成自明星，再通过自身的影响力去进行产品营销，要比先推出产品，再吸引用户来购买产品的成本低。

▲ 图3-2　罗先生的60秒音频

　　（2）挖掘个人价值。在自媒体时代，只要你具备创作优质内容的能力，就可以被打造成自明星。同理，通过自明星的模式创业也可以体现出我们自身的能力，并提升个人价值感。一般来说，只要在某个领域具有一定的能力，就可以获得用户关注，如通过网剧《万万没想到》火起来的某自明星。

　　该自明星原本学的是理工专业，按照惯常的职业规划就是从事与专业相关的工作。但他通过拍摄游戏解说的视频获得关注以后，就专心做起了内容创作，现在已经成为了导演、编剧。

所以说，自明星模式可以挖掘出更多的个人价值。例如有的人可能图片或视频特效做得非常好，通过自明星的方式被大众熟知以后，就可以成为一名特效指导师或是特效教程的创作者。这就是自明星创业形式对个人潜力的挖掘。

（3）有发展前景。自明星主要借助优质的内容进行营销，而自明星本身也具有一定的影响力，所以在推广或代言产品时会减少宣传成本。同时得益于自媒体平台的便利性，粉丝和自明星的沟通障碍也会减少，自明星可以很容易地实现粉丝的商业变现，也就形成了我们常说的"粉丝经济"。所以，自明星这种方便快捷、投入成本低、回报高的模式，具有很好的发展前景。

2. 自明星的特点

下面具体介绍自明星的特点。

（1）大众化、特色化。自明星将变得大众化、特色化，也就是说在自媒体时代，大家都可以通过在自媒体平台上发布内容，将自己打造成自明星。这同时也意味着自明星会更普及，因此自明星将往特色化的方向发展。有特色、有个性的自明星会越来越受大众喜爱，而没有个人特色的自明星则会很快被大众遗忘。

（2）门槛低、操作容易。在传统媒体时代，想要打造一个明星是比较复杂的，要有颜值、有才华，还需要花费大量的人力、财力去包装，更需要在行业内沉淀多年才能火起来。而在互联网时代，所花费的人力、物力比传统媒体时代要少得多，成名的门槛要比以前低得多。另外，推广内容也更方便，自媒体人只需要在今日头条、微信公众号等平台注册账号就可以发布内容了。

（3）传播速度快。只要在自媒体平台上发布了内容，此内容就可以在任何时间、很多地点被大家看到，传播速度非常快，并且从内容创作到发布的整个环节都是非常高效的。这是传统媒体无法达到的。而自明星在发布内容后，也可以迅速地在评论区和粉丝互动。

3.1.3 哪些人最适合被打造成自明星？

在互联网时代，很多人都想做自明星，因为能够受到粉丝的追捧，还能获得不错的收入。但也不是每个人都适合做自明星的，以下 4 类个人或团队适合做自明星。

（1）对某个领域有深入研究的个人或团队。例如在抖音平台火起来的某博主，就是因为制作的视频特效非常精湛，所以吸引了大批用户关注，她发布的短视频大部分都是抖音精选短视频。图 3-3 所示为该博主的特效短视频截图。所以如果你或你的团队像该博主一样，也在某个领域有才能，是很适合做一个自明星的。

▲ 图3-3 某抖音博主的短视频截图

（2）有自己创建的垂直网站的个人适合做自明星。因为垂直网站的粉丝精准度本身就非常高，每个粉丝都有购买力，所以自媒体人通过自明星的模式不仅可以提升垂直网站的知名度，还可以增加与企业、商家合作的机会。未来受到企业、商家青睐的互联网广告不会是横幅广告或者点击付费的广告，而是利用自明星的知名度和粉丝基础进行理念推广的广告。

（3）传统企业可以通过自明星的模式来转型。对传统企业来说，自媒体平台能够很好地提升知名度，而且打造自明星的成本也不高，只需要用心运营即可，很适合传统企业转型。

（4）淘宝店主或是垂直电商适合做自明星。淘宝电商现在竞争很激烈。在平台上推广产品、吸引消费者也要耗费不少的人力、物力，若能先将自己或品牌打造成自明星，再进行销售就要容易得多。

3.2 形象包装，宣传本质是明星包装

自明星想要进行营销推广，就要先塑造好自己的形象，包括头像、昵称、个性签名等。对这些进行优化设置，能为营销带来更多便利，也可以对自己的产品进行更好的宣传，为更多的人所了解、熟知。本节主要以微信平台为例，教大家如何包装好自己的形象。

3.2.1 账号名称：你是谁，你是做什么的？

一般来说，自明星的头像是给人的第一视觉印象，而昵称是给人的第一文字印象。从营销的角度来看，好的名称自带品牌效应和营销功能，特别是在虚拟环境中，昵称

是方便他人辨别的重要标志，因此昵称一定要取好。

1. 昵称的命名风格

纵观各个平台的自明星账号，昵称可谓多种多样，风格不一。如果对其进行分类的话，主要可分为以下 3 种。

（1）真实的信息资料，也就是用自己的真名。

（2）个人的兴趣喜好，例如喜欢英文就用英文名称。

（3）账号内容的体现，例如教摄影的账号就用"摄影"作为名称的关键字。

对自明星来说，拥有一个得体又很有特色的昵称是非常重要的。因为自明星有着不同的目标，必须呈现出独特的理念，所以昵称一定要有很高的识别度。总体而言，昵称的命名需要考虑两点：易记、易传播。

2. 昵称的常规取法

在此给大家总结常见的两种自明星昵称的取法。

（1）真实取名：直接用自己的姓名，或者团队名称来命名。

（2）虚拟取法：可以选用一个艺名、笔名、网名等，但切记不要经常变换昵称。

3.2.2 个人头像：用哪种类型的头像最好？

现在都讲求视觉营销，也讲求位置的重要性。而一个自明星账号首先进入大家视野的就是头像，可以说小小的头像图片，却是引人注目的第一宣传位！一般来说，自媒体人的头像以两种图片居多：一是自己的人像照片，二是自己选择的一些比较有辨识度的图片。不同的头像，能给人传递不同的信息。笔者建议自明星根据自己的定位来设置，可以从以下 3 个方面着手。

（1）打造个人品牌最好使用自己的照片做头像，如图 3-4 所示。

（2）经营实体店的自明星可以使用店铺照片作为头像，如图 3-5 所示。

▲ 图3-4 使用自己的照片做头像

▲ 图3-5 使用自己店铺照片作为头像

（3）可以用自己品牌或团队的LOGO作为头像。

下面笔者以微信公众号为例，详细讲解设置头像的方法。

步骤① 进入公众号后台，在公众号首页的设置一栏单击"公众号设置"进入"账号详情"界面；单击"账号详情"界面的头像图标，如图3-6所示。

▲ 图3-6　单击头像图标

步骤② 弹出"修改头像"界面，可以直接单击"选择图片"按钮来设置自己的头像，如图3-7所示。

▲ 图3-7　单击"选择图片"按钮设置头像

自明星参照以上方法，可以将头像换成对自己进行营销宣传最有利的图像。切记，选择的图像一定要让人能一眼记住，并产生亲切感和信任感，这样用户才会更加信赖自己。毕竟，信任才是好的营销的开始。

3.2.3 个性签名：粉丝关注你能得到什么？

个性签名是自明星向用户展现自己的最直接的方式。为了给用户留下一个好印象，我们应该重点思考如何写好个性签名。写什么样的个性签名，取决于我们的目的——想在用户心中留下一个什么印象，或达到怎样的营销目的，然后再进行提炼，展示我们的特征或成就。

一般来说，自明星的个性签名设置主要有以下 3 种方式。

1. 成就展示式

使用这种个性签名的自明星，一般都有一定的能力与眼界，可能是某个领域的课程讲师。例如，图 3-8 所示的两位培训讲师，他们并不直接对外销售课程。也就是说，交易的直接过程他们并没有参与，可是他们同样会进行营销与广告宣传，因为他们的课程属于整个营销过程中的一部分。

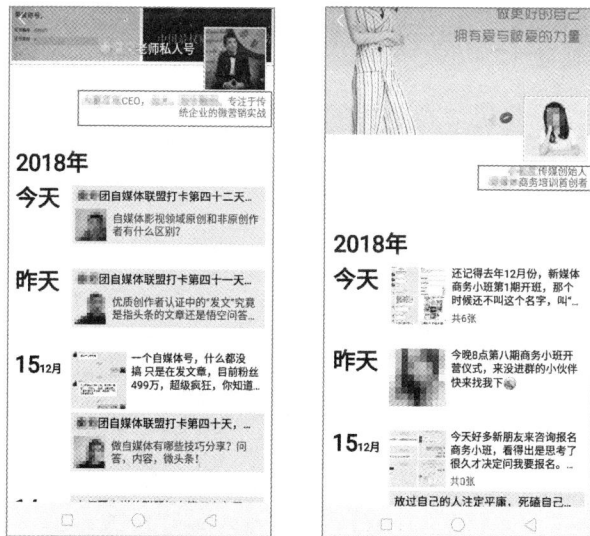

▲ 图3-8　成就展示式的个性签名

2. 产品介绍式

产品介绍式的个性签名非常直接，采取了简单粗暴的方式直白地告诉对方自己所营销的产品及其类型。图 3-9 所示为产品介绍式的个性签名。

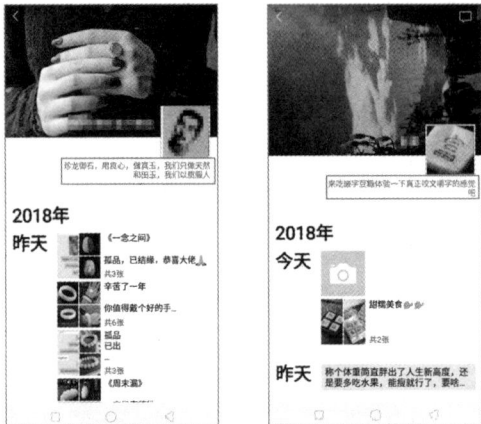

▲ 图3-9 产品介绍式的个性签名

3. 个人风格式

这是个性签名中最普通的一种风格。选择此种风格的自明星会根据自己的习惯、性格特征、喜欢的好词好句等来编写个性签名。自明星一般更愿意选择这种风格的个性签名。

3.2.4 封面背景：充分展示你的背景和头衔

就位置展示的出场顺序而言，头像是第一广告位。但是就效果展示的充分度而言，背景墙图片的广告位价值更大。这种价值表现在哪呢？具体表现在尺寸上。大的尺寸，可以放置大图和更多的文字内容，能更全面、充分地展示我们的个性、特色等，使布局更加完美。自明星账号的背景墙照片，其实是头像上方的背景封面。下面给大家展示一些自明星的制作精美的背景封面效果案例，如图 3-10 所示。

▲ 图3-10 自明星的制作精美的背景封面效果案例

图 3-10 中展示的是微信朋友圈的背景墙照片，尺寸比例为 480×300，大家可以通过"图片 + 文字"的方式，尽可能地对自己的产品、特色和成就等进行完美布局，将它们充分展示出来。

💡 专家提醒

　　大家可以用制图软件制作封面背景，也可以去淘宝网搜索"微信朋友圈封面"关键词，找专门做广告的店家，为大家量身定制主题广告照片。

3.2.5　地理位置：打造独特的个人"定位语"

在微信上发朋友圈时，有一个功能是显示"所在位置"，你可以利用这个功能定位你的地理位置。更重要的是，我们可以通过这个功能，给朋友圈营销带来更多的突破点。如果利用得当，显示的定位可以说是给朋友圈营销免费开的一个广告位。

图 3-11 所示中，朋友圈下方的文字就是利用了"所在位置"这一功能给品牌打了一次广告——自明星通过地址信息向消费者介绍自己正在经营的品牌和业务。

▲ 图3-11　利用显示"所在位置"功能进行品牌推广的朋友圈

💡 专家提醒

　　一个真正成功的自明星，应该合理地利用每一个小细节来进行营销。利用小细节的难度并不高，例如利用微信中的自定义位置功能进行营销。

3.2.6 招牌动作：在粉丝脑海形成"视觉锤"

自明星一旦设计好了自己的招牌动作，就需要在每次有曝光机会的时候都使用这个招牌动作。因为招牌动作如果只出现一次是不会被粉丝记住的，想要让自己的招牌动作深入人心，就必须增加它的曝光次数。

当你的招牌动作出现次数比较多的时候，会很容易在粉丝脑海中起到"视觉锤"的作用，以后粉丝只要看到这个动作，就会联想到你。不过自明星要注意，招牌动作要尽量设计得简单、有特点，如果动作过于复杂，那么拍照合影都会比较麻烦。

图3-12所示中，这位自明星运营着一个摄影类的微信公众号，所以他每次单独出镜的招牌动作就是手举摄影机，微信头像也是自己的招牌动作。

▲ 图3-12　有招牌动作的自明星

3.3　价值输出，个人品牌价值影响力

一般说来，自媒体无论是"自立门户"还是升级为团队经营，都是做产品、做服务，实行商业运作，打造出个人品牌明星。不少自明星的亲身实践已经证明了这一观点的正确性。本节主要介绍自明星在打造品牌的过程中，商业运作的前瞻意识、科学运作及商业绑定手段。

3.3.1　自明星的前瞻意识

自明星都深知，自媒体是一个新兴行业，并且是建立在互联网基础上的新兴行业。而当今社会，互联网是时代潮流的引领者，是商业发展的指向标，几乎全部的产业都在互联网的囊括之中。因此与互联网齐头并进的自媒体行业，必须要同样走在时代潮流和时代信息的尖端。这就需要自媒体经营者有一定的前瞻意识，即互联网意识、团队合作意识、品牌打造意识、商业融资意识等经营意识。

1. 互联网意识

自媒体经营者的互联网意识，需要分3个层次来介绍。

第1个层次是把互联网当作一个社会化的媒体营销平台，即利用微博、微信等社交网络与用户进行沟通，实现最佳营销。也就是说，自媒体人要致力于做社会化的媒体营销，站在"用户利益"的角度并通过用户喜欢的方式做营销，这样有利于打造口碑并达到最佳的营销效果。

第2个层次主要是从"用户意识"的角度进行考虑。在用户至上、体验至上的商业时代，我们要让用户掌握消费的主权，使他们在消费活动中成为主动方，进而利用互联网的便利找准用户的痛点，有针对性地制作产品、提供服务，从而打动用户。

自媒体经营者互联网意识的第3个层次，才是自明星最重视的——不是做电子商务营销，而是形成一种互联网思维模式；不是借助社交平台做营销推广，而是重整自媒体的商业模式。这种互联网思维模式体现在3个方面：互联网市场思维、互联网产品思维以及互联网用户思维。培养这样的思维模式可以使自媒体人充分地利用互联网的大数据和云计算功能来进行商业运作。

在互联网大数据时代，企业对互联网的利用，更多的是用来对市场和用户的信息和数据进行调查、搜集与整合，然后根据这些信息和数据制订产品发展策划、服务升级策划和市场营销策划。当一切都准备妥当并经过多次测试之后，才会将产品推出市场，参与市场竞争。在这一系列的操作中，互联网大数据虽然不是最精密、最重要的，但它起着基础性的作用，一个数据的错误就会导致之后一系列的执行都产生纰漏。

> 💡 **专家提醒**
>
> 互联网思维的培养和形成主要基于对整个商业生态圈和企业价值链的重新思考与整合。淘宝、京东等大型的电商平台，虽然充分利用了互联网思维的优势，但电商平台却不能等同于整个互联网。互联网思维的形成是基于整个商业生态圈的大数据化，而电商平台只是这个商业生态圈中的一角。

2. 团队合作意识

自媒体的团队合作有3层含义：一是自媒体内部组成团队，二是在自媒体保持独立的情况下与一些机构或企业进行合作，三是不同的自媒体之间形成一种联盟式的商业绑定，具体如图3-13所示。

组建内部团队	即一个自媒体账号由多人共同经营，团队内部依据各自优势分工协作，共同决策
与机构合作	自媒体账号的宣传力与企业机构经济实力的互相支持，形成优势互补的合作关系
联盟优势同行	自媒体行业圈中的经营者们结成一种联盟关系，彼此之间相互帮衬、扶持，形成良好的合作关系

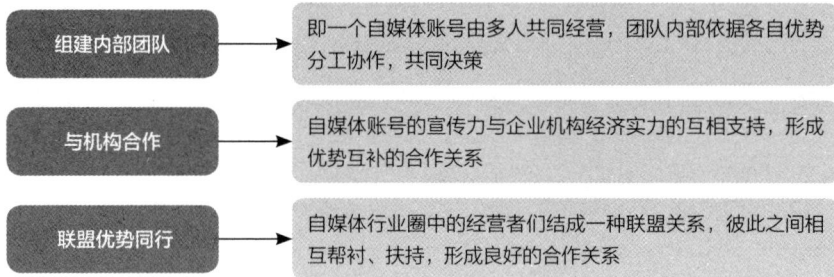

▲ 图3-13　自媒体的团队合作意识

自明星基本上不会选择完全独立的经营。独立经营对于自媒体经营者来说，总会有许多能力上、精力上或策略上无法实现的事情，从内部到外部都会产生不利影响。这种不利影响主要体现在4个方面：① 不利于提高工作效率；② 不利于完善各项操作；③ 不利于集中多方智慧；④ 不利于形成科学决策。

自媒体在保持经营独立性的前提下，与其他机构或企业达成共识，形成合作关系是非常普遍的，最典型的就是自媒体的广告。广告商支付给自媒体经营者一定的经济报酬，借用自媒体的影响力做推广，但不影响自媒体的内容风格和经营模式。如果自媒体经营者拒绝与任何广告商合作，将有可能失去支持其继续经营下去的经济力量。

3. 品牌打造意识

品牌是指一个产业风格的具体化，是产业经营的态度、文化和价值的集合产物。品牌代表着质量、信誉和声望，所以不论是实体企业还是网络自媒体，想要把产业和产品做好、做大、做强，都必须要具有品牌意识。自明星的品牌打造意识主要包括4个部分，如图3-14所示。

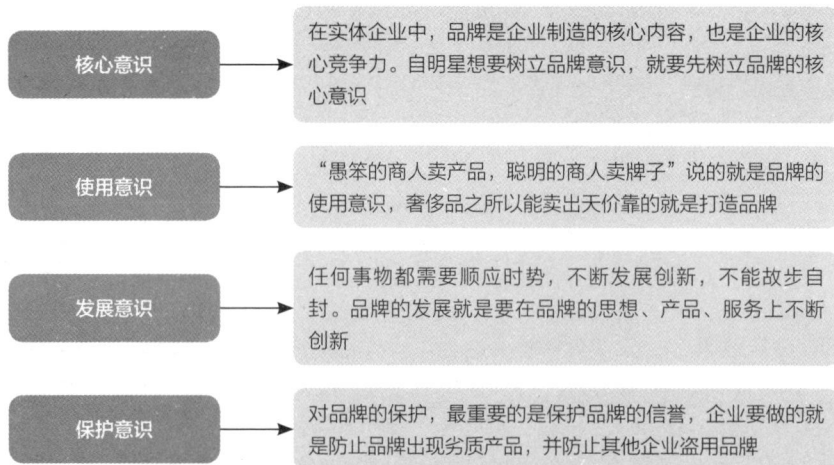

核心意识	在实体企业中，品牌是企业制造的核心内容，也是企业的核心竞争力。自明星想要树立品牌意识，就要先树立品牌的核心意识
使用意识	"愚笨的商人卖产品，聪明的商人卖牌子"说的就是品牌的使用意识，奢侈品之所以能卖出天价靠的就是打造品牌
发展意识	任何事物都需要顺应时势，不断发展创新，不能故步自封。品牌的发展就是要在品牌的思想、产品、服务上不断创新
保护意识	对品牌的保护，最重要的是保护品牌的信誉，企业要做的就是防止品牌出现劣质产品，并防止其他企业盗用品牌

▲ 图3-14　自媒体的品牌打造意识

　　自媒体经营者首先需要树立一个品牌意识，其次需要有一个远大的品牌目标，并督促着自己往目标方向努力、发力，塑造一个能让自己满意，也能让用户认同的自媒体品牌。

　　自媒体品牌之间存在的竞争压力比普通自媒体更大，可以说一旦品牌树立起来了，品牌就成了自媒体的灵魂。所以自媒体运营者在品牌的经营上需要不断地加强和升华。一旦品牌出了纰漏，就等于自媒体的灵魂受到了冲击。要想增强自媒体品牌竞争力和品牌能量，自媒体运营者需要不断强化品牌影响力和持续创新品牌内涵。强化自媒体品牌竞争力的方法有两个：① 持续创新品牌内容或产品功能，不断加强品牌的竞争力；② 持续创新品牌内涵，不断加强品牌的影响力。

4. 商业融资意识

　　不论行业环境如何变动，自媒体行业的经济效益一直处于爆发期。从"粉丝经济"到"网红经济"，种种现象都说明了只要经营得好，个人通过自媒体实现事业的成功是有可能的。对于真正的自明星来说，更大的成功在于商业融资。下面介绍4位自媒体达人的商业融资技巧，如图3-15所示。

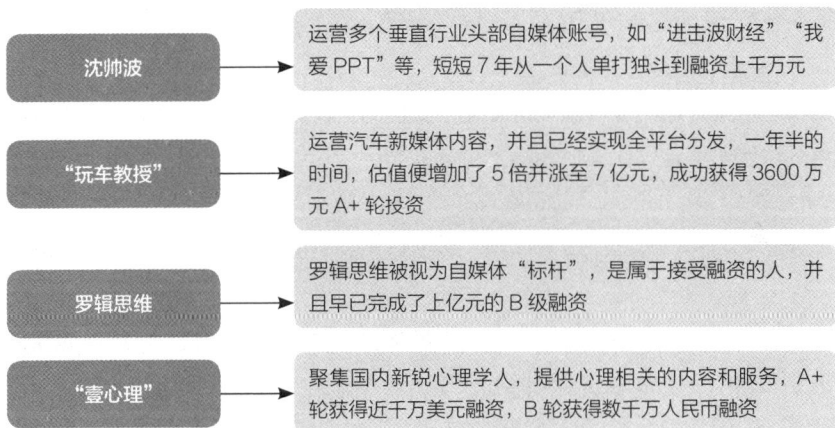

沈帅波	运营多个垂直行业头部自媒体账号，如"进击波财经""我爱PPT"等，短短7年从一个人单打独斗到融资上千万元
"玩车教授"	运营汽车新媒体内容，并且已经实现全平台分发，一年半的时间，估值便增加了5倍并涨至7亿元，成功获得3600万元A+轮投资
罗辑思维	罗辑思维被视为自媒体"标杆"，是属于接受融资的人，并且早已完成了上亿元的B级融资
"壹心理"	聚集国内新锐心理学人，提供心理相关的内容和服务，A+轮获得近千万美元融资，B轮获得数千万人民币融资

▲ 图3-15　自媒体达人的商业融资技巧

　　自明星的商业融资几乎是所有自媒体经营者都梦寐以求的。自媒体经营者要获得商业融资，需要具备5个条件：① 有优质的内容；② 推广渠道广泛；③ 粉丝数量多；④ 有发展前景；⑤ 能够营利。

3.3.2 自明星的科学运作

自明星经过品牌打造、商业融资等一系列的铺垫和升级后，就不能只凭个人兴趣和喜好对自媒体进行运营了，而是要对背后的投资者负责。此时的自明星要像一个实体企业的运营者一样，每一个经营步骤都要经过科学的设计、决策和运作。下面主要介绍自明星的传播要素运用和用户的情绪利用等科学运作的方法。

1. 运用传播要素

自明星深谙即使获得商业融资也不能放弃继续做自媒体内容这一道理。因为放弃了继续推送内容，就等同于放弃这个自媒体阵营，放弃这个阵营就失去了和用户的有效沟通，科学运作也就失去了基础。所以自明星不仅不能放弃自媒体的内容推广，还要比一般人更懂得自媒体信息传播要素的运用。自明星对传播要素的运用主要体现在以下5个方面。

（1）善于利用信息的娱乐性。

（2）善于利用信息的情绪性。

（3）善于利用信息的利益性。

（4）善于利用信息的知识性。

（5）善于利用信息的重大性。

情绪化的信息虽然在传播范围和被接受度方面比不上娱乐化信息——毕竟轻松、趣味性的东西更符合现代人快节奏的生活需要，但情绪化的信息引发的讨论热度是最高的。

自媒体作为一个媒体工具，向用户传播信息是它的基本职能。自媒体在传播信息的时候要考虑用户的求知性。但是在求知性方面需要注意的是，专业化、领域化的知识可能并不是用户每天想要阅读的，反而是网上那些五花八门的、有着生活气息的内容，最能勾起用户的求知欲望和阅读欲望。自媒体达人从生活入手打造知识，可从5个方面着手：① 养生知识；② 天文知识；③ 居家知识；④ 时政知识；⑤ 旅游知识。

知识性的东西，需要从小处入手、从兴趣点入手、从需求点入手。越是令人感兴趣、令人感到需要的东西，做出来才会更有价值和意义；越是从小处着手，越能表现出经营者的水平。像养生、天文、居家、旅游等看起来五花八门的、没有主题的内容大杂烩，往往是不分年龄、身份的人都会接受的内容，例如"罗辑思维"每天发出的一分钟语音，就是以小见大，以浅见深的表现方式。

信息的重大性表现在吸引眼球、引发议论、获得广泛传播等方面。信息的重大性集合了信息的娱乐性和情绪性的传播优势，但又比信息的娱乐性更庄严，比信息的情绪性更理智。

2. 利用用户情绪

自明星在获得商业融资后，就需要以企业管理的模式经营自媒体，因此要更加注重吸引用户、留住用户，做好营销。任何一个企业的任何一次营销都是以目标客户为核心的，所以自明星需要更加努力地打造内容，吸引粉丝。

节奏快速、竞争激烈的现代化生活，使人们心中都积压着一些心理压力。了解人们对合理宣泄、舒缓压力的需求，有利于自媒体经营者更好地确定目标用户和影响目标用户。

3.3.3　自明星的商业绑定

自明星除了商业融资外，还必须掌握一套商业绑定的方法，目的是在得到融资后，能够在原有的资本上通过一系列的周转流动，实现资本的扩大和产业升级。下面主要介绍自明星要掌握的商业赞助、商业游戏和商业广告等商业绑定方法。

1. 商业赞助

即使自明星能够获得上亿元的商业融资，但不意味着自明星的一切活动都能依靠这笔融资。以"罗辑思维"为例，"罗辑思维"早在 2015 年下半年就完成了上亿元的 B 轮融资，但之后"罗辑思维"依旧在继续拉商业赞助。

2. 商业游戏

提到做自媒体商业游戏的达人，就不能忽视王思聪，他于 2011 年收购"CCM战队"，同时将"CCM 战队"更名为"IG"，由此进入电子竞技市场。后来，他又创办弹幕直播网站，担任中国移动电竞联盟的第一届轮值主席。

除了经营电竞公司，王思聪还特别喜欢打造网红和点评娱乐圈的一些事情。虽然从表面上看，这显得他无事忙、爱管闲事，但其实他每一次都能借机"上头条"，为他本人和他的公司增加人气和关注度。

3. 商业广告

自明星的商业广告模式，不再像普通的自媒体经营者一样，努力做出名气、积累粉丝，等待着广告主的合作意向，而是自己打造广告，让更有名气和影响力的人帮忙宣传。因为自明星在获得商业融资后已经有了广告资本，一切活动费用都可以从这部分资本中调取。图 3-16 所示为可以为自明星定制广告的平台 WEIQ 的首页。

▲ 图3-16 自媒体广告定制平台WEIQ的首页

第4章

爆款 IP：
运用自明星打造强势的个人品牌

爆款 IP 的品牌建设是自媒体发展的目标，IP 品牌建设成功之后自媒体会有下一步的发展目标，即扩大品牌的商业化和实现品牌的企业化。本章主要介绍如何打造高端 IP 品牌的相关知识，希望读者熟练掌握本章内容。

>> 打造品牌：自明星就是超级 IP

>> 内容运营：自明星 IP 品牌的经营策略

>> 个体崛起：垂直自明星 IP 的练成攻略

4.1　打造品牌：自明星就是超级 IP

IP 已进入了火爆的个人化时代，人人都有可能成为爆款 IP。自媒体人可以充分利用 IP 这一新时代的商业模式进行运营。本节将立足自媒体品牌的建设与发展，为读者介绍品牌是自明星最好的证明，品牌是自明星文化的体现，品牌是自明星发展的高端目标，成功的自明星必备的能力以及塑造自明星品牌的关键等内容。

4.1.1　品牌是自明星最好的证明

品牌是一种用户和产品、企业之间的感情连接，也是一种用户对产品的象征意义的感悟，能够唤起用户对产品的消费意识。品牌的意义在于能够塑造产品的独特性，提高产品的识别度和增加用户对产品的好感度。品牌所包含的内容既有利益成分，又有个性和文化成分。品牌对自明星的重要性体现在以下 3 个方面。

（1）品牌即利益。这一说法的根源，在于品牌能够提高用户的购买欲望，能够在公众之间建立一种权威形象，并且形成影响，吸引广告商进行合作和商业融资，实现商业扩大和升级。

（2）品牌即个性。这一说法的根源，在于品牌以其超强的独特性和辨识度，在用户心中形成品牌印象和品牌象征，并和同类经营者形成显著差别。

（3）品牌即底蕴。这一说法的根源，在于品牌是一个企业经过长期的学习和实践形成的文化积累。这种文化积累贯穿于企业经营的宗旨、信念和理念中，成为企业经营的精神指导。

品牌的意义在于能为用户提供一种心理需求的满足。品牌文化之所以能够获得用户的拥护，就在于用户在品牌文化的感染下，对品牌有一个明确的心理定位，对自己也有一个明确的心理定位。总地来说，品牌文化最大的作用就是提升用户对企业的好感度。

> 💡 专家提醒
>
> 在内容写作风格的个性规范中，自媒体人一定要写出自己的独特见解、独特视角、独特态度，严禁抄袭。在内容写作和品牌经营中，个性的定义是相通的，都是要做出自己的独特性和辨识度。品牌对于独特性和辨识度的追求，已经强化到品牌 LOGO 也要做到独一无二的程度。

4.1.2　品牌是自明星文化的体现

当自明星文化发展到一定阶段，就会形成一种品牌效应，在用户的意识中形成一

46

种良好的品牌印象。自明星的品牌存在标识性、权威性和广泛影响性等特征,从而把自明星文化深入传播到每一个用户当中。

其实,很多知名品牌都是创始人的名字,如戴尔(Dell),大家都知道这是一家世界五百强企业,其实这个品牌的创始人名字就叫迈克尔·戴尔(Michael Dell)。相关的案例还有很多,如表 4-1 所示。

表 4-1　将创始人名字作为品牌名称的案例

品牌名称(简称)	外文名称	创始人
惠普(HP)	Hewlett-Packard	比尔·休利特(Bill Hewlett) 戴维·帕卡德(David Packard)
迪斯尼(DISNEY)	The Walt Disney Company	华特·迪士尼(Walt Disney)
梅赛德斯-奔驰	Mercedes-Benz	卡尔·本茨(Karl Friedrich Benz)
克莱斯勒	Chrysler	沃尔特·克莱斯勒(Walter Chrysler)
福特(Ford)	Ford Motor Company	亨利·福特(Henry Ford)
松下	Panasonic	松下幸之助
爱立信	Telefonaktiebolaget LM Ericsson	拉什·马格纳斯·爱立信 (Lars Magnus Ericsson)
飞利浦	ROYAL PHILIPS	杰拉德·飞利浦(Gerard Philips)
卡西欧	CASIO	樫尾忠雄
香奈儿	CHANEL	加布里埃·可可·香奈儿 (Gabrielle Bonheur Chanel)

这些知名品牌的创始人之所以使用自己的名字作为品牌名称,就是因为这样做不仅可以将自己打造成为个人 IP,而且还能够快速解决信任问题,打造有稳定的企业文化和品牌符号。因此,我们在打造自明星文化时,也可以采用这种做法,将自己的名字作为自明星品牌名称,体现自身的文化特色,这种做法的好处如图 4-1 所示。

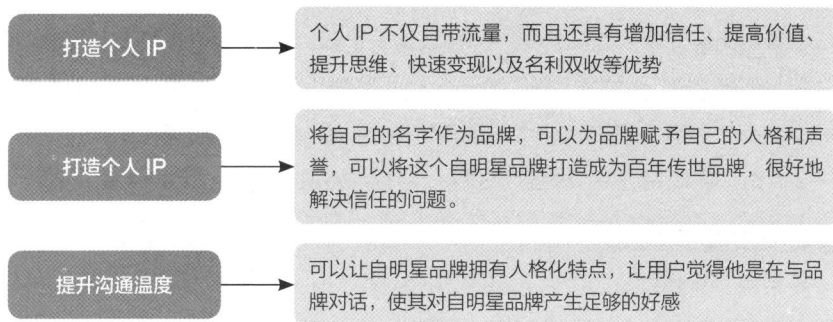

▲ 图4-1　用名字作为自明星品牌的好处

当然，如果你的品牌名称已经确定了，我们也可以另辟蹊径，将自己的名字与品牌牢牢捆绑在一起，这样也能够让大家看到你的名字时，自然而然地感受到你的自明星品牌文化。在传统行业中，也有很多非常典型的相关案例，如表 4-2 所示。

表 4-2　将创始人与品牌文化深度捆绑的案例

品牌名称（简称）	外文名称	创始人
阿里巴巴	Alibaba Group	马云
小米	MI	雷军
奇虎 360	Qihoo 360 Technology Co. Ltd.	周鸿祎
京东商城	JD	刘强东
网易	NetEase	丁磊
格力	GREE ELECTRIC APPLIANCES, INC.OF ZHUHAI	董明珠（董事长）
腾讯	Tencent	马化腾
华为	HUAWEI	任正非
苹果	Apple	史蒂夫·乔布斯（Steve Jobs）、史蒂夫·沃兹尼亚克（Steve Wozniak）、罗纳德·韦恩（Ronald Wayne）
脸书	Facebook	马克·扎克伯格（Mark Zuckerberg）、爱德华多·萨维林（Eduardo Saverin）

上面这些人相信大家都是耳熟能详的，提到他们的名字，我们会很自然的联想到他背后的品牌。因此，我们做自明星的时候，也需要像他们这样，将自己的性格融入到自明星的品牌文化中，让品牌有个性、有温度。不管你从事哪个行业，都可以运用这种思路来打造自明星品牌，让自己的品牌文化实现更好、更远的传播。

4.1.3　品牌是自明星发展的高端目标

品牌是自明星发展的高端目标。为什么这么说呢？因为尽管品牌与品牌之间还有高低之分，但拥有了品牌才能够拥有行业内的话语权。所谓的高端目标，当然是指高端市场，拥有了品牌才有进入这个高端市场的通行证。自明星市场也是同样的道理。下面主要介绍在自明星高端市场上，品牌在运营、增值和地位上给自明星带来的优势。

1. 品牌是自明星运营的核心

一般来说，品牌是自明星进入高端市场的通行证。品牌的树立为自明星的经营带来了许多优势，例如为自媒体的经营提供了说服力、公信力和竞争力等，使得自明星能够进入高端市场。但自明星在进入高端市场之后，依旧要以品牌为运营的核心。以品牌为核心的运营表现在以下两个方面。

（1）自明星运营更加完善，让品牌有说服力和公信力。

（2）自明星运营不断升级，让品牌有竞争力和影响力。

2. 品牌是自明星增值的资本

前面我们曾提到过，自明星实现增值的方式是引进商业融资。但是融资方需要看到自明星的融资价值才会考虑投钱，而品牌就是最有价值的原始资本之一。在商业融资中品牌具有五大价值。

（1）品牌具有用户影响力。

（2）品牌具有用户号召力。

（3）品牌具有用户公信力。

（4）品牌本身就是资本。

（5）品牌能使资本升值。

商业融资中的品牌共具有的五大价值，其中用户影响力、用户号召力和用户公信力都是隐性的价值，品牌自身资本和资本升值才是直接可利用的价值。品牌的自身资本价值和品牌的资本升值价值的作用主要表现在2个方面。

（1）品牌自身的专利价值和商标价值，是可以直接变现的价值。

（2）品牌的文化升值价值和服务升值价值，是可以直接转化的价值。

品牌有自己的产品专利和商标冠名，这些都是可以直接进行变现的。例如英国的某汽车公司曾经将自己的技术、商标和专利分别卖给了中国的3家汽车公司。由此可见，品牌是可以直接进行售卖的，而且是可以单独售卖的。品牌的文化价值和服务价值虽然不能直接售卖，但也同样有自己的专利权。例如品牌名称、品牌广告等文化范畴内的事物都是不容许抄袭的。因此，品牌的资本升值价值只需要稍作转化，就能获得直接的物质价值。

3. 品牌反映自明星的地位

品牌是自明星一直追求的东西，是自明星能够获得商业融资进入高端市场的通行证和价值资本。有了品牌，自明星在业内才有地位。品牌的价值资本支撑起自明星在行业内的地位，主要体现在以下5个方面。

（1）品牌是自明星的经济砥柱。

（2）品牌是自明星的信用支柱。

（3）品牌是自明星的实力证明。

（4）品牌是自明星的竞争武器。

（5）品牌是自明星的商业基础。

自明星对地位的追求不是一次性的，而是持续不断的，并且努力往更高更远的地位攀登。在自媒体行业，品牌之间的竞争是非常激烈的，并且有等级之分。自明星虽然拿到了品牌这张通行证，顺利进入了高端市场发展，但是这个市场却是呈金字塔状，一层一层构建起来，有阶层之分的。所以品牌自明星需要不断地完善自己、提升自己，打造更好的品牌，追求更高的地位。

4.1.4　成功自明星必备的 10 种能力

其实任何模式的创业都需要具备相应的能力，才能顺利地进行下去。下面对自明星需要具备的十大能力进行具体介绍。

1. 必须具备专一的能力

专一是现在大部分人不具备的能力，在自媒体行业也很少有人能坚持只做某个领域，大多数人都是每个领域都想试一试，结果哪个领域都没有做好。做自明星必须要具备专一的能力，坚持做自己擅长的垂直领域，才能增强自身的竞争力。

2. 必须具备独立思考的能力

那些只知道埋头苦干而不注重思考的人，很容易错过一些机会，甚至机会到了眼前，他都不会注意到。因为他没有独立思考过，也不会去思考自己做什么才有意义。自明星想要培养抓住机会的能力，必须能够独立思考。

3. 必须具备接受新事物的能力

互联网有一个非常有意思的地方，就是即使你错过了一个机会，也会有下一个机会出现，就看你能不能抓住。例如，微博火起来的时候你没有把握住，后面还有微信，如果微信也没把握住，还有现在比较火的短视频。

只不过这些互联网平台层出不穷，就要求自明星必须具备接受新事物的能力。因为在你抓住了一个机遇的情况下，如果不坚持学习，在下一个机遇出现的时候可能最终会被别人超越。

4. 必须具备较强的心理承受能力

自明星作为一个公众人物，来自外界的评价必然是褒贬不一的。因此，做自明星必须要内心强大，尤其是明星粉丝数量越多，要承受的打击和压力就会越大。粉丝会对自明星提出各种要求，如果自明星心理承受能力不够的话，很容易会坚持不下去。除了粉丝，一些传统行业的人士很可能也会打击自明星，因为自明星的模式与传统商业模式其实是存在冲突的，它们像是一种竞争关系。

5. 必须具备商业化的能力

一般说来，用自明星模式创业，目的就是为了实现商业化。通俗地说，就是营利。因为这个行业竞争激烈，如果不实现商业化根本不能长久地运营下去，所以自明星必须具备商业化的能力。

6. 具有打造自己风格的能力

一个真正的自明星都有自己鲜明的风格，只有这样才能被大众记住。因此自明星应该敢于去突破、创新。在这个过程中，自明星应该具备能打造出自己独特风格的能力，这样才能吸引用户关注。

7. 具有营销能力

自明星的营销能力是指营销自己和产品的能力。要吸引更多用户关注自己，当有了一定的粉丝基础后，自明星就要开始进行产品营销了。无论产品是自己的知识课程还是会员、书等，自明星都要能够把它们推广给自己的粉丝。

8. 具有沟通能力

沟通能力在每个行业都非常重要。自明星不仅要有表达能力，更要具备能和他人进行有效沟通的能力。一般说来，打造自明星都需要一个团队，如果自明星不具备有效沟通的能力，怎么吸纳合作伙伴或团队成员呢？

9. 具有公众演讲能力

公众演讲能力是指敢于面对大众进行演说的能力，有不少自明星都是通过公众演讲取得成功的。公众演讲在最初的时候是用于发布会、企业演讲、主持、采访、培训等，而现在想要成为一个成功的自明星，也离不开公众演讲能力的加持。

10. 具有知识提升的能力

作为一个自明星，需要有非常丰富的知识和能够承受高强度工作的大脑。知识是自明星创作的核心力量，也是一切文化事业的动力源泉。如果缺少知识的储备，自明星的内容创作将缺少一个动力基础。即使勉强进行创作，也很难使内容有说服力和吸引力。

自明星的内容创作是一项高强度的脑力输出，并且是硬性的定期、持续输出。它经常困扰着创作者，使创作者感觉自己二三十年的学习积累和人生感悟用十多篇软文就能全部囊括进去，然后就失去了后续创作的灵感和动力。自明星需要注意，发布的软文如果广告性太强，容易被人屏蔽，所以软文都需要蕴含情感，让人有想看的冲动和欲望，这样才有可能成为成功的自明星。

💡 专家提醒

　　套用OPPO手机的一句广告语，自明星进行内容创作，在知识学习和知识输出上要具备"充电5分钟，通话两小时"的能力，即做到浏览别人的一篇文章，自己能想出4篇文章的写法。但是，想要具备这种能力需要长时间的积累和修炼。对于一般的创作者来说，都还处于"学习两小时，写作5分钟"的水平，因此，自明星更需要坚持学习和不断提升。

4.1.5　塑造自明星品牌的八大关键

　　做一件事往往要抓住核心问题，自明星的创业模式也不例外。要想塑造一个成功的自明星，必须抓住8个关键点，那就是学会做加减法、做知识管理、提高自身影响力、懂得扬长避短、合理运用部分免费内容、高效完成工作、合理安排时间以及懂得农耕精神。下面分别阐述这8个关键点。

1.　学会做加减法

　　加法是指在粉丝关注的核心内容上做加法，提高粉丝们想看的内容的价值。做加法有两种情形。一种是从无到有的"加"，也就是说某领域的内容是别人之前从来没有涉及的，那么当自明星创作了该领域的突破性内容后，就能很好地塑造品牌。另一种是别人曾经涉及过的领域，只是做得还不够好。例如别人只做到了合格的程度，自明星可以做到优秀的程度，同样能够塑造品牌。

　　对于粉丝不关注的方面，自明星要做减法。做减法同样有两种情形。一种是彻底归零的"减"，也就是把行业中同领域的对手提供的某个服务去掉，不再提供这个服务。另一种是从部分内容入手的"减"，也就是减少某些内容的发布量。例如竞争对手花一百分精力去做的内容，自明星只花一分精力去做。

　　自明星通过加减法，不仅可以减少自身成本，还可以增加粉丝。做自明星不要一味地盯着竞争对手在做什么，而是应该多关注粉丝的需求，多站在粉丝角度去思考他们真正想要看的内容，然后在用户有需求的内容方面做加法，在用户不需要的方面做减法。

2.　做知识管理

　　这里的知识管理是指个人的知识管理。那么什么是个人的知识管理呢？就是自明星将自己获得的资料、信息变成更有价值的知识。这些知识可以用于工作或生活之中，同时自明星也可以在这一过程中增强专业素养，养成良好的学习习惯。做个人的知识管理可以分为5个步骤。

第1步，搜集知识。搜集来的知识是进行内容输出的基础，可以说没有搜集的知识就没有内容的输出。

第2步，存储知识。获得知识的渠道比较多，自明星需要有随时把知识保存到电脑中的习惯，并且要对知识进行科学合理的命名，以便在需要使用这些知识时能迅速找到它们。

第3步，加工知识。如果电脑里的资料不进行加工，那就只是一些资料，不是自己的知识。我们可以将资料进行浓缩，对资料进行浓缩的这一过程可以帮助我们更深入地理解这些资料。

第4步，使用知识。一般来说，自明星获得知识并不是为了让自己看上去比较有学识，而是为了解决用户的需求。所以自明星要将加工好的知识落到实处，运用这些知识创作内容，解决用户的需求。

第5步，分享知识。自明星只有把知识分享出去，才会有更多的收获。这个收获体现在外在和内在两个方面：外在是指可以树立专业形象，吸引更多用户关注；内在是指自身学习能力的提高。

3. 提高自身影响力

很多自明星都会有这样的问题：内容小众，看的人不多；粉丝少，自身影响力也小；等等。其实，这些问题都是可以通过提升自身影响力来解决的。那么自明星该如何提高自身影响力呢？主要有以下4种方法。

（1）在创作内容时，尤其是创作干货型内容时要多阐述理由。这样的内容会更容易被用户接受——只要是有理有据的知识，大部分人都不会抗拒。

（2）通过补偿心理来扩大自己的影响力。例如你提出了很多办法帮助用户解决问题，那么用户肯定会对你有补偿心理，也就是想要回报你。而用户的回报方式就是变成忠实粉丝。可见，想要获得更多的关注，首先需要付出。

（3）要说到做到。例如做了什么决定或承诺，就一定要做到，这样才能增加自己的诚信度，提高影响力。

（4）获得社会认同。也就是说，要重视用户对自己的评价，尽量让大部分用户喜欢自己，树立好口碑，才能扩大影响力。因为用户如果想要了解你，主要看别人是怎么评价你的。

4. 懂得扬长避短

自明星首先要确定自己的优势，然后从自身的优势出发，最大限度地发挥出自己的优势，这样才能形成核心竞争力。在擅长的领域，为了让自己出类拔萃，自身缺乏的那部分知识和能力无需达到专业水平，稍微提高一点即可。例如，自明星的缺点是写字不好看，又需要经常给粉丝签名，自明星就可以将自己的签名练得更好一些，但不需要把字练得和专业书法家一样。

5. 合理运用部分免费内容

先用免费内容吸引用户，再推出一些收费内容，这已经是自媒体行业常用的营利方式了。那么应该如何合理运用免费的内容吸引用户呢？自明星可以从以下 3 个方面入手。

（1）有小程序或是软件需要销售推广的企业，可以使用限时免费的模式。例如，企业推出一款游戏软件，可以让用户免费体验半个月再收费，这样有利于用户了解该款游戏软件。

（2）将产品分为两个版本：普通版和升级版。普通版免费，升级版收费，也是吸引用户注意力的好方法。不过关于怎么创造产品的两个版本以及怎么界定两个版本的关系的问题，都是需要自明星们去认真研究的。

（3）赠送产品或服务也可以助力营销。例如自明星推出一个教学课程的产品后，可以留下自己的联系方式，便于对学员提供免费的一对一教学服务。

6. 高效完成工作

对于快节奏生活的现代人来说，工作是一定要高效完成的，做自明星也不例外。自明星每天需要创作内容，发布内容，与粉丝进行互动交流，还要开发自己的产品，等等。这些事情堆积在一起，如果自明星不具备高效完成工作的能力，是难以将自媒体良性经营下去的。那么，我们应该如何培养自己高效完成工作的能力呢？只需要做到以下 3 点。

（1）制订每周的计划。如果你是一个团队的领导人，那么每周都要制订整个团队的目标，并带领团队去完成。如果你是个人运营自媒体，就要每周给自己制订一个目标，并监督自己去完成。

（2）把重要的事情放在第一位。要不断地问自己，哪件事是现在最需要完成的，要怎么做才能更好地去完成这件最重要的事。

（3）每周结束时要进行总结。总结的内容包括：本周自己完成了哪些目标，能完成这些目标的原因是什么；本周自己没有完成的目标有哪些，是什么原因导致自己没有完成这些目标。

7. 合理安排时间

时间对每个人来说都是宝贵的。现在大家都想用最短的时间赚更多的钱，因此每天都感觉时间不够用。那么，自明星应该如何合理地安排时间呢？有以下 3 个方法。

（1）不在没有意义的事情上浪费时间。例如，你正在进行内容的创作，突然想起还有一封前几天收到的邮件没有看，这时就不要忙于查看邮件，而是应该将它当作待办事项，等内容创作完成后再去处理。

（2）完成一项工作后，要立刻确定下一步的行动。例如，自明星创作完内容后，需要确定下一步是对内容进行完善还是直接剪辑或排版。

（3）要关注自己完成的任务的结果。毕竟合理地安排时间只是方法，你的目的还是为了完成工作，所以要多思考在时间安排合理的情况下，最终的结果是怎样的。

8. 懂得农耕精神

什么是农耕精神？就是指农耕运作的付出精神，即春天播种，每隔一段时间浇水施肥，到了秋天收获成果。把农耕精神应用到自明星打造上，就代表着坚持、积累和沉淀。对于农耕一事，如果春天不播种，平时不施肥，而到了秋天才开始播种施肥，是不会有收获的。做自明星也一样，要十年如一日地坚持学习和积累。

4.2 内容运营：自明星 IP 品牌的经营策略

网红式的自明星 IP，彻底地颠覆了传统的成名和"吸金"机制，并且使很多行业的生态链发生了变化。将自明星打造成一个 IP 品牌的最终目的是商业变现——代表整个自明星体系构建成功。本节主要介绍自明星 IP 品牌的经营策略与技巧等内容。

4.2.1 做粉丝喜欢看的硬广，重视内容

在广告行业中，硬广是指直接发布的产品广告信息——广告信息中包含了产品功效、商品功能等。在朋友圈或其他自媒体平台上发布硬广信息时，一定要掌握相关技巧，否则很容易被朋友圈的人屏蔽，这样就得不偿失了。

硬广也是自明星变现的一种方式——通过为企业代言产品，将广告转发到朋友圈或微博等平台，从中得到一定的经济收益。

很多自明星在发布自己的生活状态、工作动态时，粉丝的互动率非常高，留言率、转发量也很可观。可是当他们发布硬广信息时，朋友圈或微博的粉丝活跃度就会大大降低，转发量也很少。这时，自明星应该怎么办呢？

首先，自明星发布的内容要达到一定的高度，或者自明星自身在某一个行业具有一定的权威性；其次，自明星本人还需要有一定的人格魅力。在这样的情况下，粉丝可以直接忽略硬广信息并且不会产生反感，还有可能会关注自明星发布的硬广信息，从而购买产品。图 4-2 所示为电商自明星张某某的微博。她在发布硬广信息时，转发量、留言和点赞率都比较高，说明她很受粉丝欢迎。

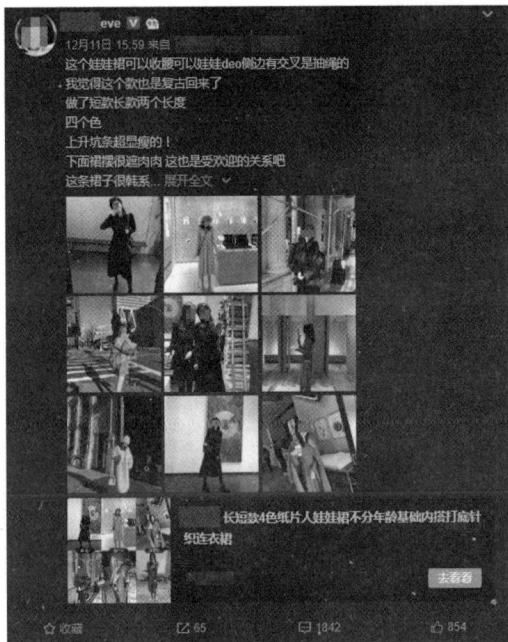

▲ 图4-2 自明星张某某的硬广信息

　　自明星可以从微信公众号、微博、今日头条等平台直接转发已发布的硬广文章链接到朋友圈中，用户点击网页链接，即可打开相应的页面，查看发布的硬广信息。

　　还有一种情况是，自明星在发布硬广内容时要有一定的创意，内容要贴近生活。这样也会获得粉丝的高度关注和转发。特别是有关爱心、情感、创意又贴近生活的硬广信息，在朋友圈、公众号、微博中会更容易受到用户欢迎。

4.2.2　对准需求的软文推广，解决痛点

　　软文，顾名思义，是相对于硬性广告而言的，它是带有情感性质的"文字广告"。与硬广相比，软文更具有生命力，它能结合人们的需求、情感，帮助观众找到共鸣点。网红、自明星们主要通过微信公众号、微博和今日头条等媒体平台来发布软文——这些是他们主要的运营平台。

　　吴先生是一位有名的财经作家，他所发布的财经领域的软文具有一定的影响力和参考价值。截至2019年3月，他的微博粉丝有451万人，他发布的微博软文的评论、转发量都很可观。图4-3所示为吴晓波发布的微博软文。

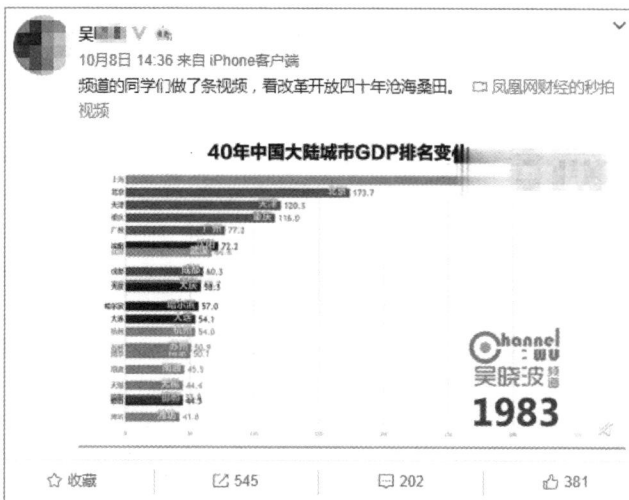

▲ 图4-3 吴先生发布的微博软文

吴晓波不仅微博平台的粉丝数量大，他所创立的微信公众号的粉丝数量也非常大。新榜平台预估他的活跃粉丝为 54 万人，他每天定时推送财经软文，其中头条软文的阅读量大多在 10W+。

吴先生的微信公众号每天推送 5 ~ 7 篇文章。除了头条外，其他几篇也会有一些软文广告信息，这是自明星的经济收入之一，粉丝会给予理解。吴晓波先生亲自编写的头条财经内容非常好，因此，即使文章中推送了软文广告，粉丝们也会买单、查看甚至转发。

图 4-4 所示就是吴先生微信公众号推送的软文广告。该软文广告蕴含情感的表达，对准需求的推广，让粉丝喜欢看，文章阅读量也不错。

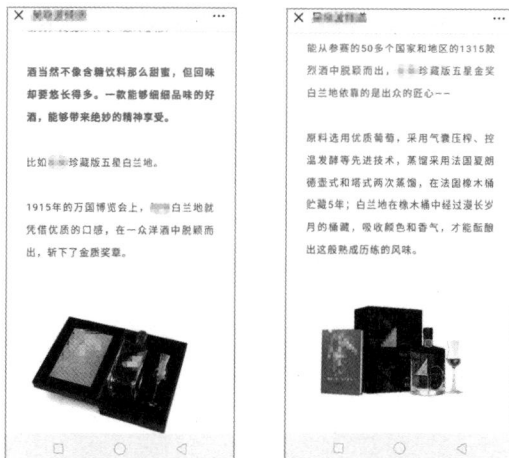

▲ 图4-4 吴先生微信公众号推送的软文广告

对读者来说，软文要有价值。撰写一篇优质软文的第一步，就是寻找用户感兴趣的话题，然后搜索相关的资料进行整理，最终消除与读者间的陌生感，让读者对软文产生认同感，从而取得读者的信任。自明星要始终记得，撰写的软文是给读者看的，这是软文写作的生命力。读者的身份不同，职业有区别，对软文的需求也会不同。

💡 **专家提醒**

> 要确保写出来的软文能满足读者的期待，自明星需要根据对象来设定文章的风格。自明星可以根据不同职业使用各自相关的专业语言，特别是针对年轻人的软文，要尽量采用当下较流行的语言和风格。这样做的好处是引起广大用户的共鸣，为软文创造更好的传播效应。

4.2.3　基础内容免费，高端课程收费

很多企业一开始都喜欢先给用户提供免费的产品，如相关杀毒软件等，等用户积累到一定数量后，企业就会对产品的高级功能收费。自明星也可以先通过免费的内容吸引粉丝，扩大粉丝数量，当粉丝累积到一定数量时，再针对高端产品或课程进行收费。比较具有代表性的是某微信公众号的创始人——罗先生，他是一位非常具有影响力的自明星。

该微信公众号在运营初期，罗先生每天早上 6 点 30 分准时用 60 秒的语音免费分享有价值的内容来吸粉引流，从未间断。在坚持了近 1900 天以后，"60 秒语音"俨然成了罗先生的超级 IP。

截至 2018 年 5 月，罗先生的微信公众号的第 2 条软文位置每天仍然有"罗胖 60 秒"的语音内容。第 1 条是职场资讯类软文，第 2 条是直播课程类软文，读者都非常多。在该公众号的变现过程中，图书变现是主要的营利方式之一，如图 4-5 所示。

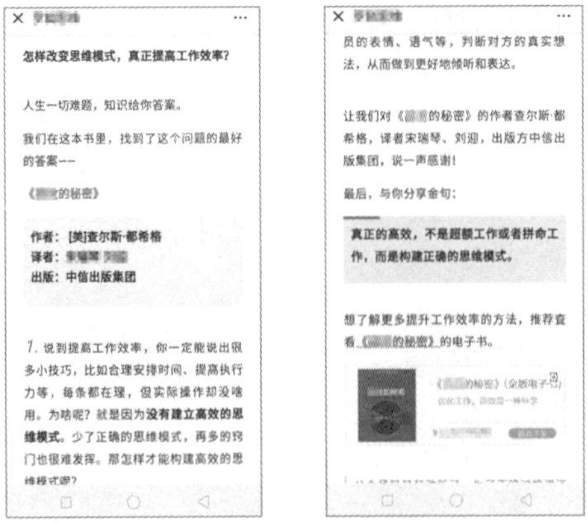

▲ 图4-5　罗先生的微信公众号推送的图书

另外，在 2013 年 8 月，该发起了 VIP 会员制度，普通会员收取 200 元的会员费，名额为 5000 个；铁杆会员收取 1200 元的会员费，名额为 500 个。而作为回报，该公众号会向会员每月送上一本亲选的好书，会员能优先参与该公众号举办的线下活动，享有专属席位，铁杆会员还经常有圈内聚会等福利。罗振宇的自明星运营，形象地说明了基础内容免费、高端课程收费的经营策略。

4.2.4　自产自销自服务，多元化发展

对于自明星来说，在粉丝经济时代积累自己的忠实粉丝是很重要的。自明星可以依靠自己的专业技能吸引高黏度的粉丝，让粉丝成为自己最好的顾客。因为这些粉丝都是对自明星的专业技能感兴趣的，所以当自明星打造出自己的产品和服务时，这些粉丝会表现出较高的购买力。

不过自明星在打造自己的产品时，不要将自己定位成推销者，而是应该通过产品宣传一种理念或者情怀，要明确自己的产品是能给粉丝带来价值的。此处的价值可以是实用的功能，同时也要包含对精神需求的满足——这就是一个产品的多元化价值。

例如某知名美食博主的产品，就满足了粉丝的精神需求。现在大家都向往大都市，追求名利。而该美食博主却远离了都市去推广一些原生态的美食，她的产品传递的是一种淡泊名利、追求自由的价值观，与现代人的生活形成反差，更易受到粉丝追捧。图 4-6 所示为该美食博主的微博软文。

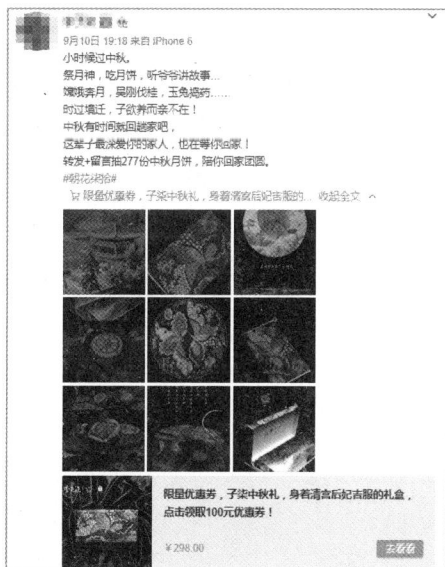

▲ 图4-6　某美食博主的微博软文

4.3 个体崛起：垂直自明星 IP 的练成攻略

IP 的价值越来越被人们所重视，而你在羡慕那些火热的爆款 IP 时，是否也曾思考过怎样从无到有去打造一款自明星 IP 呢？本节从企业 CEO、垂直电商、职场人士以及微商 4 个方面出发，介绍如何从无到有打造垂直自明星。

4.3.1 企业 CEO 如何做自明星？

企业 CEO 做自明星，首先要清楚自己的定位，且这个定位应该是某个领域的专家。因为企业 CEO 做自明星主要是为了扩大品牌的知名度。如果企业 CEO 在自身经营的领域专业水平不够，用户就不会信任你，自然也不会信任你的品牌。

确定好专业的定位之后，企业 CEO 要建立一套自己的思想理论。这套理论主要是针对企业的产品，如产品的含义、产品的功效等。有了自己的思想理论之后，企业 CEO 可以创作一些与产品相关的专业性内容，发布在各个自媒体平台上。

与些同时，企业 CEO 可以出版与产品相关的专业图书。例如企业的产品是玉石首饰，那么企业 CEO 就可以出版一本如何分辨以及鉴定玉石的书，建立起自己的专家形象。除了发布内容和出版图书以外，做公开演讲也是很好的选择——演讲具有很好的感染力，能将个人的思想清楚地传达给大众。

4.3.2 垂直电商如何做自明星？

现在电商平台的竞争非常激烈，不少电商卖家都开始转型，去微信或者微博平台上销售产品。不过按照市场的发展趋势，垂直电商和自明星的结合才是最好的销售产品的方式。那么垂直电商要转型为自明星应该怎么做呢？主要有以下 3 点。

（1）只有实现产品、服务和消费者需求的统一，才是真正的垂直电商。而垂直电商要想转型为自明星，需要树立起在垂直领域的专业形象，这样才能吸引忠实顾客。

（2）每个月推出一个新产品，也就是每个月都要设置一个新的产品主题。这个主题要与电商的垂直领域有关，便于建立电商的品牌理念。

（3）每个月结合热点事件、节日等内容进行营销，将品牌以及品牌的理念不断地推广出去，扩大影响力。

4.3.3 职场人士如何做自明星？

职场人士做自明星的好处有两个：一是提高知名度，升职更快；二是有了知名度以后加薪也会更快。对于职场人士来说，不是埋头苦干就能被领导赏识的。所以，职场人士需要主动让领导看到自己的价值。而获得领导关注最好的办法就是将自己打造成自明星。那么职场人士将自己打造成自明星需要怎么做呢？具体有以下 3 个步骤。

第 1 步，职场人士要先清楚现在市场上需要什么样的人才。在交通和通讯都不发达的时候，市场上可能需要什么都懂一点的全能型人才，因为遇到问题的时候没有时间去等一个专家来解决。但随着时代的发展，市场需要的人才已经变成了某一领域的专业人士，并且企业也越来越推崇将专业的问题交给专业的人去解决。因此职场人士必须要有一个符合市场的定位，也就是要将自己定位于某个领域的专业人士。

第 2 步，借助平台发布自己的内容，视频和文章都可以，总之要将自己的专业技能都体现出来。

第 3 步，在公司的网站或论坛上发布内容，让公司的人都知道你是某个领域的专家。职场人士若想要拥有更大的知名度，可以在今日头条、微信等流量平台发布自己的内容。

4.3.4　微商如何做自明星？

微商被屏蔽的概率很高，大部分用户不太信任微商的产品，所以对微商来说最重要的就是要获得用户的信任。其实微商可以将自己打造成自明星，有了知名度后，微商就可以获得用户的信任。一般说来，微商做自明星需要注意以下 3 点。

（1）不要天天刷屏卖产品，并且在卖产品之前要维护好和用户之间的关系。例如多帮用户解决一些生活中的问题，以此获得用户的信任。

（2）不要向用户推荐不适合他们的产品。例如微商卖的是滋润型的护肤品，那么油性皮肤的用户就不适合这个产品。此时微商千万不要为了卖出产品而进行推荐，否则将会失去用户对你的信任。

（3）当用户有产品方面的问题要进行咨询时，微商要对用户进行引导。也就是说，在用户咨询问题时，微商要能够引导用户购买合适的产品，并且告诉用户该产品为什么适合他。

第5章

内容为王：
不再做内容搬运工

学前提示

很多自媒体人一直在说内容为王，但他们可能根本就不知道何谓内容为王。他们每天做自媒体，所有的工作就是发文章、拍视频，不会去思考怎么才能做得更好。自媒体人需要多看、多学——别人为什么做得好，满足了用户的什么需求，是如何做的，内容是什么等，这些都需要去学习，绝不能只做内容的搬运工。

要点展示

≫ 内容打造：写出优质的内容是自媒体人的基本功
≫ 自我修炼：快速提升自媒体人的软实力
≫ 工具应用：16种必备工具和平台大全

5.1 内容打造：写出优质的内容是自媒体人的基本功

对于很多自媒体人来说，内容始终是一个迈不过去的槛。没有太多的精力去原创，写好原创文章不容易，无处寻找原创需要的众多素材等，这些都是困扰自媒体人的难题，也是很多自媒体人一直在讨论的话题。

笔者建议大家一定要坚持做原创内容。如果悟性强，可能一个月左右就能掌握各种原创的方法和技巧了；如果悟性不强，则需要 3 个月或者半年。因为原创需要掌握的内容很多，不只是写这么简单。自媒体人需要从选择哪个领域、怎么定位、怎么切入、怎么找热点、怎么拟标题、怎么去布局文章和怎么去配图等方面综合考虑。如果是视频自媒体人，则还要掌握拍摄工具、剪辑工具以及字幕工具等的应用，要想获得一定的运营成果的话，可能就会更慢一些。

从长远来看，原创内容是很有前途的。因为现在各个自媒体平台都在鼓励原创，鼓励自媒体人打造优质的原创内容。原创也是我们做自媒体必须要练好的基本功。因此本节主要介绍自媒体如何打造原创内容。

5.1.1 每天花两个小时，即可通过自媒体轻松变现

很多人会感到疑惑，为什么总是看到别人在赚钱，而自己去做同样的事，却发现钱并不容易赚？就像做自媒体，很多人说做自媒体能轻松月入过万！而自己每天努力进行原创，找选题、想标题和写作等，花费了两个小时，但是文章发出去，却没有多少人看，阅读量一般维持在 10 左右。

为什么自己想通过自媒体获利就没有别人说的那么容易呢？是不是他们都是骗人的，做自媒体根本就没那么容易？其实是因为你没掌握正确的方法，他们能月入过万，是他们有方法。那么具体是什么方法呢？

批量采集，批量发布。你可以在一些自媒体聚合平台，例如易撰、自媒咖、淘金阁等，参考刚发布的爆款文章，如图 5-1 所示。不过要注意的是，不能复制粘贴别人的内容，这存在侵权的风险。

之后，你可以在各类平台上注册更多的账号，发自己的文章如果 1 个号一天可以赚 10 元钱，那么 10 个号呢，30 个号呢？这样收益就会成倍增长。

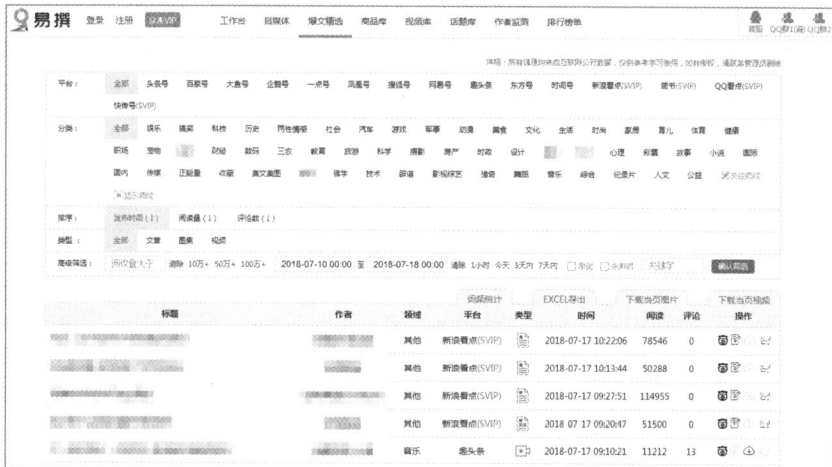

▲ 图5-1 采集爆款文章

5.1.2 掌握 3 个步骤，轻松写出自媒体原创文章

如今，自媒体平台对于原创作者的扶持力度是相当大的，收益比非原创作者要高几倍甚至几十倍！既然原创的收益这么好，那么自媒体人怎么才能做好原创呢？很多人不是不想做原创，而是真的不会，因为没有人告诉他们原创的方法。下面就给大家讲解文章原创的 3 个步骤，这也是笔者创作文章的基本步骤。

1. 搜索关键词

例如，笔者选取的关键词是"自媒体"，把它放到百度指数中去搜索，如图 5-2 所示。百度指数是以百度海量网民行为数据为基础的数据分享平台，用户可以直接在百度平台上搜索"百度指数"，然后单击，即可到达这个页面。

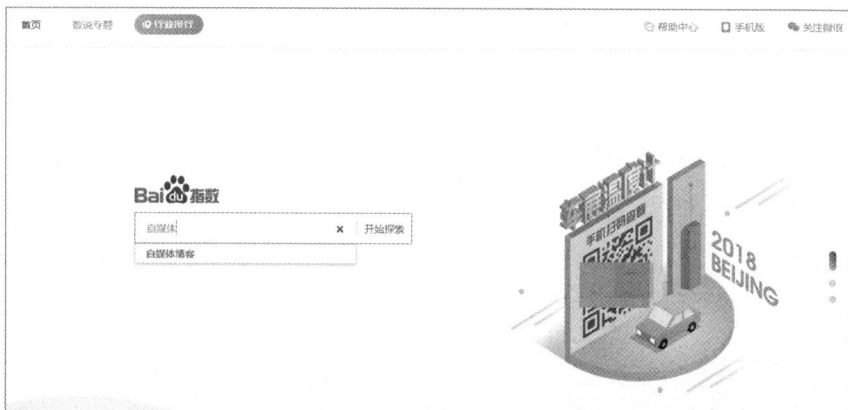

▲ 图5-2 在百度指数中输入关键词

在搜索框中输入关键词"自媒体"单击"开始搜索"按钮，根据提示登录或注册即可进入"自媒体"这一个关键词的数据分析页面，页面上有很多指标以及整体的趋势，还有需求图谱和人群画像等，如图5-3所示。

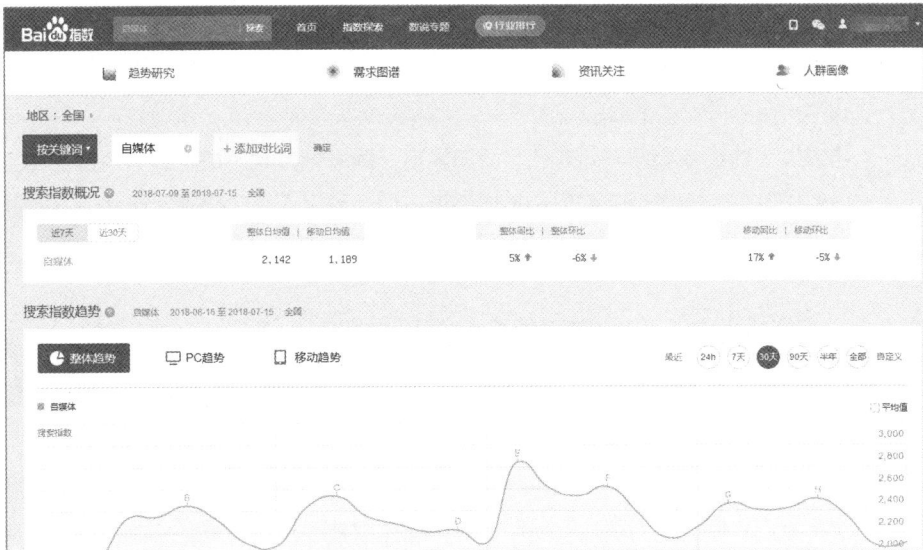

▲ 图5-3　关键词的数据分析页面

例如，切换至"需求图谱"页面，可以看到图5-4所示的这张图，图中显示了很多关键词，它们都是用户关注的词，也是用户经常搜索的词。至此，笔者就找到了侧重点，也就是写作方向。

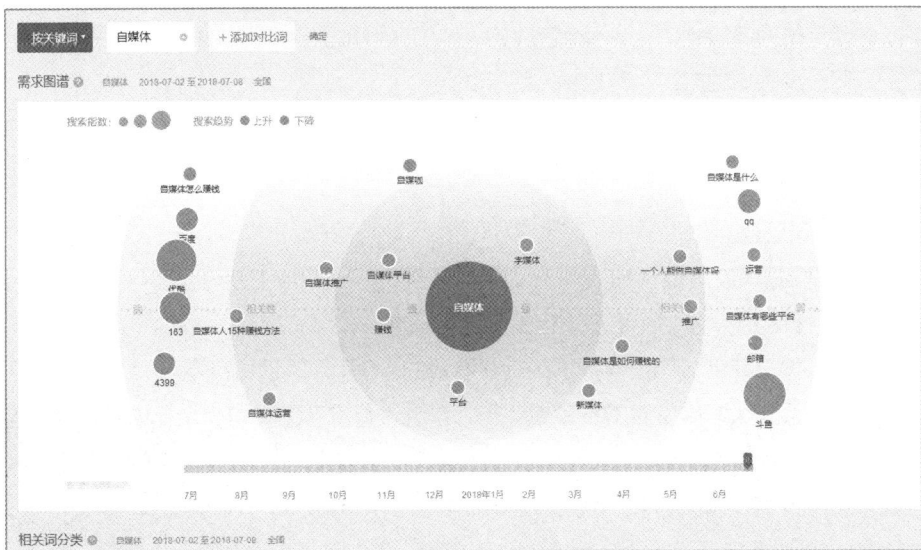

▲ 图5-4　"需求图谱"页面

2. 整理关键词，搜索答案

自媒体人需要把搜索的关键词整理出来，然后根据关键词去搜索内容，不要找已经成文的，而应该去各大问答平台，例如知乎、悟空问答、百度知道、搜索问问以及360问答等平台寻找答案。

3. 形成文章

自媒体人可分析那些文章的写作逻辑，然后尝试着原创。

当自媒体人熟练掌握原创方式后，每天输出一篇原创文章不成问题，而且这种全面、专业的原创内容更容易吸引用户长期关注。由此可见，有时候并不是我们不会原创，而是不知道方法。既然已经知道了方法，就抓紧时间去原创吧！

5.1.3 怎样才能让自己的自媒体内容更受欢迎？

怎样才能让平台愿意推荐我们的自媒体内容？首要条件就是内容优质，其次就是原创，第三则是"垂直"。另外，对于热点的把握，要具有较强的时效性。

优质、原创和时效性强，是比较容易理解的。而关于垂直，人们可能存在诸多疑问。什么是垂直？怎么做到垂直？创作什么样的内容才叫垂直？垂直需要满足什么条件？如何找到垂直的众多素材？做垂直有什么意义？下面我们就围绕"垂直"这一主题，讲解如何才能让自己的自媒体内容更受欢迎。

1. 什么是垂直

例如，自媒体人某一天写了一则关于明星的八卦新闻，内容定位为娱乐领域；接着写了一篇心情美文，内容定位为情感领域；然后写了一篇关于游戏的技能玩法的文章，内容定位为游戏领域。这一个自媒体人做的就不是垂直内容。垂直的意思就是说，我们只写一个领域的内容，其他领域都不写。

例如，某摄影类头条号，就是通过专注于"摄影构图"这个垂直细分领域获得了较多用户的关注，如图 5-5 所示。

2. 怎么做到垂直

想要做到垂直，方法很简单，我们只需要围绕一个领域创造内容即可。虽然围绕多个领域进行创作，素材会更多，但是定位不精准。

例如，把情感领域的内容推送到喜欢游戏的人面前，用户是不会喜欢的，也不会点击阅读，会大大影响文章的推荐量。因为系统进行推荐时，首先是把内容推到粉丝面前，再推到陌生人面前。在粉丝这一与账号匹配的人群都不点击阅读的情况下，其他人就更不会感兴趣了，平台也就不会再推荐了。

▲ 图5-5 某摄影类头条号内容的垂直细分领域是"摄影构图"

3. 如何找到垂直的众多素材

网上的素材资源非常丰富，只要不是新兴行业，想找到相关素材还是很容易的。即使是新兴行业，素材也很容易寻找。

因为自媒体人只是单个的个体，而与一个领域相关的是几十万人、几百万人甚至上千万人。这么多人创造内容和素材，难道还不够自媒体人搜集的吗？自媒体人只需要去看、去学习，然后形成自己的风格并输出内容即可。同时，自媒体人在运营过程中也会遇到很多问题，妥善解决这些问题时用到的解决办法是不是也是很好的素材呢？可见，在创作内容时若缺少垂直素材，可对细分领域进行深挖，这样能找到较多素材。

4. 做垂直有什么意义

关于垂直的意义，重点在于两个方面，即推荐量因素和收益因素，后者与自媒体人关系更大。

大家都知道阅读量和播放量越大，收益就越大。其实还有一个收益，很多人应该没有考虑过，那就是消费用户。大家思考一下，如果某一个游戏自媒体人有 1 万名精准粉丝，那么该自媒体人向粉丝推广一款游戏装备，将会有多少人买单呢？在笔者看来，应该会有很多人购买。如果自媒体人是做三农领域的，有 10 万名粉丝，粉丝为什么关注你？那是因为他们对"三农"内容感兴趣。自媒体人在平台上销售农产品就会更容易。这就是做垂直最主要的原因。

其实，涨粉最快的细分领域之一是情感领域，因为人都有七情六欲，情感是最容易触及心灵的。但是要注意的是，该领域的粉丝购买度不高，自媒体人后期变现只能通过心理咨询和课程来实现，不过赚取平台的广告收益还是可以的。

5.1.4　快速找到自媒体素材，创作高质量的原创内容

一般说来，自媒体人通过百度风云榜、腾讯新闻、网易新闻等平台，都可以找到优质的素材。虽然优质的素材好找，但如何快速地找到优质素材，并分门别类地找素材呢？接下来我们将详细地进行介绍。

热点类型的素材，一般可以在百度热搜榜、腾讯新闻、网易新闻、新榜等平台上寻找。另外，头条指数、清博指数等平台也是热点的聚集地。自媒体人还可以结合自身情况自行选择一些平台去寻找素材。

除了热点类型的素材外，争议性话题的素材也是优质素材，而且话题越有争议，越容易被大众关注。这类素材可以去社交平台中寻找，如百度贴吧、知乎、豆瓣等。其次在 QQ 的兴趣部落中也能找到有争议性的话题素材。

有的人可能觉得这些平台的素材不集中，找起来效率比较低。那有什么方法可以帮助自媒体人更快速地搜集素材呢？以下 3 个聚合型平台能让大家快速地找到素材。

（1）易撰。在这一平台上，自媒体人可以直接搜索关键词来寻找争议性话题，例如做自媒体相关内容的人就可以直接搜索"自媒体"的关键字。

（2）自媒咖。在易撰平台上，有些功能是需要付费的，而自媒咖是一个完全免费的平台。不过与易撰相比，它的功能较少。

（3）淘金阁。该平台的功能比较齐全，它也是一个需要付费的平台。

5.1.5　整理自媒体素材，写出优质原创内容的秘诀

当我们搜集到素材以后，如何将素材变成自己的内容也是内容打造的一个关键点。我们不能直接把素材当成内容，而是要进行整理并提炼出素材的精髓，才能创作出优质的原创内容。在进行原创时，自媒体人只要按照以下 3 个步骤进行操作就能让内容变得优质。

第 1 步，确定主题。尽量把现在的热门事件和所找的素材结合起来，确定文章的主题，注意不要偏题。

第 2 步，确定内容结构。一般说来，写文章会用到总分或者总分总的结构。自媒体人在创作内容之前也要确定文章内容适合用哪种结构。

第 3 步，确定内容的表现形式。因为内容的表现形式有很多种，如讲述一个故事的记叙文形式和对一些问题进行解析的说明文形式，自媒体需要确定了自己的文章用哪种表现形式后才能开始创作。

5.2　自我修炼：快速提升自媒体人的软实力

　　一项成功的事业需要不懈地坚持，并且要在坚持中不断升级。社会动向、行业局势时刻都在发展变化。为适应社会动向和行业局势的发展变化，自媒体经营者需要不断学习和提升，这样才能使自己有更好的发展。本节将介绍成为优秀自媒体人需要坚持的 3 大事项，以便快速提升自媒体人的自身实力，希望大家熟练掌握。

5.2.1　坚持学习的不断提升

　　事物的发展总是呈抛物线形式的，从低谷走向高峰，再从高峰走向低谷是一个必然的趋势。人们在某一阶段学习到的知识是最先进的，但随着时代的进步，科技文化也获得了更进一步的发展。如果人们不坚持同步学习和知识更新，那么就会从先进沦为落后。下面对知识学习、技术学习和经验学习的不断提升进行介绍。

1．知识学习的不断提升

　　在自媒体内容的创作中，知识的重要性包含两个方面。

　　（1）知识能让自媒体人拥有创作的灵感，保证内容的吸引力。

　　（2）知识能让自媒体人拥有创作的能力，保证内容的说服力。

　　同时，自媒体的内容创作是一项定期的、持续的脑力输出。这就使得自媒体创作，不只是开头难，而是越做越难。因此，在自媒体人的后续运营中，自媒体内容创作者后续的知识学习也变得越来越重要。自媒体内容创作者后续知识学习的重点有两点。

　　（1）要保证充分的创作灵感，从而获得粉丝的肯定和信任。

　　（2）要保证充足的创作题材，进而吸引用户的关注和支持。

　　坚持知识的学习和提升，还有一个重要的原因，即在一个知识更新频率非常快的时代环境中，例如今天是"探测器从木星拍照回来了"，明天又是"引力波被发现了"……由此可见信息更新之快和范围之广，一不留神就会觉得自己跟不上世界发展的步伐了。尤其是自媒体内容创作者，作为一个传播者，必须比普通自媒体用户更先获得消息。因此，自媒体内容创作者必须高强度地学习新的知识，才能不断提高创作能力，始终保持信息更新。保持高强度知识学习的原因有两点。

　　（1）创作需要灵感的激发和思想的感悟，更需要深厚的文化基础，才能让文化基础升华为才华。

　　（2）因为信息来自社会话题、新闻时事、科学发现以及书籍记载，所以我们必须不断保持信息更新，才能不被时代淘汰。

2. 技术学习的不断提升

在人们的普遍意识中，技术是一种简单化、缺少知识理论指导的手工操作，就像工厂车间的流水线加工一样。然而这样的看法显然是对"技术"这一概念的肤浅认识。世界知识产权组织对"技术"的定义为：技术是制造一种产品的系统知识，所采用的一种工艺或提供的一项服务，不论这种知识是否反映在一项发明、一项外形设计、一项实用新型或者一种植物新品种中，还是反映在技术情报或技能中，或者反映在专家为设计、安装、开办或维修一个工厂、为管理一个工商业企业或其活动而提供的服务或协助等方面。

而我们对技术的理解要分为初级和高级两部分：初级技术的意思是指对产品的加工制造，高级技术的意思是指对产品的发明设计。例如，工厂里工人们在流水线上的工作，就是对初级技术的利用，也是对技术最普遍化的利用；科学家的工作，就是对高级技术的利用，这是对技术最小众化的利用。技术的利用是一个从高级到初级的传递过程，有了科学家对技术核心的掌握，才有工人的加工和生产链的转动。

综上所述，初级技术就是指对产品的加工制造，多由普通工人进行操作，技术利用程度比较普遍；高级技术则是指对产品的发明设计，一般由科研人员进行操作，技术利用程度比较小众。

高级技术是属于科研层面的东西，同时科学研发并不是一个广泛适用的事物，而是一个个需要精确细分的具体操作事项和实验课题。科学研发会根据生产行业和生产内容的不同，确定不同的研发方向，做出不同的研发产物。

这些科研层面的东西又可以分为两部分：① 根据生产行业进行农业技术、工业技术和通信技术的研究，使各个行业的发展进入现代化；② 根据生产内容进行信息技术、生物技术和能源技术的研究，使各项内容趋于先进化。

> 💡 **专家提醒**
>
> 自媒体的运营需要技术的不断升级，像系统研发和定期更新这样的核心事项，虽然在新浪、腾讯等自媒体公司内部有专业的程序工作人员负责，无须他人帮忙。当然，这些公司也不会把内容事项交付给外人执行。但是，自媒体经营者也需要全面掌握软件的应用技术，至少做到自己能够处理简单的故障。

3. 经验学习的不断提升

对于自媒体经营者来说，经验是最好的老师，是巨人的肩膀。从他人的经验或自己的经验中学习方法、吸取智慧，所达到的效果至少能避免做许多的无用功。古人说的"听君一席话，胜读十年书"就是这个意思。

经验学习的重要性体现在 3 个方面：① 发现常见误区，避免被误区误导；② 发现常犯错误，避免重蹈覆辙；③ 找到解决方案，争取尽快解决。

5.2.2　坚持眼界的不断提升

学习有一个很重要的作用，就是提升眼界，也就是看世界开阔世界观，看生活丰富人生观，看社会提升价值观。学习能够提升人们对世界、对生命和对价值的追求，也能够为人们提供更好的方法去面对世界、面对生命和面对生活。当人们的眼界不断提升时，站得越高，看得越远，就能越轻松地应对各项事物。下面我们将立足解决自媒体发展和经营的问题，介绍如何让自媒体人的社会眼界、行业眼界和经济眼界不断提升。

1. 社会眼界的不断提升

社会眼界的提升是指对社会的发展方向、发展趋势的准确预测与准确判断，使自己的经营活动始终保持在社会先进行列。自媒体人想要让经营活动保持在社会先进行列的方法有 3 个。

（1）积累丰富的社会经验，让自己能对社会的发展方向进行准确预测。

（2）积累渊博的社会学识，借势搭上社会潮流的顺风车。

（3）采集和储备大量的数据，让自己能对社会发展趋势进行准确判断。

2. 行业眼界的不断提升

行业眼界和社会眼界的表现基本相同，只是所观望的区域范围的大小有所区别而已。社会眼界要求的是关注整个社会的动向，是广泛的；行业眼界要求的是把关注点锁定在行业内部，是精确的。下面向大家介绍行业眼界需要重点观望的三大要点。

（1）需要掌握大量的营利数据，熟知行业的经济利益。

（2）需要紧盯行业新变动趋势，掌握行业的经营模式。

（3）需要探索新市场寻求升级，让行业有更大的升级空间。

💡 专家提醒

　　一个行业圈子就像是一个小社会，充满着风起云涌的变革。尽管行业眼界对人的要求不如社会眼界那般宽广，但也绝不是让人封闭自守，不去看社会上大大小小的事件。行业的变动与社会的变动是息息相关的，往往是社会的一阵潮流就带动了行业的新产业链，社会的一些变革就让一个行业濒临崩溃。自媒体就是非常好的例子。

3. 经济眼界的不断提升

作为一个经营者，且是一个以营利为宗旨的经营者，经济眼界才是经营者所关注的落脚点，甚至前面提到的社会眼界、行业眼界都是为了经济眼界服务的。一个经营者了解社会和行业的发展动向与发展趋势，其根本是为了关注社会经济新趋势和行业经济新趋势，并顺势推动自己的经营计划，实现经济营利。经营者的经济眼界是以实现经济计划为目的，而实现经济计划一般有以下两个方法。

（1）关注社会经济动向，把握社会经济发展趋势，其中包括关注社会经济变革、社会经济转型以及社会经济起落。

（2）关注行业经济动向，把握行业产业发展趋势，其中包括关注行业产业变革、行业产业转型以及行业产业兴衰。

5.2.3　坚持执行力的不断提升

执行力可以单纯地看作是人的行动力，作为人们处理事物时的一个评价标准。执行力不仅能够衡量人们处理事务的能力，也能够衡量人们完成事务的水平。也就是说，即使一个人的能力再强，只要处理任务不用心，任务完成的质量不达标，那么执行力依然是不够的。下面主要介绍如何使自媒体人的操作执行力、推广执行力和运营执行力不断提升。

1. 操作执行力的不断提升

操作执行力是指能够把有限的资源进行有效的利用，并且保质保量地完成目标任务的能力，是能够在经营中把企业战略、企业规划、企业成果转化为经济效益和目标成果的关键。

2. 推广执行力的不断提升

推广执行能力，既可以是个人的推广能力也可以是团队的推广能力。自媒体的推广和现实中市场销售员推销产品是一样的，都需要进行充分的市场调研、维护客户人际关系和运用推销技巧，最主要的还是调动客户的兴趣，提高用户的满意度。自媒体的推广有3个要点：① 需要进行充分的市场调研来得到大量的市场数据；② 需要充分的客户人际关系来获得大量的客户资源；③ 需要充分的客户支持，抢占大量的市场份额。

3. 运营执行力的不断提升

自媒体的运营既有独立的个人运营，也有小团体化的团队运营和企业化的运营。因此，自媒体的运营执行能力也可分为个人经营执行力、团队经营执行力和企业经营执行力3类。自媒体三大运营执行能力之间的区别主要有：① 个人经营执行力是指个人的任务完成能力；② 团队经营执行力是指对组织的管控能力；③ 企业经营执行力是指战略决策的能力。

5.3　工具应用：16 种必备工具和平台大全

其实有些自媒体之所以做得好，就是因为比一般的自媒体更擅长使用工具。那么比较好用的自媒体工具都有哪些？本节就一一给大家介绍。

5.3.1　自媒体排版工具

自媒体的图文排版工具主要有 3 种：① 秀米编辑器的风格简洁清新，功能强大，比较容易上手操作，而且界面美观大方；② i 排版可以一键排版，它最大的特色是可以设计签名，自媒体人可以把设计好的签名和二维码一起放在图文的最后来引流；③ 135 编辑器的功能比较齐全，几乎包含了排版编辑器应该具备的所有功能，如"一键排版""一键做图""一键制作海报"等。

5.3.2　自媒体视频素材网站

视频自媒体有两种类型：一种是干货类，是传授知识的，属于教育类；还有一种是段子或情节类，三农视频和正能量视频都属于这种类型，其特点就是新、奇、特。可供自媒体寻找视频素材的网站有 5 个。

1. Video Grabber

这个网站是视频素材下载网站，除了可以下载视频外，还有在线录屏和视频转换的功能，不过，录屏功能需要额外下载软件。图 5-6 所示为 Video Grabber 的网站页面。

▲　图5-6　Video Grabber 的下载页面

2. 易撰

该网站上有很多视频和图文的素材，10W+ 阅读量的爆文和高播放量的视频都可以在该网站上找到。它涵盖了各个自媒体平台的文章和视频，而且有各种小工具可以使用，如图集转文章、爆文标题助手等，还可以看热点热词。不过该平台也有一个缺点，就是需要付费。其实自媒体人可以使用平台上的免费功能，这些功能还是不错的。

图 5-7 所示为易撰的登录页面。

▲ 图5-7 易撰的登录页面

3. 淘金阁

"淘金阁"这一名字听起来更像是一个古香古色的网站，其实它就是一个素材集合地。该平台上有众多自媒体平台的文章和视频，内容设置非常齐全，包括文章专区、视频专区、图集专区和特卖专区，以及一些小工具。当然，对于自媒体人来说，我们需要做的是利用文章、视频的内容素材创作出高质量的爆文或爆款视频。图 5-8 所示为淘金阁的页面。

▲ 图5-8 淘金阁的页面

4. 自媒咖

自媒咖也是一个提供素材的网站。该平台上的各种功能比较强大，与易撰和淘金阁相比也毫不逊色。所以，当自媒体人不知道如何选取素材的时候，可以到这个网站上浏览素材并寻找灵感。图 5-9 所示为自媒咖的网站首页。

▲ 图 5-9　自媒咖的网站首页

5.3.3　自媒体视频剪辑工具

一个好的视频，一定是后期进行优秀剪辑的结果。下面介绍 3 个好用的视频剪辑工具。

1. 视频剪辑大师

视频剪辑大师 APP 是由广州飞磨科技有限公司研制发布的一款集手机视频拍摄与手机视频后期剪辑于一体的视频处理软件。视频剪辑大师 APP 的封面及进入界面如图 5-10 所示。

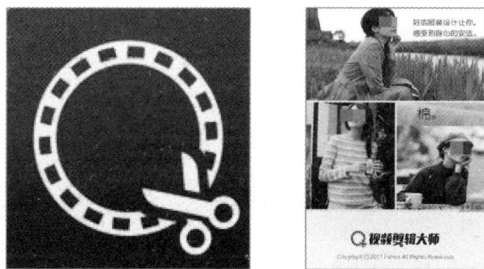

▲ 图 5-10　视频剪辑大师 APP 的封面及进入界面

2. KineMix 视频剪辑器

KineMix 视频剪辑器 APP 由于界面干净文艺，一眼就能让人心生欢喜，被众多爱好文艺的短视频后期处理者所喜爱。图 5-11 就是 KineMix 视频剪辑器 APP 的封面展示。

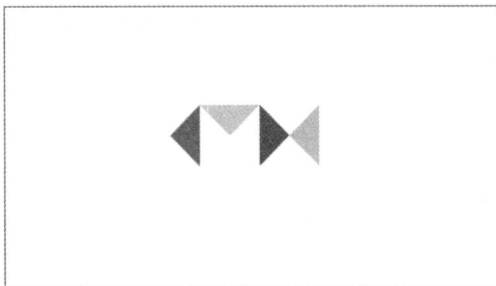

▲ 图5-11　KineMix视频剪辑器APP的封面展示

3. 乐秀视频剪辑

乐秀 APP 是由上海影卓信息科技有限公司开发出来的一款视频编辑器。它的界面干净简洁，操作简单，是一款强大的手机视频后期处理软件。图 5-12 所示为乐秀 APP 封面及进入界面展示。

▲ 图5-12　乐秀APP封面及进入界面展示

5.3.4　自媒体账号管理工具

对于很多做自媒体的人来说，发布文章耗费的时间太多了，需要在不同平台间重复登录和发布——发布 10 篇文章可能需要花费 3 ~ 5 个小时。那么是否有简单快捷的自媒体账号管理工具，可以实现一键登录，快速发布呢？答案是有的，而且不止一个。下面我们就来看看这些神奇的秘密工具。

1. 乐观号

这个网站支持头条号、大鱼号、百家号、微信公众平台、一点号、企鹅号、快传号、网易号、搜狐号、凤凰号、QQ 公众平台、时间号、网易阅读、新浪看点、阿里创作和京东达人等平台的管理和发布。只要你能想到的自媒体平台它都可以管理，是很多自媒体人发布文章的首选工具。除了可以管理发布文章外，它还具有一键排版、海量图片搜索等功能。可见，该平台既能编辑又能发布，对自媒体人来说完全可以算是"万能"工具。图 5-13 所示为乐观号的页面展示。

▲ 图5-13 乐观号的页面展示

2. 微小宝

微小宝网站支持公众号、微博、企鹅、头条、知乎、简书、大鱼号、搜狐自媒体等 11 个平台的管理和发布。除了提供编辑功能之外，它还提供数据分析、推广营利功能和小说分销的渠道。也就是说，自媒体人不仅可以运用该网站开展运营工作，还能借其获利，可谓是"工作获利两不误"。图 5-14 所示为微小宝的下载页面。

▲ 图5-14 微小宝的下载页面

3. 简媒

简媒的功能比较单一，只具有自媒体平台管理和发布的功能。不过在关联自媒体平台方面，简媒可以管理的平台超过 15 个。

5.3.5　自媒体表单工具

自媒体人可以应用的表单工具有很多，在这里主要给大家介绍 3 个表单工具。

（1）金数据。该平台有免费版、专业版、专业加强版和企业版 4 个模式可供用户选择，同时该平台也在不断升级完善。

（2）腾讯问卷。该平台是一个免费调研平台，操作简单，有制作模板可直接套用。

（3）问卷星。该平台是一个在线调研平台，有免费版、专业版和企业版 3 个模式，自媒体人可以自行选择。

5.3.6　自媒体社群变现辅助工具

下面介绍 3 个自媒体社群变现辅助工具。

（1）微友助手。它是微信群管理工具，有 3 个版本，分别是数据版、娱乐版和专业版，每个版本的功能和收费都不同。

（2）微群管家。它是微信聊天辅助工具，可以自动回复微信群聊消息，还可以进行自定义回复、定时群发、删除僵尸粉和提升社群活跃度等一系列操作。

（3）小 U 管家。它是微信群管理机器人，有设置群规功能、设置新人入群发欢迎语功能，还有群游戏、群精华功能。这一辅助工具能增强群内成员的互动性，保留群内有价值的信息，从而打造一个和谐、有趣的微信群。

5.3.7　自媒体知识变现工具

下面介绍 3 个自媒体知识变现工具。

（1）小鹅通。它相当于一个网页链接，手机和电脑都可以打开。自媒体人在该平台上上传自己的知识付费内容之后，只需要将其推广到朋友圈或公众号等平台，就能在小鹅通管理后台查看自己的收益。

（2）网易云课堂。该平台以系列性的课程为主，也有一部分按单个知识收费，变现效果比较强。

（3）千聊。该平台以直播、视频课程为主要业务。为了吸引用户观看，平台会开展诸多活动，例如打折、优惠等。

5.3.8　自媒体图片素材平台

下面介绍 3 个自媒体图片素材平台。

（1）Mysplash。该平台上的图片质量很高，值得应用。

（2）500PX 中国版。该平台上的图片很适合做素材，但是加载较慢。

（3）Cuto。这一款工具容易上手，图片质量也非常高。

5.3.9　自媒体图片在线设计平台

下面介绍 3 个自媒体图片在线设计平台。

（1）Facetune。该软件是一款人脸图片处理工具。

（2）fork。该软件的功能是把图片处理得更加精美，呈现出漫画般的效果。

（3）prisma。利用 prisma，可以将图片设计出艺术照的效果。

5.3.10　自媒体语音转文字工具

下面介绍 3 个自媒体语音转文字的工具。

（1）录音宝。它可以根据录音的时间为录音加一个标题，便于以后查找，而且语音转文字的质量也比较高。

（2）搜狗听写。它具有给录音标记重点的功能，使用比较方便。

（3）讯飞语记。它具有不错的分享功能，能生成公开链接和长微博；在技术方面也很强大，微信语音采用的就是讯飞语记的技术。

5.3.11　自媒体配音资源工具

下面介绍两个自媒体配音资源工具。

（1）深度配音网。这是一个成立时间比较久的网站，配音品质高，也拥有很多专业的配音大咖。

（2）圣世之声配音网。这也是一个比较专业的配音网站平台，还可以进行多种外语配音。

5.3.12　自媒体数据分析工具

下面介绍 3 个自媒体数据分析工具。

（1）清博大数据。它是一个大数据权威平台，能够提供微信、头条号、微博等平台的数据咨询。

（2）微博指数。它是一个分析新浪微博数据的工具，主要分析热门话题的数据以及影响力数据，还可以查看关注热门话题的用户群体。

（3）微信指数。该工具只支持统计微信搜索、公众号文章及朋友圈公开转发的文章数据。

5.3.13 自媒体指数热点工具

被用户使用最频繁的自媒体指数热点工具有两个：一是百度风云榜，如图 5-15 所示；二是微博热搜榜，如图 5-16 所示。

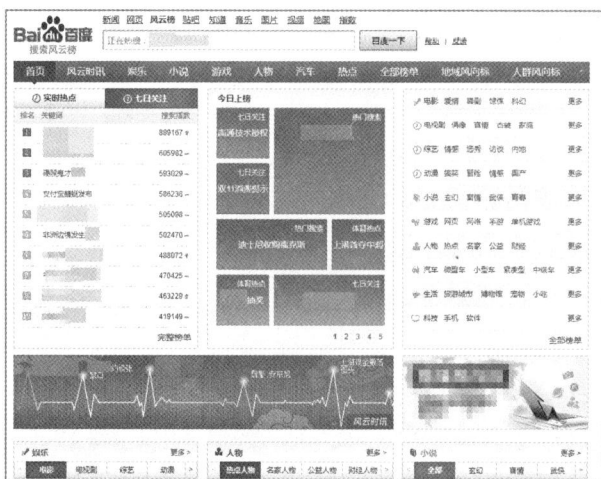

▲ 图5-15 百度风云榜首页

▲ 图5-16 微博热搜榜

5.3.14　自媒体知识学习平台

下面介绍 3 个自媒体知识学习平台。

（1）起点学院。起点学院的课程价格略高于其他平台，不过它的内容丰富全面，涉及的知识点实用性强。

（2）三节课。三节课的课程价格很实惠，教学内容都是日常工作中能用到的，教学模式很有带动性。

（3）馒头商学院。这个平台侧重于基础理论知识的培训，对互联网不了解的新手适合在这个平台学习。

5.3.15　自媒体效率提升工具

下面介绍两个自媒体提升效率的工具。

（1）Xmind。它是一个快速创建概念图的工具，有免费版、增强版、专业版和专业订阅版 4 个版本。该工具很实用，即使是免费版，功能也很不错。图 5-17 所示为 Xmind 的下载页面。

▲ 图 5-17　Xmind 的下载页面

（2）百度脑图。它是一个在线思维导图工具，自媒体人可以将自己的想法用逻辑图、树状图或结构图等多种形式记录下来，不仅能提高效率，还可以培养自己的学习和思维习惯。

5.3.16 自媒体短网址工具

下面介绍两个自媒体短网址工具。

（1）MRW 短链接。该工具除了能够定制短网址外，还可以进行短网址的数据分析。图 5-18 所示为 MRW 短链接的主页面。

▲ 图5-18 MRW短链接的主页面

（2）百度短网址。该工具有缩短网址和还原网址两个功能。图 5-19 所示为百度短网址的官网页面。

▲ 图5-19 百度短网址的官网页面

第6章

图文创作：
10W+ 自媒体爆文写作技巧

在自媒体迅速发展的时代环境下，各大行业纷纷开始利用自媒体平台来提升自身的行业竞争力。

但在运营之前，自媒体人应该明确自己要写的主题内容，并需要利用好营销内容中的标题、正文、图片等元素。本章就从这几个方面出发，对自媒体运营的内容进行讲解和分析。

学前提示

要点展示

>>> 标题设计：如何起一个引人入胜的标题
>>> 原创内容：快速打造 10W+ 阅读量的爆文
>>> 图片编辑：超高颜品，才能一秒"吸睛"
>>> 细分领域：自媒体热门领域的爆文写作

6.1 标题设计：如何起一个引人入胜的标题

自媒体人都知道，拥有一个好的标题，文章就已经成功了一半。因此，关于如何取标题的问题，一直困扰着自媒体人——中规中矩的标题不能吸引用户，标题过于夸张又担心被认为是标题党。本节主要告诉自媒体人如何摆脱标题党，打造出一个好的标题。

6.1.1 写好标题，3 个标题写作技巧打造自媒体爆文

做自媒体不去思考和总结方法，肯定是做不好的，例如如何拟标题的方法。对于自媒体人来说，如果说到需要学习的技能，那么第一个被提及的应该就是学习如何拟标题。判断一篇文章的好与坏，标题起到了决定性的作用。所以，如何拟一个好标题就变得尤为重要。那么运营者需要怎么做呢？有以下 3 个步骤。

第 1 步，找 100 个大 V，把他们播放量、阅读量高的作品的标题全部找到；

第 2 步，准备一个表格文档，把那些文章的标题全部复制下来，粘贴到文档中；

第 3 步，学习大 V 的标题架构，并且自己多练习。

另外，自媒体文章取标题也是有技巧的。只要掌握技巧，在取标题的时候就能做到事半功倍。那怎么写好标题呢？在此分享 3 个技巧。

（1）数字式标题。我们在浏览网页时会发现，有些标题中只要有数字出现，那么这个数字就能牢牢地抓住我们的眼球。因此，在写标题的时候多用数字，可以增强标题的辨识度，让文章有更高的关注度，同时又显得比较精准和专业。

例如，标题"朋友圈的十大谣言，你相信了几条"就能抓住读者眼球，同时又能增强标题效果，读者不自觉地就点击阅读了。因此，如果自媒体人不知道怎么取一个好标题，就可以运用数字。一般来说，标题中的数字主要是起到归纳总结的作用，例如 10 个方法、15 个技巧和 20 个秘诀等。

（2）欲望式标题。让读者看了标题就有点击看下去的欲望，例如"什么样的男生对异性更有吸引力？"相信只要看到这个标题，无论男女都会想点开看一看到底是哪种类型的男生吸引力更大，这也足以说明这种标题所具有的强大吸引力。不过需要注意的是，自媒体人取这类标题时要掌握好尺度，能吸引读者产生点击欲望即可。

（3）悬念式标题。例如"XXX 对接班人问题表态了"，大部分人看到这里就会被勾起好奇心，到底是怎么表态的呢？这样的标题会让人迫不及待地想了解内容是什么，无形中就增加了阅读量。

6.1.2　选取标题，一键生成标题的 3 个常用工具

你会发现，自媒体人需要好的方法、好的工具来运营自媒体，以便让自己的自媒体之路可以更好地走下去，而不是半路夭折。取标题也一样，自媒体人需要掌握以下几种工具。

（1）自媒咖。这个网站有一个起标题的小工具，叫爆文标题助手。只要输入文章的几个关键词，瞬间就会生成数个标题，直接筛选即可，不仅速度快，效果也不错。

（2）乐观号。虽然它是一个账号管理工具，但是它取标题的能力更强，具体有 3 种取标题的方式。第一，爆文标题工具，具有和自媒咖一样的功能；第二，热门标题，是各个领域的爆文标题总集合，你可以直接筛选找出满意的标题进行简单的修改，也可以找到适合自己领域的标题直接套用；第三，标题学院，近万种标题样式被分门别类地储存在其中，自媒体人只需要根据自己的需求去调用即可。

（3）易撰。该平台也有爆文标题生成器，它的一个特色功能就是，如果觉得标题不好，可以让它再次生成，让自己有更多的选择。

掌握了上面的工具，自媒体人就再也不用担心起标题的问题了，只需要好好雕琢内容就可以了，剩下的取标题问题完全可以让工具帮忙。

6.1.3　疑问式标题：设置悬念标题提高吸金能力

疑问式标题就是采用提出某一问题的形式来撰写标题，它所包含的种类有很多，在日常生活中有比较广泛的应用。在标题撰写上，采用疑问句式的标题能取得较好的效果，主要表现在两个方面：一方面，提问所涉及的话题大多与读者联系更密切，从而使得标题和读者的关系更近、更亲密；另一方面，问题本身就能够引起读者的注意。用疑问式标题能激起读者的好奇心，从而引导读者查看全文。

从读者的心理层面来说，看到疑问式标题时，一部分读者会抱着查看自身问题的心态点击这一类标题，还有一部分读者会抱着学习或者好奇的心态点击阅读文章。在文章标题中采用疑问式标题的案例如图 6-1 所示。

▲ 图6-1　采用疑问式标题的文章

6.1.4 稀缺性标题：做到"人无我有，人有我优"

稀缺性标题，顾名思义，就是让读者感觉这篇文章是比较少见的，或者是其他自媒体中看不到的内容，例如揭秘、独家专访、首发等都属于稀缺性标题。一般的表现形式如"揭秘XXXX，曝光XXXX！"，主要是为了让读者有观看内容的欲望。图6-2所示为使用稀缺性标题的公众号文章。

▲ 图6-2 使用稀缺性标题的公众号文章

6.1.5 符号体标题：看上去特别醒目，吸引人注意

为什么自媒体人热衷于在写标题的时候加上符号，例如问号、感叹号、省略号等？其实他们是为了增加标题的醒目感，同时向读者传达出标题所表达出来的情绪。对读者来说，加上符号的标题可能更有吸引力。例如，加上问号，就是提出一些问题，让读者产生疑惑；加上感叹号，其所要表达的情绪则比较强烈，如惊讶、感叹、赞扬等；省略号的主要作用是突出悬念，使标题看上去有一种欲言又止的感觉。

6.1.6 自媒体这6种标题千万不要写

很多人在写文章的时候，往往会被标题所困扰——不知道该如何写标题。这往往会导致推荐量低，同时不能勾起访问者查看文章的欲望。于是，一篇好文章就因为标题设置得不好而被埋没了。那么撰写标题有哪些误区呢？我们一起来看一下写标题的6个误区。

（1）标题太短，没有关键词。标题中缺少关键词，就会显得不伦不类，而且还会导致机器在推荐的时候不知道应该推荐给谁看。而如果机器不推荐，文章想要实现高阅读量就很难了。

（2）标题含有生僻字。大家都知道，中国文化博大精深，有很多生僻字。有些字大部分人看不懂，把它们写进标题中，平台也不知道应该如何安排推荐。

（3）标题学术性太强。因为学术性的内容是在高等学府中探讨的，在写专业论文时会用到。而在自媒体文章中，如果标题学术性太强，是不合适的。

（4）标题信息不具体。很多人在写标题时，信息表达不具体，使得读者根本不知道文章想要表达的主题内容是什么，那么文章就不会被用户点击。所以说，"题好一半文"，好的标题是内容成功的一半，甚至高于一半。

（5）标题含有不准确的地理信息。某篇文章中提及的现象是面向全国的，但是标题中含有地理信息，如北京、上海等，就会无形之中把大部分读者屏蔽在外。

（6）标题太夸张对于过于夸张的标题，自媒体平台会自动判断出是标题党，就不会有太高的推荐量。因为平台鼓励的是有正能量、有干货的内容，同时也鼓励大家创作好的内容和文章。而对于标题党，平台却是严厉打压的。

6.2 原创内容：快速打造 10W+ 阅读量的爆文

在内容写作和布局过程中，自媒体运营者要想让内容吸引众多的粉丝，就需要掌握一些表现技巧。本节为大家介绍一些能让自媒体内容变得更优质、更有影响力的技巧。

6.2.1 自媒体打造爆文的两个核心利器

其实只要掌握写作的技巧，撰写自媒体运营内容的难度就会大大降低。那么写爆文的技巧到底有哪些呢？下面为大家一一解析。

1. 拆解关键词

很多人在写文章的时候都会犯一个错误，就是拟写标题的时候完全凭借感觉，拟写好标题后就着手写文章，写完后就发布，结果却发现，发布之后并没有达到理想的效果。若想要拟写一个好的自媒体文章标题，我们需要拆解关键词。

关键词就是文章中表达的核心内容，例如想写与自媒体、爆文、写作等相关的文章，这几个词也就是文章想要表达的主题思想。文章主题确定之后，在爆文标题助手中输入关键词，就会出现一组标题，即可作为文章的标题。

再如母婴领域的内容，也是有关键词的，如宝宝、饮食、健康等，在爆文标题助手中输入后就会出现很多文章标题，运营者就可以根据喜好去进行匹配，然后根据标题写作，这样会更具方向性。当然，运营者也可以在写作的时候，自己拟写一些标题，然后拆解标题关键词并填入系统，让系统帮助筛选。

2. 热门关键词

什么是热门关键词？就是能吸引大众眼球的关键词。对于热门关键词，运营者一定要勤于搜集，确保每次都可以用得上。例如，写关于自媒体的文章，新手、小白和爆文等就是高频词；又如，写育儿类文章，儿歌、玩具等是高频词；再如，写美食类文章，美食、营养、秘制等都属于拥有 10W+ 阅读量爆文的热门关键词。熟练掌握标题关键词，由此撰写的文章成为爆文的可能性会更大。

拆解关键词和热门关键词是助推爆文产生的重要因素，明白其中的道理，做起来才会得心应手。有人会问，那文章内容呢？其实只要内容符合是用户不知道的或者是看完后能有收获的这两个要求之一，一般都会有吸引力。

6.2.2　6 步创作出高质量的自媒体内容

自媒体作为当下最火的创业方式之一，为众多人所追捧。很多自媒体人都想通过优质的内容来达到吸引粉丝的目的，实现内容变现。但是要撰写优质的内容并不是一件容易的事，特别是持续输出内容很可能导致思维枯竭。此时掌握高质量内容的生产流程就变得尤为重要。那么具体流程是什么呢？

第 1 步，做好定位。作为自媒体人，在创作之前就应该知道，自己创作内容到底想达到什么目的。对于大部分人来说，获取直接经济收益是做自媒体的终极目标，那么自媒体人在定位时就应该选择热门的领域、目标客户群量级大的领域以及利于实现转化的领域。这样才能实现高收益，这也是为什么很多人愿意"蹭"热点的原因——热点一般有高流量和高转化率。

第 2 步，选择平台。定位完成之后，运营者就要开始选择平台。每个平台都有各自的侧重点，但无一例外的是，它们都喜欢优质的内容。所以，只要能创作出优质内容，那么无论选择哪个平台都能获得收益。

第 3 步，创作内容。内容创作可以说占到了整个生产流程的 80%。在创作时，运营者需要注意，不能单纯围绕热点来写，而是要从自己的喜好出发。因为做自媒体不是一朝一夕的事情，它需要持续运营下去，甚至是一辈子的事情。如果不感兴趣，那么你就会丧失创作的原动力，时间一长就有可能写不下去，自媒体之路也就会终止。所以创作者创作内容就朝着自己喜欢的同时可以持续高效输出的方向来做，这样对于收益乃至对于创作者本身来说都是有好处的。

第 4 步，应用工具。工具在这里就是起辅助作用的，但也是不可缺少的。因为一个好的工具可以节省很多的时间和精力，同时也会更高效。

第 5 步，准备素材。好的素材可以为创作提供源源不断的灵感。那么运营者都需要准备哪些素材呢？主要有爆文内容素材、图片素材、视频素材和话题素材——这些素材都可以在相应的平台找到。

第 6 步，输出内容。全部准备工作做好后就到了输出阶段。运营者要注意的是，千万不要做标题党，一定要文题对应，否则会让用户反感，用户的体验度也会很差。配图要和文章内容对应，不要不伦不类。在内容创作上，运营者需要注意两点，一是写别人不知道的，二是写可以给别人带来收获的。

6.2.3　5 步训练锻炼自媒体人的写作能力

很多人想做自媒体，但是不会写作，所以就想先学习写作，再做自媒体。那么对不会写作的人来说，怎么才能通过写作训练入门自媒体创作呢？下面分 5 步为大家介绍。

第 1 步，确定写作方向。在写作之前，我们首先要明确自己要运营的自媒体号的内容方向，确定了方向才能动笔。而且在选好领域的情况下，写作时需要看该领域的大 V 是怎么创作内容的，然后进行临摹，花大量的时间去练习和学习。之后，运营者需要不停地重复这个动作，直到自己完全掌握。这样的学习过程是很枯燥的，然而当运营者已经习惯时，也就离成功不远了。

第 2 步，确定写作时间。关于写作时间，运营者一定要确定下来，每天在固定的时间内写作，雷打不动，风雨不停。如果你是上班族，白天没有时间写作，那么就把写作时间安排在晚上，每天晚上至少花费一小时去选题、写作。只要能不间断地写作，变成一个优秀的写作者是有极大可能的。所以在确定了写作时间的情况下，就马上开始执行吧！

第 3 步，确定写作素材。如果运营者是刚开始写作，没有任何经验储备，但是又需要输出，就需要查阅大量的图书和资料。其中读书的时间就是我们积累素材的时间。这个时间也要确定下来，可以是上班路上，可以是临睡之前，也可以是早起的时候，还可以是下班的时候，总之要行动起来。

第 4 步，确定写作实战。确定了素材和写作时间后就要进行实战了。俗话说："光说不练假把式。"做事不能纸上谈兵，在锻炼写作技能时，运营者需要把写好的内容分享出去，不要怕被泼冷水——成功都是从被泼冷水开始的。每天看看自己发出的内容的进步之处，可能就会发现泼冷水的人越来越少，随之而来的就是赞誉。

第 5 步，确定写作总结。写作开始之后，一定要善于总结，在每天临睡前进行反思：今天的内容哪里写得好，哪里写得不好，如何才能写得更好，今天与昨天相比有哪些进步。每天把这 4 个内容思考一遍，是最有效的成长途径。反思完后就可以安排好第二天的任务和工作，这样就会让自己每天都过得很充实，写作能力也能更快得到提高。

6.2.4 自媒体爆文巧妙开头的 5 种写法

一篇文章的开头写得好或者不好，会直接决定用户是否会往下看。文章的开头有很多种写法，下面主要为大家介绍 5 种文章开头的写法。

第 1 种，家常式写法。例如，介绍一些最近的生活琐事，让粉丝看看自己的日常。这是非常有亲和力的一种写法。

第 2 种，观点式写法。这种写法指的是在开头先写上自己的观点和看法，直接点明主题，对读者产生冲击力。

第 3 种，标题强调式写法。运营者可以选择在开头重复一遍标题内容，但要注意提炼出标题中的关键词，增强表现力，不要让开头过于平淡。

第 4 种，借势型写法。在撰写文章标题的时候适当地借用热点、名人、流行趋势等，能够让文章传播速度加快。

第 5 种，修饰型写法。注重语言修饰词的恰当运用。修饰语言运用得当，才能吸引读者的目光。特别是有些语言表达方式的运用，如比喻、拟人、对偶、谐音、引用典故等，能让文章大放光彩，吸引更多用户阅读和关注。

6.2.5 注意 3 个影响文章推荐量的要素

做自媒体一定要牢牢把握平台的推荐机制，因为只有了解了平台，才能更好地利用平台。一般说来，文章发布后的前 3 个小时是冷启动时间。什么是冷启动？就是平台没有多少推荐。只有在冷启动期间浏览文章的人多，平台后期推荐的人才会更多；反之，在冷启动期间浏览文章的人太少，平台后期推荐的人也会比较少。

例如，在冷启动的 3 个小时之内，阅读量很低，只有 10 个人阅读，而且阅读完整度也很低，只有 3 个人看完，那么想要让自己的文章被推荐就很难了。相反，如果在冷启动的 3 个小时之内阅读量很高，达到上百人，看完全篇的人也有七八十人，那么获得高推荐量的机会就大得多。了解了平台的推荐机制后，如果运营者交际圈子广的话就可以进行如下操作了。

第 1 步，建一个群。

第 2 步，发布内容之后第一时间将其推送到群中，让大家看，并请求群内人看完。

第 3 步，让大家转发。

另外还需要注意一点，就是内容的发布时间。一般说来，在高峰期发文，看的人会比较多。高峰期主要有 4 个时间段：第 1 个时间段——上午 6：00 ~ 8：30；第 2 个时间段——中午 12：00 ~ 13：30；第 3 个时间段——下午 17：00 ~ 18：30；第 4 个时间段——晚上 21：00 ~ 23：30。

在这 4 个时间段内发布文章，效果会更好！掌握好平台推荐的时间段，就可以在特定的时间发布文章，同时可以很好地促进推荐，让自己的文章成为爆文。

6.2.6 掌握写作格式才能"妙笔生花"

当我们积累了一定数量的素材之后，就需要进行内容写作了。创作者需要掌握写作的格式，才能让文章看起来更有条理，切忌想到哪写到哪。没有一个清晰的格式和没有主题的内容，会让读者看不懂作者想要表达的观点。那么自媒体文章有哪些写作格式呢？

（1）总分总。这是我们很早之前就学过的一种写作格式，先用主要论点做开头，引出分论点，如说明型文章中常用的"第一、第二、第三"，然后将每个分论点按照一定的顺序阐述清楚，最后在结尾处进行更深刻的总结。

（2）总分。这种写作格式与总分总形式相比，不同的是不需要在结尾处进行总结，只需要在开头点出主要观点，然后进行细节上的阐述即可。

6.2.7 标签和简介这两个地方不能忽视

对于自媒体内容来说，除了标题部分外，标签和简介也是十分重要的内容，也可以为文章带来更多的播放量，甚至能够助力文章打造成爆文。下面将从标签和简介两个方面进行重点介绍。

（1）标签。发布作品的时候，一定不要忽视标签。标签是平台机器检测哪些人会对作品感兴趣的关键，所以标签一定要写。有很多自媒体人因为标签太麻烦而不愿意写，结果本来能成为爆文的作品，其阅读量却很少，只能遗憾收场。

那么标签应该怎么写呢？在此以举例的方式来进行介绍。例如娱乐类内容，明星人物就必须要写，这样平台机器才会把作品推送到感兴趣的人面前。这样的话，那些对娱乐新闻感兴趣的人，关注文章的概率就会非常高，阅读量将会增加。可见标签很重要，一定要写。

（2）简介。很多人在写简介的时候喜欢直接复制标题，这样的做法，是一种不专业的运营行为，也没有让人看下去的欲望。那么简介应该怎么写呢？例如，制作一个关于某明星的视频，那么就可以在网上找一些与这位明星相关的内容复制到简介中。这样可以在很大程度上增加识别度。可见，在自媒体运营中，简介是非常关键的。而且，要在简介中植入很多关键词，才能便于平台推荐。所以，自媒体运营者一定要写好简介。

标签和简介是写爆文时不能忽视的两个地方——有很多时候我们往往是全局做得很好，但是细节方面出现了一些问题，这样内容也就可能与爆款擦肩而过。可见，"细节决定成败"并不是一句空话，自媒体运营者在创作内容时更应该注重细节。

6.3　图片编辑：超高颜品，才能一秒"吸睛"

要想提高文章点击率，增加自身的关注度与曝光度，自媒体运营者就必须让用户对其提供的信息产生眼前一亮的感觉。而要做到这一点，图片的选择和设计就变得尤为重要。本节就为大家介绍图片、海报的选择以及设计方法。

6.3.1　插入吸引眼球的内容和封面图片

一般说来，自媒体人写文章时都会选择插入一些图片，让内容更加丰富、生动。在文章中插入图片需要注意以下 3 点。

（1）不要将图片放在不合适的地方。例如，文章中的一个观点或一句话还没说完，此时插入一张图片，就会让读者产生不好的阅读体验，也会破坏文章的衔接度。

（2）不要用低俗和过于夸张的图片。低俗和过于夸张的图片容易让读者反感，运营者要尽量选择唯美清新的图片，这样会更养眼。同时选择的图片要贴合文章内容，看上去才会更流畅。

（3）注意图片版权。在选择图片时不要选择带 LOGO 的图片，否则不仅会影响用户的视觉效果，还很容易侵权。

封面图作为内容的门面，需要有吸引力并且能点明主题。因此，运营者一定要选择高清、无水印、无马赛克的图片，并且还要与文章主题切合。例如，美食类内容要用美食作为文章的封面，看上去才会简洁明了，不违和。如果想要让图片更吸引眼球，可以选择颜色更为鲜明的图片作为封面，视觉冲击会更强。

6.3.2　简单实用，一键生成各种海报

对于自媒体人来说，图片和海报非常重要。在进行宣传时，如果海报很漂亮，转化率就会高；对于商家来说，如果能有一个好的海报做宣传，那店铺展示效果会更好。

下面就给大家介绍两款简单实用的海报制作工具。

（1）创客贴。该网站上有很多模板，无论运营者是想做线上海报，还是实体店海报，都可以在这个网站上找到模板；无论运营者是想做活动海报，还是想做行业海报，这个网站也应有尽有。而且运营者无须从头开始制作，只需输入想要的文字和直接套用模板就能生成自己的海报页面，操作简单。

（2）ARKie 设计助手。该工具适合没有任何基础的新手。只要使用该软件，新手设计的海报也丝毫不逊于设计师的作品。

下面简单介绍用工具生成海报的步骤。

第 1 步，在海报制作工具平台上注册一个账号，注册类型有两种，一种是手机号，一种是微信扫码，运营者可根据自身习惯选择注册类型。

第 2 步，选择图片海报的类型，主要有 4 种类型，电视屏广告、小名片、公众号海报和朋友圈海报。运营者可选择自己要制作的海报类型，然后选择海报模板即可。

第 3 步，输入想要在海报上呈现的文字。

第 4 步，修改字体和样式，同时可以选择变换背景、选字体、选文字所在位置，觉得满意之后保存下载即可。

6.3.3　海量精美商业模板，快速一键套用

除了可在电脑上快速制作海报外，是否有在手机上制作海报的方法呢？答案是肯定的，这些方法已经有很多微商使用过，且可使用的软件很多。下面主要介绍可以在手机上制作海报的软件。

（1）微商水印相机。该软件的功能很多，制作方式也很简单。它可以给图片批量添加水印，还可以制作海报图片——模板多样。在功能方面，拼接图片、拼接视频都可以用该软件完成！除了制作图片外，该软件还可以制作视频，其中可供选择的模板也有很多，如世界杯海报模板、朋友圈晒单模板和日历模板等。

（2）天天向商。该软件有手机版和电脑版两种版本，在海报设计上，正如其宣传口号所言"三分钟搞定你的设计"，使用起来非常方便。该软件的海报应用场景有淘宝海报、微商海报和公众号海报。在功能方面，该软件具有去水印、贴马赛克和拼图拼视频等功能。

除了以上两种软件外，还有海报工厂、微商海报制作软件、西瓜微海报、海报大师、海报 P 图、美图海报编辑器、美拼大师和网页海报制作工厂等，都是比较好用的制作海报的软件。

6.3.4 提高阅读量的 4 个切入点

大家都知道，自媒体的收益和文章阅读量联系紧密。但是关于如何提升阅读量和播放量，有很多人却没有找到正确的方法，于是就只能看着高收益望洋兴叹。其实，只要掌握了运营的核心要点，阅读量和收益就会慢慢地上涨。提高阅读量主要有以下4 种方法。

（1）多关注热点。有很多爆文的产生并不是因为运营者写作能力强，而是因为他关注了热点。只要能敏锐地捕捉到热点，就能很快地把文章做成爆文。运营者如果想提升文章阅读量，多关注热点是百利而无一害的。关注热点的渠道有百度风云榜和微博热搜榜。每天在写内容前，运营者应该把当天的热度榜全部浏览一遍，如果有与自己的领域契合的热点，就可以开始写。若能一直坚持这样做，说不定下一个爆文产出者就是你。

（2）多关注同行。所谓"三人行，必有我师"，运营者要去学习和借鉴那些优秀的同行，学习别人的涨粉技巧以及写文技巧，同时多关注领域大 V，了解他们是怎么操作的，等等。多学多看多练习，慢慢地，你就能从中找到窍门。

（3）多利用关键词搜索。在找素材的时候，不能没有目的地胡乱寻找，而应该学会利用关键词进行搜索。因此，运营者应该多积累与自己的领域相关的关键词，这样的话，就能事半功倍地找到素材。同时，运营者还需要找出哪些关键词是读者最关注的，得出结论后再从这些方向创作内容，这样有利于增加文章阅读量。

（4）多从生活当中发现故事。运营者可以带入生活故事，例如生活中的现象，把它写入文章中，润色后就能成为一篇很好的文章。多观察生活，也许能在某一瞬间找到灵感——灵感是很好的内容素材。"三农"素材为什么火？一方面是国家扶持，另一方面就是因为贴近生活，能引发用户共鸣。所以多写身边的故事是一个不错的创意。

6.4 细分领域：自媒体热门领域的爆文写作

自媒体涉及的领域非常多，读者是按照兴趣来选择想要关注的领域的。而对于创作者来说，则是选择好创作的方向。我们不可能对所有领域的知识都非常清楚，而从自己熟悉的领域的知识入手吸引用户关注是最好的方法。那么不同领域的自媒体人要如何确定自己的创作方向呢？本节将主要介绍生活领域、社会领域、汽车领域、情感领域、游戏领域以及娱乐领域的创作切入点。

6.4.1 生活领域

生活领域的爆文写作就是贴近日常生活的内容创作：那么针对该领域，运营者要进行创作可以从哪几个方面切入呢？具体有以下 4 点。

（1）生活技巧类。例如家常菜怎么做更好吃，生活中怎么变废为宝等，都是大家愿意关注的内容。

（2）奇闻异事。这一类内容对大众有极强的吸引力，因为是自己生活中很难遇到的，所以大家都会产生好奇心。

（3）生活事件。以朋友的方式向读者分享一些生活中遇到的或暖心或正能量的事情，让读者产生情感共鸣。

（4）生活细节。将生活中一些比较琐碎的事情用以小见大的方式表达出来，这样的方法对写作者要求较高，但能让内容更有深度。

6.4.2 社会领域

每天都会发生很多事情，一般说来，大众比较关注的有 3 个方面：① 民权、民生问题；② 社会上比较有趣的现象；③ 奇闻逸事。其实社会领域和生活领域的一些大众关注点是重叠的，运营者可以合二为一地去创作。

那么社会领域的内容要怎么创作才能引发读者共鸣呢？可从以下两个方面着手。

（1）选择让读者有代入感，会不自觉地联想到自己的社会事件。

（2）选取的社会素材有槽点，例如一个事件对某一方不合理，能让人产生同情。

6.4.3 汽车领域

文章或者视频都需要有一个切入点，汽车领域的内容创作同样也有以下 3 个切入点。

（1）性价比。这是读者比较关心的问题，例如将汽车的性能和价格都罗列出来，一一进行讲解。

（2）关于汽车保养的问题。运营者可以向读者介绍一些汽车保养的方法。

（3）一些与汽车相关的常识性见解，或是汽车的专业知识。这些内容可以帮助汽车小白深入了解汽车领域的相关知识。

6.4.4 情感领域

情感领域能够触动读者的内容有两个切入点。① 两性关系。以男女朋友和夫妻之间的相处方式为主，这样的内容能够迅速触动读者，例如，"一个好男人从来不会对女人说这 5 句话"。② 家庭关系。家庭成员相处久了，难免会产生各种摩擦。此时读者需要倾诉家庭中的琐事，自媒体人只需要当一个好的倾听者，把正能量传递给读者，就能获得大众的喜爱。

6.4.5 游戏领域

游戏领域的内容收益还是很可观的。打造游戏领域的内容主要有两个切入点。① 游戏玩法。很多游戏领域的大咖都是通过教别人玩游戏受到关注的，因此介绍游戏的玩法是该领域一个很好的切入点。② 操作技巧。在别人知道怎么玩游戏的情况下，去教一些更深层的操作技巧——这与其他领域的干货内容相似。

6.4.6 娱乐领域

娱乐领域的内容从哪些切入点创作可以产生爆文呢？有 3 个方面可以作为切入点。① 利用热点。因为娱乐领域的内容都是关于明星的生活和资讯，所以创作一些明星热点事件相关的内容，关注度会更高。② 围绕明星的话题。只要打造一个围绕着某一位明星的话题，那么该话题就是娱乐领域自媒体很好的创作素材。③ 明星的周边新闻。这类创作素材主要来自大流量的明星，例如某一位大流量明星去了哪里旅游、参加了哪个节目等。

第 7 章

视频创作：
轻松打造高曝光量的爆款短视频

相较于文字和图片，短视频能让潜在受众对自媒体人有更直观的判断。一经认定，那么潜在受众将转化为精准受众。因此，自媒体人应该抓住这一内容形式，更好、更有效地实现运营与营销目标。本章将从三大基础、七大优势以及短视频的创作和推广角度等方面来介绍短视频，希望大家熟练掌握。

要点展示

>> 爆款视频：抓住短视频自媒体红利！
>> 手机做好视频自媒体，全靠这几款工具！
>> 视频创作：小白也能轻松做出 10W+！
>> 视频推广：自媒体短视频如何获得高播放量

7.1 爆款视频：抓住短视频自媒体红利！

短视频是如今社会上流行的自我展示方式，口碑好、下载量靠前的短视频软件层出不穷。自媒体人应该在短视频的红利期，利用短视频获得更多的流量。本节主要帮助读者深入地了解短视频，为灵活应用短视频进行推广奠定基础。

7.1.1 不会写文章，利用短视频也可以走向自媒体之路

现在自媒体创业遍地开花，有很多人想进行自媒体创业，但是却遇到了一个问题，即文笔不好，不知道应该怎么写文章，于是就迟迟没有动笔。其实，做自媒体不只有写作这一条路，还有很多方法可以帮助你成为自媒体，下面我们就进行具体介绍。

1. 短视频自媒体之路

不会写文章不用怕，只要你会录制短视频，在自媒体领域依然可以做得风生水起。短视频录制得好的自媒体号，粉丝数量也很多，其原因就是这些账号的视频内容贴近生活、接地气，或是展示了未知领域、全新面貌的东西，所以受到众多粉丝的追捧。还有一些短视频自媒体人会展示自己的才艺，例如每个视频都录制自己唱歌、跳舞的场景。甚至有人把跳舞的动作分解之后展开教学，也吸引了众多粉丝。另外，一些厨师展示自己在厨房做菜的场景，录制做每道菜的视频，教大家做菜，也让粉丝量快速上涨。其实，不仅粉丝量上涨了，饭店收益也同时上涨了，老板愿意将这类自媒体人当作合伙人，一起经营饭店。

2. 直播自媒体之路

关于直播，我们已经司空见惯，从最初的 YY 主播到现在面向大众的各个平台主播，各个领域、各个行业都有着主播的身影。同时主播年赚百万、年赚千万的消息也不断传出，让人们误以为主播赚钱非常容易。

其实，主播赚钱没有表面看起来的那么容易，也没有表面看起来的那么光鲜。他们背后付出的努力也许只有他们自己知道——每天直播近 10 小时，不停地唱歌，不停地互动，为的就是博受众一笑，让粉丝多打赏。有些主播甚至在感冒生病的时候也在直播，因为直播间断的话，粉丝可能就会流失。大家还会认为主播赚钱容易吗？当然不容易。所以，想要走直播自媒体之路，就要脚踏实地地经受磨炼，先让自己变得优秀，才会有更多人支持，才会在直播自媒体之路上走得更远。

7.1.2 三大基础，教你从头开始认识自媒体短视频

"千里之行，始于足下"，要想了解如何通过短视频进行营销，就需要对短视频

及其相关知识有大致的了解和认识。对于短视频，大家可能已经耳熟能详，人们无论是在 PC 端上网冲浪，还是通过手机浏览各种社交软件及其他应用，都会看到短视频。那么，究竟什么是短视频呢？短视频为何会成为一种营销模式？下面进行具体介绍。

1. 全新定义的影音结合体

短视频是一种影音结合体，是能够给人带来更为直观的感受的一种表达形式。通常来说，短视频需要具备以下 4 个特点，如图 7-1 所示。

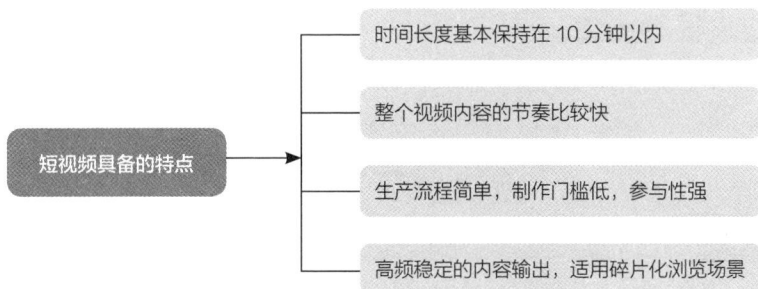

时间长度基本保持在 10 分钟以内

整个视频内容的节奏比较快

短视频具备的特点

生产流程简单，制作门槛低，参与性强

高频稳定的内容输出，适用碎片化浏览场景

▲ 图7-1 短视频具备的特点

此外，相较于电视视频，短视频的不同之处体现在：它主要通过网络平台进行传播。它的内容格式也是多种多样的，主要包括以下 4 种，如图 7-2 所示。

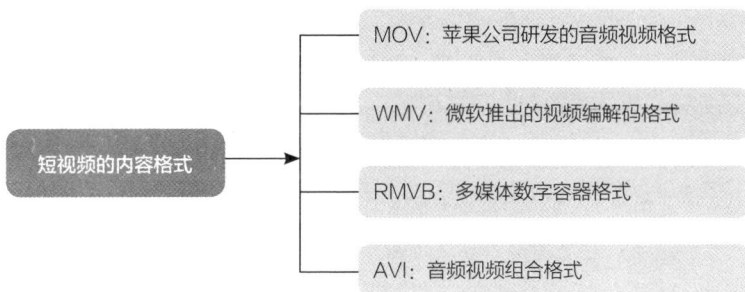

MOV：苹果公司研发的音频视频格式

WMV：微软推出的视频编解码格式

短视频的内容格式

RMVB：多媒体数字容器格式

AVI：音频视频组合格式

▲ 图7-2 短视频的内容格式

2. 非同小可的营销模式

视频营销利用网络视频展示产品的优点及企业的品牌理念，是一种将互联网、视频和营销相结合的营销形式。视频营销能够起到非同一般的营销效果，是因为它具有其他营销方式无法比拟的优势和特点。短视频营销的定义也与其相差无几，只是时间更短一些，虽然短视频的时间没有固定的限制，但大多保持在 10 分钟以内。

随着移动互联网的不断发展，短视频营销已经开始显示出它的强大魅力。90 后、00 后等年轻一代，更愿意接受以短视频为媒介的广告。

短视频营销已经不是一个陌生的名词，很多从事营销工作和身处营销市场的人员对这一名词非常熟悉。那么，短视频营销的真正含义是什么呢？其定义的要点总结如图 7-3 所示。

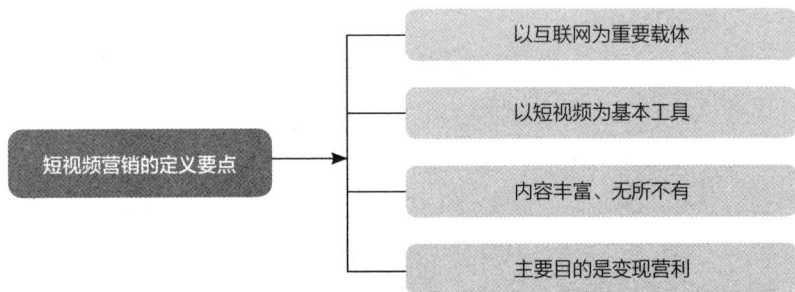

▲ 图7-3　短视频营销的定义要点

💡 专家提醒

在快节奏时代，利用短视频进行营销是一种格外明智的选择。因为每个人的时间都非常宝贵，人们一般都是利用碎片化时间进行阅读和浏览的。在这样的情况下，短视频营销也变得越来越火爆。

3. 短视频营销的前世今生

短视频营销的兴起以第一个短视频的产生为基础，其发展也依赖于短视频应用的出现。最早的短视频应用诞生于美国，其名称是 Viddy，创办于 2010 年，它以制作和分享视频为主，具体功能有以下 3 个。

（1）即时拍摄：拍摄短视频十分简单。

（2）快速生产：内容打造比较容易。

（3）便捷分享：分享操作一目了然。

而且，它还专门与 YouTube、FaceBook、Twitter 等社交平台达成合作，从而让用户之间能更加便捷地交流。和 Viddy 同年推出的短视频应用还有 Sociaicam、Qwiki。

2012 年，市面上又陆续推出了 4 款短视频软件，他们分别为 Keek、Cinemagram、Vine、Instagram。这些短视频应用都致力于打造能够即时分享彼此生活的强大功能，同时也慢慢影响了人们的生活方式。以 Instagram 为例，它本来是一个传统的图片分享应用，在预见到短视频的强大潜力后，它也开始推出短视频分享功能。图 7-4 所示为 Instagram 应用的短视频分享界面。

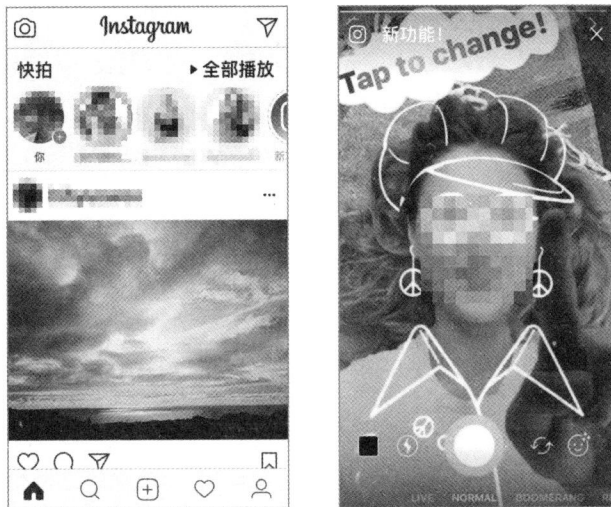

▲ 图7-4　Instagram应用的短视频分享界面

💡 专家提醒

　　Instagram推出的短视频功能,有效地吸引了不少名人和品牌厂商。短视频营销开始在该平台上风靡,同时也为平台汇聚了更多的流量。

　　2013年推出的短视频应用有Line微片和mixbit。在此重点介绍Line微片。它是为Android平台打造的短视频应用,可创建30秒以内的视频,其特色有以下3点。

　　(1)漂亮自然的滤镜。

　　(2)动态感极强的标题。

　　(3)丰富的背景音乐。

　　国内短视频营销的发展历程,主要以美拍、微信小视频、小红唇和抖音为代表。2014年5月,美拍正式上线,它以"10秒也能拍大片"为口号,致力于打造火爆的短视频社交软件。同年11月,美拍主推"60秒"功能,对短视频的时长进行了规范,即"10秒到60秒为佳"。同时,美拍团队也借此热点在微博上推出了相关话题,引起了无数短视频爱好者的热烈讨论。

　　2014年10月1日,微信6.0版本正式推出,这次发布的新版本让人眼前一亮的就是其中的短视频功能。虽然它的短视频功能比较简单,时间限制为6秒以内,也没有特效、背景音乐等作为点缀,但实用性强。后面微信推出的版本虽然没有保留单独的小视频功能,但可供拍摄的视频实际上还是短视频的形式。

　　2015年4月,以UGC(用户创作内容)模式为主的小红唇短视频应用正式推出,它主要涵盖了美容美妆、健身塑身、时尚潮流等方面的内容,面向的人群以女性为主,致力于打造技巧教授和购物一体化的短视频社区。

2016 年初，小红唇商城上线，意味着用户可以通过小红唇 APP 直接购买美妆达人推荐的产品。这种短视频营销模式将电商与短视频社区结合起来，一方面能让用户从短视频中获取感兴趣的内容，例如如何画眼线不手滑、服装搭配的几大窍门等；另一方面用户可以直接点击商品的链接进行购物，实现短视频变现。

2016 年 9 月，抖音 APP 正式上线，它是专注于年轻人的 15 秒短视频社区，虽然抖音的玩法不是最新鲜的，但它成功地引起了大众的注意。

7.1.3 七大优势，彰显自媒体短视频营销的魅力

短视频属于网络营销中的一种方式，也是具有巨大潜力的营销方式之一。与其他营销方式相比，短视频营销有哪些得天独厚的优势呢？作为影音结合体，它又具备了哪些不可多得的魅力呢？下面对短视频的优势进行详细介绍。

1. 有互动性

短视频营销很好地体现了网络营销的特点——互动性很强。几乎所有的短视频都可以进行单向、双向甚至多向的互动交流。对于自媒体或企业而言，短视频的这种优势便于获得用户的反馈，从而有针对性地对自身进行改进。

对于用户而言，他们可以通过企业发布的短视频进行互动，从而对企业的品牌进行传播，或者表达自己的意见和建议。这种互动性可以让短视频迅速地传播，还能让企业的营销效果实现有效提升。

以化妆品牌 Clinique 倩碧为例，它在新浪微博上发布了关于产品的短视频，如图 7-5 所示。其目的是为了给新品造势，吸引消费者的注意。不仅如此，它还通过参与即可申领体验装的方式对产品和品牌进行宣传。可以说，Clinique 倩碧采取的是"双重营销"的方式——既有动态短视频带给消费者的直观感受，又有福利的大力吸引。

▲ 图7-5　倩碧在新浪微博上发布的短视频

2. 成本低

与传统的广告营销少则几百万、多则几千万的资金投入相比，短视频营销的成本是比较低的，这也是短视频营销的优势之一。成本低主要表现在 3 个方面，即制作的成本低、传播的成本低以及维护的成本低。

要想让短视频迅速传播，并不需要耗费太大的成本，关键在于如何打造短视频的内容——内容是否真正击中了受众的痛点和需求点。例如某自媒体的自创简单小视频，初期都是自导自演，引得无数网友转发和评论。图 7-6 所示为 papi 酱发布的关于"双11"的短视频内容。

▲ 图7-6 某自媒体发布的"双11"短视频

从图中可以看出，一个小小的短视频，竟获得了几十万的点赞量、评论量以及转发量。

papi 酱的短视频之所以能够以较低的成本获得较好的营销效果，是因为她能够找到广大受众的痛点，同时又能通过幽默诙谐的方式将其演绎出来，引起人们的情感共鸣。可见，她的成功并不是偶然的。

3. 效果好

前面提到过，短视频是一种时长较短的图文影音结合体。因此，相较于图文、音频，短视频营销带给消费者的感官冲击更为立体、直观。在符合相关标准的情况下，短视频更能赢得消费者青睐，能让消费者产生购买产品的欲望。那么，利用短视频进行营销需要符合哪些标准呢？我们认为有 3 点：① 内容丰富；② 价值性强；③ 具有观赏性。

短视频营销的效果比较显著，一是因为画面感更强，二是因为短视频可与电商、直播等平台结合，实现更加直接的营利。它的高效性体现在，消费者可以一边看短视频，一边在线购买产品，这是传统的电视广告所不具备的优势。一般来说，消费者在观看了电视广告之后，是不可能实现快捷购物的，都是通过电话购买、实体店购买以及上网搜索购买等方式来满足购物欲望。但是在这些购买方式中，消费者不可避免地会遇到一些问题，例如在电话中无法很好地描述自己想购买的商品的特征、不想出门逛街购物等。

而短视频可以将产品的购买链接放置在产品详情画面的四周，或者是短视频播放窗口的周围。这样一来，用户就可以实现"一键购买"。图7-7所示为淘宝商家利用短视频进行营销，其购买链接就在产品图片的右下方。

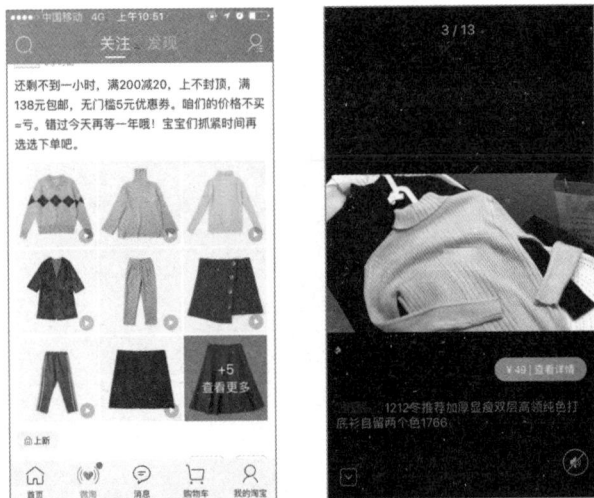

▲ 图7-7　淘宝商家利用短视频进行营销

短视频营销的效果好，其实是得益于"边看边买"。虽然图片文字也可以传递信息，但短视频传递信息明显更为直接和富有画面感，更加容易激发消费者的购买欲望。同时，在短视频营销的变现模式中，电商内容是值得挖掘的。电商发展已经成熟，可以为短视频营销提供一个良好的发展平台。

4. 指向性强

与其他类型的营销方式相比较，短视频营销还具有指向性强这一优势。通过短视频，自媒体人可以准确找到目标受众，从而达到精准营销的目的。例如，抖音短视频就沿袭了今日头条的算法推荐模型——根据用户口味（即用户属性）推荐内容，从而保证了短视频的分发效率及用户体验。自媒体人可以通过了解抖音的推荐算法机制，让自己发布的短视频相应地获取更多的推荐，这也是一个快速获取流量的方法。

在笔者看来，抖音短视频的算法是极具魅力的，因为抖音的流量分配是去中心化的，它的算法可以让每一个有能力产出优质内容的人，都能得到跟"大 V"公平竞争的机会，实现了人人都能当明星的可能性。

根据短视频指向性强的特点，如果自媒体人想在一个平台上成功吸粉，首先就要了解这个平台的爱好，知道它喜欢什么样的内容，排斥什么内容。自媒体人只有了解短视频平台的用户画像和人气特征，才能更好地做出有针对性的运营策略和精准营销方案。

5. 传播速度快

短视频营销还拥有传播速度快的优势。短视频本身就属于网络营销，能够迅速地在网络上传播开来，再加上其时间短，适合现在快节奏的生活，更能赢得广大受众的青睐和欢迎。此外，用户在观看短视频的过程中，不仅可以点赞、评论，还可以转发。一条包含精彩内容的短视频，如果能够引发广大用户的兴趣并使其积极转发，那么就很有可能达到病毒式传播的效果。

如美拍、梨视频等平台上的火爆视频，都可以通过转发来增加热度，实现短视频的营销。除了在短视频平台内部进行转发和传播，它们还积极地与新浪微博一类的社交平台达成合作，让短视频精彩丰富的内容通过流量庞大的微博发布出来，进而吸引更多的流量，推动短视频的传播。图 7-8 所示为新浪微博上的短视频展示页面。

▲ 图7-8　新浪微博上的短视频展示页面

6. 存活久

利用短视频进行营销有一个巨大的优势，就是它的"存活"时间比较久。这种说法可能是抽象的，在此通过对比的形式帮助大家进行理解。像电视广告，如果想要持续向大众展现产品，就需要一直投入资金。一旦企业停止支付费用，广告就会停播。

而短视频不会因为费用的问题而停止传播，因此"存活"时间久。这也和打造短视频的较低成本分不开，例如快手、美拍和抖音上的短视频，大多都是用户自己制作并上传的，无须花费太高的成本。图7-9所示为快手平台上的用户发布的短视频。

▲ 图7-9 快手平台上的用户发布的短视频

另外，大部分视频网站和应用的搜索权重比较高，已经发布的短视频会快速地被搜索引擎收录——短视频内容想要获得排名，比图文内容快得多。

7. 可衡量

短视频营销具有网络营销的特点，其传播和营销效果是可以进行分析和衡量的。一般而言，短视频营销的效果是由数据构成的，主要包括3个方面：① 点击多少次，有多少人浏览；② 转载多少次，有多少人关注；③ 有多少条评论，有多少人互动。

这些语言形式其实是可见的，不管是社交平台上的短视频，还是垂直内容的短视频，都会展示出播放量、评论量等。图7-10所示为某用户在新浪微博上发布的内容。从图中可以看出，这条内容的效果显著，点赞量高达2.7万，转发量接近1.5万，评论量稍显逊色，只有两千多条。大体而言，这个短视频是成功的。

▲ 图7-10　某用户在新浪微博发布的短视频

7.2　手机做好视频自媒体，全靠这几款工具！

视频自媒体掌握需要的拍摄工具是很重要的，它决定了视频的质量和效率。因此，本节将介绍用手机拍摄短视频时需要的工具。

7.2.1　无他相机：轻松拍出精美视频

用手机拍摄视频，如果没有滤镜、没有美颜、没有瘦脸，拍摄出来的人物就是完全没有经过修饰的，看起来不是光鲜亮丽的，拍不出"网红"的感觉，而无他相机就能很好地解决这个问题。图 7-11 所示为无他相机 APP 的手机下载页面和首页功能。

▲ 图7-11　无他相机 APP 的手机下载页面和首页功能

7.2.2 快剪辑：强大的线上剪辑软件

视频录制完成后，我们需要对视频进行编辑、进行片头片尾的设置和水印的添加。快剪辑可以帮助自媒体人完成这些操作。而且，相较于其他剪辑软件来说，快剪辑还有一个亮点，就是制作完成后可以直接进行分发。图 7-12 所示为快剪辑的下载页面。

7.2.3 快影：简单、快速的视频制作软件

有些自媒体人拍摄完视频后，除了想剪辑视频外，还想给视频添加字幕，那么快影就可以很好地实现这一功能。除了剪辑视频、添加音频特效，快影还可以给视频添加字幕，操作也比较简单——共有 4 个按钮，每一个按钮代表一个功能，操作起来方便、快捷。图 7-13 所示为快影 APP 的主界面。

▲ 图7-12 快剪辑的下载页面

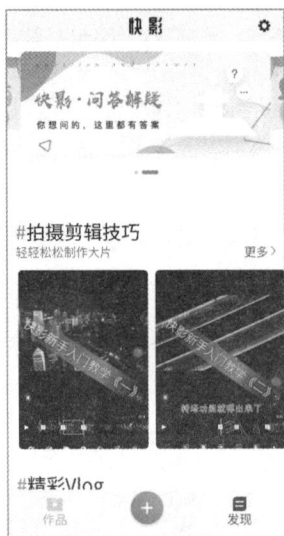

▲ 图7-13 快影 APP 的主界面

7.2.4 巧影：移动端的专业视频剪辑器

如果视频需要实现更多的功能，那么巧影 APP 就是一个不可或缺的工具。除了能剪辑和添加字幕外，巧影 APP 还具备视频拼接、视频特效处理等功能，能更好地处理视频。图 7-14 所示为巧影 APP 的主界面。

▲ 图7-14　巧影APP的主界面

7.2.5　快手：记录和分享短视频的平台

　　快手平台上的短视频内容大多都是以幽默搞笑、生活窍门为主，也不乏商业广告。当然，即使是商业性短视频，其创作者也是花费了不少的心血的，是创作者对某些方面的记录和分享。总地说来，快手的短视频内容是以记录和分享为主的。图 7-15 所示为快手 APP 的主页面。

▲ 图7-15　快手APP的主页面

7.3 视频创作：小白也能轻松做出 10W+！

短视频的补贴力度很大，正因为利用短视频能获得高收益，所以大部分人都纷纷涌入短视频领域。虽然做短视频的人数多，但不代表每个人都能做好，尤其是短视频新手，在拍摄和创作短视频方面更是一头雾水。本节主要介绍拍出爆款短视频的重要因素，让新手也能轻松掌握。

7.3.1 定位方向，寻找短视频自媒体内容

做短视频自媒体的人非常多，但大部分人都不知道如何去定位，不知道做哪一类型的短视频比较好，也不知道怎么去寻找素材以及创作内容。因此，下面主要为大家分享短视频自媒体人如何定位方向、如何产出内容。

（1）定位方向。很多人都对定位比较迷茫。其实，无论是做短视频自媒体，还是做文章自媒体，都需要有一个清晰的定位。只有定位清晰、布局精准，才可以吸引精准的粉丝。例如，从事美容行业的自媒体人，可以把自己定位成美容专家，主要去分享关于美容的知识，还可以教大家如何化妆、如何装扮自己。通过这样的方式吸引的粉丝基本上是对美容感兴趣的人，因此，自媒体人在后期想销售一些相关产品就可以很好地实现转化。可见，定位至关重要，与后期的变现是直接相关的。

（2）产出内容。我们首先需要多借鉴前辈的一些方法，多看他们是怎么做的，然后进行总结。总结完成后，自媒体人就应该进行实践，然后找出自己与前辈间的差距。这样的做法，对于自我提升有很大帮助。

7.3.2 原创视频，掌握基本制作方法流程

2018 年称得上是短视频创作元年，很多短视频涌现出来。不过我们会发现，其实原创短视频并不多，不足整个短视频的 20%，还有 80% 的短视频自媒体人在做着搬运和剪辑的工作。

那么是做原创短视频好还是搬运短视频好呢？从长远的发展来看，原创比搬运更有发展潜力，这也是众多平台鼓励原创的原因。那么对于个人来说，应该如何做短视频呢？主要有以下 3 点需要掌握。

（1）做定位。定位可以决定一个自媒体是否能长远发展。那么如何定位呢？要从自己的兴趣点出发，例如你是做旅游项目的，那么定位就是旅游自媒体。在做定位时，自媒体人应该首先考虑自己感兴趣或擅长的领域，另外还要确保自己能坚持做一个领域。坚持下来，才能最终成为垂直领域知名自媒体。

（2）接地气。做视频一定要谨记不能高高在上，多留心、观察生活，多说说自己

的故事，这样才能更深入人心，也会更受欢迎。

（3）时间要短。有些自媒体人为了让情节更丰满，视频时间长达半个小时。这样的视频，不仅制作周期长，创作出来的内容还有可能得不到观众的认可。因此，制作原创视频时一定要记住"短小精练"这一要点，这样才能快速地抓住观众的眼球。

7.3.3　6 种设备，拍摄短视频的不二之选

拍摄短视频，必须要用到硬件设备。没有硬件设备的支持是无法让富有创意的想法落地的，就如人想要过河却没有桥或者船一样，寸步难行。我们可以通过各种各样的设备来拍摄短视频。下面为大家介绍拍摄短视频的 6 种设备。

1．智能手机

说到手机，大家都不陌生，随着技术的不断发展和完善，智能手机可谓是集多种才艺和功能于一身。无论是上网冲浪、听音乐，还是拍照片、打电话，一部智能手机就能轻松搞定。摄像是智能手机自带的基本功能，而且智能手机拍摄短视频具备很多其他设备无法具备的优点——智能手机体型小巧轻便，方便携带，操作简单，功能多。

2．单反相机

单反相机的普及程度越来越高，其价格也在逐渐下降，几千元钱就可以购买一个入门级的单反相机。随着新技术的不断应用，新品相机的功能也日益强大，单反相机也具备了摄像功能。越来越多的摄像爱好者把单反相机当作拍摄日常视频的得力助手。

用单反相机拍摄视频是近年来较流行的一种视频拍摄方式，主要原因是它的优势较为显著。例如，相对于摄像机来说，单反相机较轻便，价格更便宜，相对手机来讲，单反相机拍出的视频画质更优良。

3．摄像机

摄像机属于专业水平的视频拍摄工具，大型的团队和电视节目都要用到它。虽然它不易携带，但视频效果明显更好。

4．麦克风

在拍摄短视频的过程中，如果想要达到比较优质的效果，不仅要在画面效果上花心思，还要在音频质量上下功夫。除了设备本身自带的音频功能，还有哪些方法可以用来提升声音质量呢？此时音频辅助工具——麦克风就可以隆重登场了。麦克风的质量好坏关系到短视频质量的高低，因此在选择的时候要仔细考虑不同类型麦克风的优缺点，同时还要根据自己的具体需求进行筛选。

5．轨道车

摄像机轨道车也是拍摄视频需要用到的辅助工具，特别是在拍摄外景、动态场景时，轨道车必不可少。根据拍摄场景的需要，轨道车可分为多种类型，如便携式轨道车载人、电动轨道车匀速以及电动轨道车脚踏等。

6．无人机

随着无人机技术的迅速发展以及摄影、摄像等方面的需求增加，无人机已成为拍摄某些特殊场景时必不可少的工具。它具有 4 个优势：① 小型轻便、高清晰度；② 大比例尺、智能化；③ 低噪节能、高效率；④ 画面丰富、广视角。

7.3.4　10 种构图，凸显短视频的最佳美感

拍摄视频，在某种程度上与拍摄图片相似，都需要对画面中的主体进行恰当摆放，使画面看上去更有冲击力和美感，这就是构图。一个成功的摄影摄像作品，大多拥有严谨的构图。摄影摄像作品的成功，首要就体现在构图的成功上。成功的构图能够使作品的重点突出，有条有理，富有美感，赏心悦目。因此，在拍摄视频的过程中，需要对摄影摄像主体进行构图。只有遵循构图原则，才能让拍摄的视频更加富有艺术感和美感。下面主要为大家介绍 10 种凸显短视频美感的构图。

1．中心构图

中心构图，就是将视频拍摄主体放置在相机或手机画幅的中心进行拍摄。这种视频拍摄方法能够很好地突出视频拍摄的主体，让人很容易就能看到视频重点，从而将目光锁定在目标对象上，使人更易了解视频想要传递的信息。利用中心构图法拍摄视频，最大的优点在于主体突出、明确，容易让画面达到左右平衡的效果，构图简练。

2．三分线构图

三分线构图，顾名思义，就是在横向或纵向上将视频画面分为 3 个部分。在拍摄视频时，将对象或焦点放在三分线的某一位置上进行构图取景，这样可以让对象更加突出，让画面更加美观。三分线构图是一种比较经典的、简单易学的视频拍摄构图技巧。采用三分线构图拍摄手机视频，最大的优点是将视频拍摄主体放在偏离画面中心的三分之一处，这样能让画面不至于太枯燥与呆板，还能突出视频拍摄主体，使画面紧凑有力。

3．前景构图

前景构图，是指拍摄者在拍摄手机视频时，利用拍摄主体与镜头之间的景物进行构图的一种视频拍摄方式，即视频拍摄主体前有一定的事物展现。利用前景构图拍摄

视频，可以增加视频画面的层次感，在使视频画面内容更丰富的同时，又能很好地展现视频拍摄的主体。

4. 仰拍构图

在日常摄影中，需要抬头拍的，都可以理解成仰拍。仰拍构图因其拍摄角度的不同，又可以分为 30 度仰拍、45 度仰拍、60 度仰拍、90 度仰拍。仰拍的角度不同，拍摄的视频的效果自然也不同，只有深入了解其细微差距，才能拍出不一样的大片。

5. 光线构图

任何事物的拍摄都离不开光线，自然，视频的拍摄也离不开光线。在视频拍摄中需要用到的光线有很多，如顺光、侧光、逆光、顶光等常见的四大光线。在拍摄视频时，光线不仅仅让人眼能够看见视频拍摄主体，还可以使视频呈现出不一样的光影艺术。

6. 景深构图

景深是指当某一物体聚焦清晰时，从该物体前面的某一段距离到其后面的某一段距离内的所有景物都相当清晰，焦点相当清晰的前后的这段距离叫作景深，而其他的地方就是模糊的（虚化）效果。

7. 九宫格构图

九宫格构图又称井字形构图，是黄金分割构图的简化版，也是最常见的构图手法之一。利用九宫格拍摄视频，就是把视频画面当作一个有边框的长方形，把上、下、左、右 4 条边都分成三等分，然后用直线把这些对应的点连接起来，形成一个"井"字，交叉点就叫作"趣味中心"，把主体放在"趣味中心"上，就是九宫格构图。

8. 黄金分割构图

黄金分割是指由古希腊数学家毕达哥拉斯发现的黄金分割定律。毕达哥拉斯认为，任何一条线段上都存在着这样一点，可以使部分与整体的比值等于较小部分与较大部分的比值，即较长 / 全长 = 较短 / 较长，其比值约为 0.618，也就是黄金比例。而视频拍摄中用到的黄金分割构图，也来自毕达哥拉斯著名的黄金分割定律。

9. 透视构图

透视构图是指视频画面中某一条线或某几条线，有由近及远形成的延伸感，能使观众的视觉沿着视频画面中的线条汇聚成一点。在视频拍摄中，透视构图分为单边透视和双边透视。单边透视就是指视频画面中只有一边带有由近及远形成延伸感的线条；双边透视则是指视频画面两边都带有由近及远形成延伸感的线条。

10. 圆形构图

圆形构图是指在拍摄视频时，用视频画面中出现的圆形来进行构图的一种视频拍摄方式。圆形本身就带有一种独特的美感，利用圆形构图来拍摄视频，可以使视频画面产生整体感，并能产生旋转的视觉效果。

7.3.5 五大步骤，短视频拍摄成为小菜一碟

谈到视频的拍摄，大家想到的第 1 步大多数是设计剧本。实际上，拍摄短视频首先需要的是"人"，也就是组建一个团结高效的团队。只有借助众人的智慧，才能将短视频打造得更加完美。下面就来看看到底如何让拍摄短视频成为"小菜一碟"。

1. 团队组建

团队组建的重点是"人"，组建高效的短视频团队并不是一件容易的事，当然它也有一定的方法可寻。在组建团队之前，我们需要提出几个问题。我们需要什么样的人拍摄短视频？我们怎么找到这些人？找到这些人我们怎么分配任务？等等。

第 1 个问题是需要什么人。这一个问题其实需要根据工作的内容来决定。拍摄短视频需要做的工作很多，例如策划、拍摄、表演、剪辑、包装以及运营等。举个例子，如果拍摄的短视频内容方向为生活垂直类，每周计划推出 2~3 集内容，每集为 5 分钟左右，那么就需要 4~5 人，分别负责编导、运营、拍摄以及剪辑。

第 2 个问题是怎么为团队找到合适的人。对于任何行业和企业来说，人员招聘都是一大难题。但是如果已经有了明确的目标，人员选择起来就不会太难。如果没有明确的目标和需求，那么就不亚于大海捞针。

第 3 个问题是每个人负责什么具体任务。

2. 剧本策划

接着切入正题——剧本策划。"思想指导行为"，因此打造一个优质的短视频就需要策划内容——写剧本。这一步骤的重点在于"内容"。无论是短视频还是文字、图片，实质上都是以内容为重。只有完成剧本策划，才能进行下一步的行动。策划剧本，就好像写一篇作文，有主题思想、开头、中间以及结尾。情节的设计就是丰富剧本的组成部分，也可以看成是小说中的情节设置。

3. 视频拍摄

这一步骤其实是根据短视频内容的方向设置的，重点就在于"拍"。拍摄视频是流程中的执行阶段，也是重中之重。当然，并不是拿着策划好的剧本就能拍摄。在开拍之前还要做好相关的准备工作，例如拍外景就要提前对拍摄地点进行勘察，看看哪个地点更适合视频的拍摄。

4. 剪辑包装

视频基本制作完成以后，并不表示已经大功告成，此时后期就显得尤为重要。这一步骤的重点在于"包装"。说起包装，我们一般都会想到商品的华丽包装，或者是打造明星的浮夸手段。视频的"包装"也是如此吗？其实，"包装"只是一个形象的比喻，如果没有剪辑和包装，又怎么能快速地引起他人的注意呢？

对于制作视频而言，剪辑是不可缺少的一个重要环节。在后期剪辑中，需要注意的是素材之间的关联性，例如镜头运动的关联、场景之间的关联、逻辑性的关联以及时间的关联等。

5. 上传发布

短视频包装完毕后，就要进行相应的操作让它大放光彩，也就是最后一步——上传和发布，简单来说，即"分享"。一个作品如果只是完成了，但没有让更多人知道，那么它是没有达到真正意义上的成功的。因为只有与他人分享了，才能知道自己的作品是否达到了预期效果。短视频的上传和发布比较简单，渠道、平台多且广。如果是手机拍摄的视频，那么上传和发布就更便捷，只要按照指示进行操作即可。

7.3.6 学会配音，自媒体有哪些配音的方法

视频录制、剪辑好了，我们想对其进行配音，却发现不知道应该如何做。那么该怎么给自媒体配音呢？主要有以下3个方法。

（1）**自己录**。自己直接进行配音，省时、省力、省钱，同时又能锻炼自己的语言表达能力。

（2）**找团队配音**。因为有些自媒体人不想自己配音，这时找专业团队配音肯定是绝佳的选择。自媒体人只要提供配音需求，专业团队就会按照需求把配音做好，而且保证效果超级优质。

（3）**软件配音**。用软件配音可以说是比较方便、快捷和省钱的方式了。有些软件配音不需要花钱，而且花费的时间很少，一两分钟就可以完成，非常方便。

7.3.7 添加字幕，用电脑自动为视频配字幕

拍摄短视频总是有些比较无奈的事情，例如视频拍摄完成之后不知道如何剪辑、不知道如何加特效、不知道如何加片头片尾等，但最困扰自媒体人的还是给视频加字幕的问题。由于南北方地区语言的差异，很多人的发音并不是特别清晰，可能导致在录制时会有咬字不准、发音不清的情况。对于这样的困扰，很多人都束手无策。这使精心录制的视频的推荐量和播放量非常低。原因就是用户听不懂，体验感很差。那么，

是否有可以为视频自动添加字幕的软件呢？在此给大家介绍一款自动为视频添加字幕的软件——字幕通。该软件的神奇之处就在于可以自动识别语音，然后为视频添加字幕，可以说是视频自媒体人的法宝。使用该软件主要有以下5个操作步骤。

第1步，下载软件。在网上搜索"字幕通"软件，下载到桌面上。完成下载后进行注册，填写账号和密码，接收发送到邮箱中的确认信，单击确认即可。

第2步，导入视频。主要分为两种方式，一是本地视频导入，直接把本地的视频导入到软件中；二是历史播放视频导入，查找曾经播放过的视频进行导入。

第3步，时间轴切分。切分方式主要有两种，一种是通过原视频字幕进行切分，一种是通过原视频语音进行切分。如果是自动添加字幕，那么需要选择通过原视频语音进行切分的方式。

第4步，识别语音成为文字。软件会自动进行识别语音转换为文字的操作，有时候转换后的文字会有错别字，所以还需要进行校对。

第5步，字幕效果设置。在编辑区域修改好字幕后，就需要给字幕添加一些效果，例如字号、字体、颜色、字幕呈现效果等。全部设置好后直接导出视频。至此，一个带有字幕的视频就诞生了！

7.4 视频推广：自媒体短视频如何获得高播放量

有时候我们看到其他自媒体人的播放量很高的视频，会很疑惑，为什么自己的视频播放量少，别人的视频播放量却非常高呢？这是因为我们没有掌握真正的方法，而其他自媒体人的视频具有获得高播放量的独特的特色。本节就为大家介绍这些获得高播放量的技巧。

7.4.1 拍好视频内容，获得高推荐量的技巧

想要获得高播放量，那么应该怎么做呢？其实想要拍出好视频，获得高推荐量和播放量，自媒体人需要注意以下5点。

（1）标题。取标题是一个关键步骤。在自媒体学习中，首先要学的就是如何取标题。视频的创作也不例外，一定要学会拟一个抓眼球的标题。

（2）内容。俗话说"内容为王"。在内容决定一切的时代，内容不仅仅包括创作，还包括确定内容选材，也就是拍摄什么样的内容，主题是什么；用户群体有哪些，也就是给哪些人看；还有对用户有哪些影响；等等。这些问题都是我们在做内容的时候需要考虑的，是会直接影响视频的转发、点赞和评论的，也就是影响播放量。

（3）发布时间。在平台的冷启动时间，播放数量将会直接影响到视频的推荐量。

视频的发布时间最好是在上午的 6 ~ 8 时，中午的 12 时和下午的 6 时，这 3 个时间段是高峰期。

（4）视频封面。很多视频的封面都不是截取自视频中的画面，而是来自网络，这样就容易导致封面的重复概率增加。那么如何让封面图片不重复呢？首先，要尽量使用视频中的图片。如果视频中的图片不美观，可以自己制作一个封面图。其次，用制图软件自己制作封面图片，既美观又大气，还能增强识别度。如果是通过网上搜索得到的图片，就需要利用软件对图片进行修改。

（5）爆款标签。在标签方面，我们需要多写一些与自己领域相关的标签。例如，科技领域就要多写互联网、科技这一类标签，美食类就要多写美食、秘制、做法这类标签。不过要注意的是，内容要和标签相符，不要为了推荐量而乱蹭标签。

7.4.2　推广短视频，轻松让播放量达到 10W+

很多做视频自媒体的人都会有一个困惑，视频做出来怎样才能把它推广出去并确保高播放量？下面我们就来介绍一下在抖音上发布视频时需要注意的 5 点内容。

（1）要保持短视频的日更。不能有时更新 10 个视频，有时却不更新视频。这样没有规律性地去更新，是不会有很高的播放量的。日更视频的好处是能获得更高的播放量，同时让系统默认自己是有良好的运营习惯的人，从而渐渐地提升曝光度。

（2）进行推广和宣传。在问答平台上，如知乎平台，可以回答一些相关的问题，在结尾处添加自己的视频名称；在悟空问答中也可以用这样的方式来推广。在回答问题时推荐一些自己创作的相关栏目，可以起到很好的推广作用，也能为自己获得高播放量打下基础。

（3）录制热点内容。多关注一些比较流行的热点，拍摄的视频内容尽量与当天发生的热点相关联，这样会获得更高的播放量。

（4）多和用户互动。与用户互动的方式主要有两种。第 1 种是在评论区与用户互动，让用户感觉到你对他的重视，这样用户会更愿意去看我们的内容，并且帮助我们推广。第 2 种是多引导用户互动，例如我们可以在视频中留下问题，让用户进行讨论。

（5）互相引流。自媒体人可以找一些相关领域的人进行合作，互相引流，也就是找与自己的账号类型相同的自媒体号合作，实现粉丝的聚合。

7.4.3　抖音运营实战，获得高播放量的方法

抖音为自媒体人搭建了一个平台，而自媒体人需要学习如何操作。下面我们就针

对抖音上播放量最火的视频进行总结，让大家在运营抖音时少走弯路，总结出的内容总共有6类。

（1）情感类。情感类是能够引起用户共鸣的内容，是最容易获得高播放量的。例如"我百般努力，还是没有变成你要的样子，所以我放你离开，还你自由"，这一类内容很容易引起观看者的共鸣和点赞转发，播放量也最高。

（2）正能量的视频。弘扬正气、传播正能量的内容是特别容易火的。因为人人都有当英雄的梦，而有人做到了，用户自然会愿意点赞、转发。

（3）宠物类。愿意养宠物的人也很多，而宠物本身也是可爱的，看起来就能让人喜欢，所以这类视频也是大众所喜爱的。

（4）高颜值。人都追求并且喜爱美。一般来说，有帅哥美女的视频更容易吸引人们的关注。可见，有了高颜值，营销推广也就成功了一半。

（5）干货类。无论是在抖音还是在其他的视频平台上，干货类的视频都有很高的播放量。正因为是干货，所以大家都想学习。

（6）饕餮类。为什么用这两个字呢？其实是想用一个词语，叫饕餮盛宴，也就是只要是看起来很美的东西，都可以拍摄下来，例如美食、美景等，这是大部分人都不会抗拒的内容。

第8章

直播运营：
获取流量，凝聚人气，传播品牌

学前提示

　　随着手机、平板电脑等移动智能终端的普及，主要依托于移动终端的直播开始进入人们的视野。凭借庞大的用户基数，直播势必会变得更加火热。本章便针对直播的运营思维、平台、营销方法进行详细的讲解，希望能帮助自媒体人熟练掌握直播的运营技巧。

要点展示

>>> 运营思维：便捷的自媒体直播软件工具
>>> 直播平台：丰富交流，传播简单快速
>>> 玩转直播营销，自媒体的下一个风口！

8.1 运营思维：便捷的自媒体直播软件工具

直播具有即时性、互动性和面对面等特点，有利于自媒体人积累人气和推广品牌，因此了解直播运营的技巧非常重要。本节将为大家介绍直播运营的相关内容，例如直播运营的移动思维、营销思维、交互思维、粉丝思维、场景思维和体验思维等。

8.1.1 移动思维：直播可以随时随地进行

直播的一个特征就是移动化。走在街头，我们发现专心致志盯着手机的年轻人随处可见，另外随时随地拿着手机做直播的主播也变得很常见。使用手机观看直播，缓解生活带来的压力，是年轻群体选择的独有的娱乐方式，直播符合年轻人的社交需求。可以说，移动设备的便捷性促进了直播移动化时代的到来。

如今，国内的互联网用户数量已经超过 10 亿人，这与总人口数量非常接近，可以这样说，每个人都已经身处于网络之中了。根据移动互联网商业智能服务商 QuestMobile 发布的数据显示，我国移动互联网月活用户规模已经达到 11.38 亿，如图 8-1 所示。

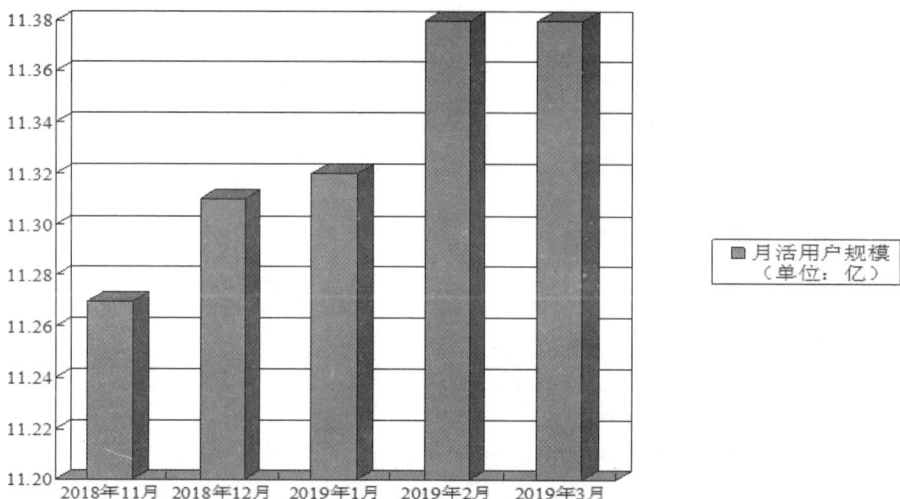

▲ 图8-1 我国移动互联网月活用户规模

直播移动化除了在国内掀起一股热潮外，在国外，各大社交软件同样也对移动直播青睐有加，纷纷出资大力建设直播平台。图 8-2 所示为 Facebook 旗下最大的图片社交软件 Instagram 推出的实时直播功能。

Snapchat 很早就拥有了自己的直播平台，并利用其进行商业营销。谷歌也在

Youtubu 平台上推出了自己的手机现场直播功能。这些数据和实例证明，移动直播已是大势所趋，这是属于移动直播的时代。

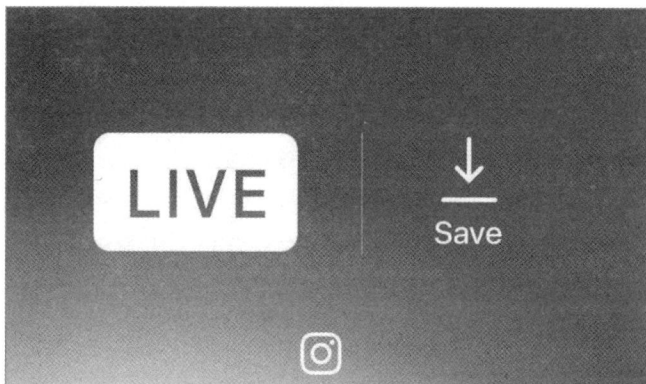

▲ 图8-2　Instagram 推出的实时直播功能

8.1.2　营销思维：直播内容就是营销方式

虽然直播营销还处在摸索阶段，但直播具有互动性的营销优势已经成为共识，一般而言，大家对直播的互动印象主要为打赏、发弹幕、送礼物。下面就围绕直播的实时互动性来介绍一些直播的内容营销思维。

1．增强用户参与感

在直播营销过程中，如果只是主播一直在介绍产品而没有互动，那么用户肯定会觉得枯燥无味，就会离开直播间，甚至会取消对主播的关注。此时我们应该大力发扬直播平台本身的交互优势，主播一定要及时与用户互动，这样才会带动用户参与，增强用户的参与感。例如，在展示商品的同时与用户进行交流，及时回应用户提出的问题。

例如，在淘宝直播中，有一个主题为"懒人必备自加热小火锅"的食品直播。在直播中，用户会提出对产品的各种疑问，然后主播应对其进行解答，例如用户提问"小龙虾优惠多少"。除此之外，如果用户觉得主播的产品很实用，则可能会关注主播或者送礼物给主播，礼物都是用淘宝金币兑换的。

主播在直播中给予了用户想知道的信息，就能大大增强其参与感，这样直播营销的业绩也会不断提升。

2．加强品牌黏性

加强品牌黏性也是直播内容的营销优势之一，而加强品牌黏性又需要根据用户的需求来进行直播。很多自媒体人需要向那些人气高的主播学习直播的技巧——他们之所以能得到众多用户的喜爱和追捧，原因就在于他们懂得倾听用户的心声，并能实时根据用户的需求来直播。

3. 运用从众心理

在直播营销中，不仅有主播与用户的互动，也有用户与用户之间的互动。例如，用户之间用弹幕进行交流，谈论产品的性价比等。

用户在进行交流的同时，会产生一种从众心理，从而产生购买欲望。因此在直播时，直播界面上会不时地弹出"某某正在去买"的字样，如图 8-3 所示，其目的就在于利用用户的从众心理，吸引他们去购买产品。

▲ 图8-3 直播界面"某某正在去买"

8.1.3 交互思维：自媒体人"互动频频"

内容互动是联系用户和直播的关键。通过直播推送内容或者举办活动，最终的目的都是为了和用户交流。直播内容的寻找和筛选对用户和用户的互动起着重要的作用。内容具有价值，才能引来更多粉丝的关注和热爱，而且内容的质量不是通过粉丝数的多少来体现的，和粉丝的互动情况才是最关键的判断点。

主播和用户交流沟通的互动过程，看似是主播处于主导地位，实际上是以用户为中心的。用户愿意看直播的原因就在于能与自己感兴趣的人进行互动。主播要想了解用户关心什么、想要讨论什么话题，就一定要认真倾听用户的心声和反馈。

例如，YY 知名主播李先生就是主播中具有交互思维的典型。在某一段时间内，有粉丝评论说他觉得最近的直播有些无聊，没有什么有趣的内容，不知道在互动时要说些什么。李先生认真倾听了用户的意见，精心策划了搞笑视频直播，赢得了几十万的点击量，获得了无数粉丝的好评。图 8-4 所示为李先生策划的"春光灿烂猪八戒搞笑版"直播截图。

▲ 图8-4 李先生策划的"春光灿烂猪八戒搞笑版"直播截图

8.1.4 粉丝思维："得粉丝者得天下"

对于"粉丝"这个名词，大家都不陌生，那么"粉丝经济"呢？作为互联网营销中的一个热门词汇，它向我们展示了粉丝支撑起来的强大 IP 营销力量。可以说，IP 就是由粉丝孵化而来的。没有粉丝，也就没有 IP。

如今，"得用户者得天下"，这是互联网发展的结果。它彻底打破了以往封闭的经济模式，形成了一个新的、开放的、"用户为王"的经济时代。

在互联网时代，很多 IP 都拥有自己的顾客。优秀的 IP 拥有的是用户，而爆款 IP 则拥有众多会为自己说话的粉丝。这些粉丝就是 IP 衍生产品或品牌最好的代言人。因此，要想成为一个超级 IP，自媒体人还需要掌握强大的粉丝运营能力。

8.1.5 场景思维：直播颠覆各种商业场景

在了解场景思维之前，我们首先要记住一个词 Virtual Reality，即虚拟现实。从其实质来说，这种技术就是计算机仿真系统，利用它能创建一种模拟的仿真环境，并能让用户通过一定的设备或端口产生临场参与感。可见，这一结果与直播的现场感有着一定的相似性。对于直播而言，这种技术无论应用在营销的哪个领域，它都是基于场景和用户需求两个方面来抓住成功的机会的。

而从这方面来看，VR 的虚拟现实技术完全满足这两个要求，能够提供给用户一个沉浸感和互动性兼具的虚拟的营销环境。VR 植入直播营销，让直播领域发生了颠覆性的变革，让用户从观看者，变成了参与者。

在这种模式下，营销的场景发生了巨大的变化，用户、移动互联网和平台三者通过 VR 紧紧地联系在了一起，从而出现了画面感和现场感。其中画面感是指用户进入直播页面并进行互动，在这一过程中 VR 是实现这一画面的技术支撑；现场感是指用户基于自身的不同需求，而身临其境地与平台主播之间进行形式多样的互动。

其实，目前 VR 这一带来营销场景革命的技术，已经在各营销平台得到了应用，如某淘宝卖家就利用 VR 直播来进行营销，如图 8-5 所示。

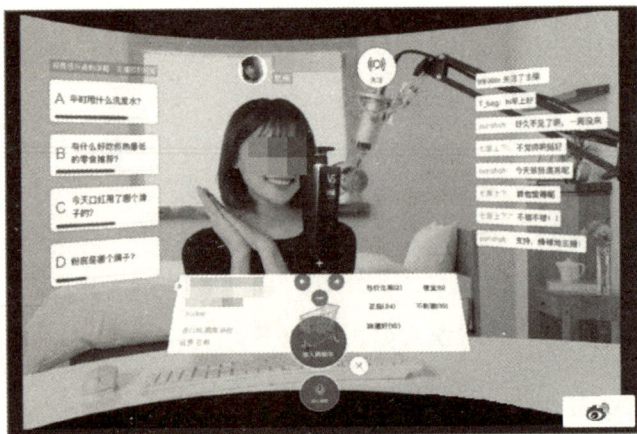

▲ 图8-5　淘宝卖家利用VR直播来进行营销

在淘宝平台上，卖家通过 VR 直播来展示商品和服务，从而让受众能更加直观地感受商品，增加对商品的认知。从卖家角度来看，这有助于有效地提升营销的成交率。

8.1.6　体验思维：让内容引爆，让用户剧增

你想过与属于不同空间的事物进行虚拟接触吗？你想过穿过屏幕感受你想感受的一切吗？3D 立体技术可以帮助你完成梦想，让梦想真正变为现实。并且 3D 直播将体验做到了极致。从直播内容上来说，这无疑是能够对用户产生极大的吸引力的。

3D 直播主要是将两个影像进行重合，使其产生三维立体效果。用户在观看影像时戴上立体眼镜，即可产生身临其境的视觉效果。在 3D、VR 等高新技术蓬勃发展的今天，自媒体人可以将这些技术运用在网络直播或 IP 内容中。

8.2　直播平台：丰富交流，传播简单快速

直播平台有着各自不同的内容和特色，它们不断深入发展，由单一的模式向众多领域拓展延伸。此时选择合适的直播平台是重中之重。本节将为大家介绍美拍、映客、

优酷、虎牙、淘宝等几个典型的直播平台，以便大家了解它们各自的特色。

8.2.1 美拍：高颜值、超火爆的手机直播

美拍原本只是一个用来拍手机视频的免费 APP，它一上线便受到用户欢迎，而且还取得了 APP Store 全球非游戏类下载量第一的成绩。进入美拍后，用户能看到上方有很多短视频的分类，如直播、热门、高效、美妆时尚、美食等。这些都是其他用户拍摄并上传的短视频，如图 8-6 所示。

▲ 图8-6 美拍APP页面

美拍 APP 善于运用话题来推广自己，能充分抓住当下女性用户爱美的心理，并搭载微信朋友圈、微博等社交元素进行营销。这些都是"美拍"的成功之道。

8.2.2 映客：极简主义的超酷直播平台

映客直播，是一款覆盖了 iPhone、Android、Apple Watch、iPad 等多个移动端的直播类社交平台。映客可使用微博、微信账户登录，操作方法十分便捷，在设备方面也只需一个手机就足够了。映客直播优势众多，功能强大，其功能包括精彩回放、高清画质、互动交流、私信聊天等。

映客直播与其他直播平台最大的差别就在于，它能够最大限度地关注用户的需求。映客直播根据用户的年龄等方面专门设计了直播板块，不单单是针对喜欢社交的年轻人，还包括父母一辈以及专业人士等。

映客独特的发展策略为其吸引了大量的用户，同时也让映客直播成为了全民直播时代中一颗璀璨的明星。

8.2.3 优酷：直播中的娱乐"战斗机"

优酷是国内成立较早的视频分享平台，其产品理念是"快者为王——快速播放，快速发布，快速搜索"。现阶段，优酷已经成为了互联网视频内容创作者（在优酷中称为"拍客"）的集中营。图8-7所示为优酷的"拍客"频道。

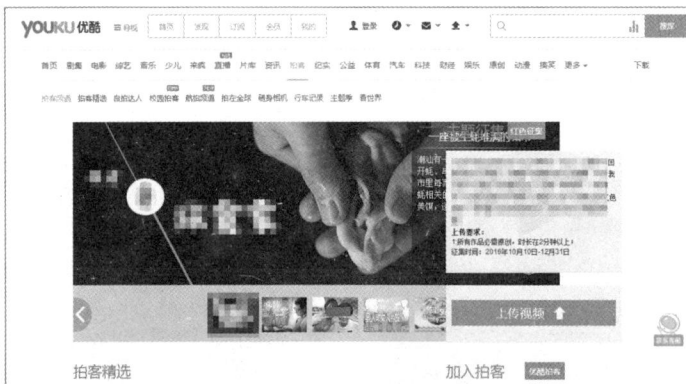

▲ 图8-7 优酷的"拍客"频道

除了"拍客"频道外，优酷还推出了"原创"和"直播"等频道，来吸引那些喜欢原创并且热爱视频的用户。在"原创"频道中，有很多热爱视频短片的造梦者，他们不断坚持并实现自己的原创梦想，诞生了一大批网红IP，同时他们也为优酷带来了源源不断的原创短剧。

优酷可以汲取很多原创资源，能极大地丰富自身的视频资源，再加上优酷背后强大的资本支持，理所当然地成为了国内领先的视频分享平台。

8.2.4 虎牙直播：游戏拓展的品牌直播

虎牙直播是国内优秀的以游戏直播为主的互动直播平台，其由YY直播更名而来。在更名之后，虎牙直播转向PC端发展。虽然虎牙直播以游戏直播为主，但也包括多元化的热门直播内容，如音乐、娱乐、综艺、教育、户外、体育、真人秀、美食等。

虎牙的游戏直播资历很深，在游戏方面有很多独家资源。虎牙直播的"直播+游戏"模式由来已久，自2012年虎牙直播成立以来，虎牙直播就一直把游戏直播作为发展战略的重中之重。

随着近年来游戏行业的日渐火爆，虎牙直播不惜花重金买进国内外赛事的直播版权，又召集了众多世界冠军级的战队和主播，还专门亲自打造了属于虎牙旗下的独家IP赛事。

8.2.5 淘宝直播：用户可"边看边买"

边看边买指的是虚拟现实购物体验产品，又被称为"Buy+"，它是由阿里 VR 实验室 GM Lab 研发的，并在 2016 年 7 月 22 日的淘宝"购物节"推出，首次在全球开放体验。图 8-8 所示为淘宝"Buy+"购物体验。

▲ 图8-8　淘宝"Buy+"购物体验

可见，"Buy+"代表的是一种全新的购物方式，它是淘宝基于广大用户的不同需求而研发的。在"Buy+"体验中，其购物方式的形成是借助于各类技术而实现的。

8.3 玩转直播营销，自媒体的下一个风口！

直播是营销方式的一种。那么在利用直播进行营销的时候，又有哪些技巧呢？本节将向大家介绍几种直播营销的实用技巧。

8.3.1 直播策划：精准主题让直播迅速火起来

在服务行业有一句经典的话，即"每一位顾客都是上帝"。在直播行业，用户同样是"上帝"，因为他们决定了直播的火热与否。没有人气的直播是无法维持下去的。因此，直播主题的策划应以用户为主，从用户角度出发。从用户的角度切入主题，要注意以下 3 点。

（1）引起用户情感共鸣。

（2）调查用户喜爱的话题。

（3）让用户投票选主题。

从用户角度切入主题，最重要的是了解用户究竟喜欢什么，对什么感兴趣。某些直播为什么如此火热？用户为什么会去看？原因就在于那些直播迎合了用户的口味。

关于潮流和美妆的直播通常比较受欢迎，因为直播的受众大多都是年轻群体，他们对于时尚有着自己独特的追求，例如"清新夏日，甜美时尚减龄搭""微胖女孩儿的搭配小技巧"等主题都是用户所喜爱的。而关于美妆的直播更是受到广大女性用户的热烈追捧。

当然，让用户投票选择主题也是体现从用户角度切入的一个点。大多数直播都是由主播决定主题，然后直接把内容呈现给用户。而为了迎合用户的喜好，就要准备好"打一场无准备之仗"，即按照用户的意愿来。主播要随机应变，积极调动用户参与。投票的另一种方法就是直播之前投票，例如平台方可以在微信公众号、微博等社交网站发起投票，让用户选择自己喜爱的主题。

8.3.2 直播模式：吸牢粉丝必须掌握的七大法则

无论是从互联网营销的广义概念——以互联网为主要手段开展的营销活动，还是其狭义概念——通过互联网手段来宣传、销售产品来讲，视频直播营销都属于互联网营销的范畴。而粉丝这一互联网营销属性，同样在直播营销中有着非常重要的作用——它是直播营销中爆款打造不可或缺的因素。因此，在直播营销中，充分发挥粉丝的强黏性和互动作用，可以为实现变现提供有力支撑。

那么如何提升粉丝活跃性，让粉丝参与内容互动呢？下面介绍 7 个技巧。

（1）通过有价值的干货分享、红包、有奖活动、投票等方式，提升粉丝的互动交互感。

（2）策划优质活动，加强活动策划的能力。活动要提倡"参与感"，不断通过活动提升直播影响力。

（3）对于粉丝人数较多的主播和平台，应该构建一个专业的运营管理团队，制订相关的规定，使其可以健康发展。

（4）通过有趣好玩的内容来吸引用户，同时在内容中灌输分享概念，让用户帮你传播内容。

（5）善于乘势、用势、借势、造势，聚力整合社会资源，借势发力扩散到各种社交媒体上。

（6）通过大数据来进行技术的传送，利用新媒体平台传播和交流信息，加强粉丝的关系。

（7）从粉丝需求出发，分析粉丝的需求、制订好奖励计划，送上粉丝需求的礼品，这样能大大地增加粉丝的体验好感度，进一步巩固粉丝的留存率。

8.3.3 内容直播：轻松让你的直播内容产生价值

利用直播进行营销，最重要的是要把产品销售出去。因此，在直播过程中要处理好产品与直播内容的关系，要点就是巧妙地在直播全过程中贯穿产品主题，其意在全面呈现产品实体及鲜明地呈现产品组成，最终为实现营销做准备。

很多优秀的团队在直播时并不是光谈产品。要让用户心甘情愿地购买产品，最好的方法是为他们提供能满足软性需求的产品增值内容。这样的话，用户不仅获得了产品，还收获了与产品相关的知识或技能，一举两得，用户购买产品时也将会毫不犹豫。

其中最典型的增值内容就是让用户从直播中获得知识和技能，例如天猫直播、淘宝直播、聚美直播在这方面就做得很好。一些利用直播进行销售的商家纷纷推出产品的相关教程，给用户带来更多产品增值内容。例如淘宝直播中的一些化妆直播，在镜头前展示化妆过程，边化妆边介绍产品，也是让内容增值的方法。

其实，不仅是化妆产品，其他领域的直播营销也可照此进行，如针对直播主题内容中的一些细节问题和产品的相关问题进行问答式介绍。这样的做法，相较于直白的陈述而言，明显有利于用户更好地、有针对性地记住产品。

8.3.4 直播推广：把你的直播告诉给每一个人

随着互联网营销的不断发展，有助于营销的各种信息工具和软件平台应运而生。学会将直播推广出去，也是直播营销中不可或缺的一环。主播介绍得再好，内容再优质，如果没有进行恰当的推广，那么营销效果也无法达到最佳。下面介绍在直播中进行推广的方法和诀窍。

1. 社交网络

在直播前对直播进行推广预热是十分有必要的，只有这样才能保证有一定的流量。例如，在微博平台，用户只需要用很短的文字就能反映自己的心情或者达到发布信息的目的，这种便捷、快速的信息分享方式使得大多数主播和直播平台开始抢占微博营销平台，利用微博"微营销"开启网络营销市场的新天地。

2. 品牌口碑

本身口碑就较好或者规模较大的自媒体团队，在推广直播时，可以利用自身的口碑来进行推广。

3. 软文

软文推广主要针对一些拥有较高文化水平和欣赏能力的用户。对于他们而言，文字所承载的深刻文化内涵是很重要的。所以，对于各大营销方式来说，软文推广都很实用。在直播营销中，软文推广也是不可缺少的。而对自媒体人来说掌握软文推广技巧则是重中之重。随着硬广告渐渐退出舞台，软文推广的势头开始上涨，并将占据主导地位。

4. 跨平台

在进行直播内容传播时，创业者切不可只依赖单一的平台，在互联网中讲究的是"泛娱乐"战略，直播平台可以以内容定位为核心，将内容向游戏、文学、音乐、影视等互联网产业延伸，以此来连接和聚合粉丝情感，实现高效引流。

在"泛娱乐"战略下，直播平台可以跨自媒体平台和行业领域来传播自己创作的优质内容，使内容延伸到更加广泛的领域，吸引更多的粉丝关注。

5. 借势

借势推广是一种通过抓住热点来进行推广的方法。热点事件的传播速度就如同病毒蔓延一般，非常迅速。直播内容想要获得更多的浏览量，就需要借助热点事件的影响力。

第9章

微信平台:
你的朋友圈就是你的"自媒体"

微信是自媒体平台中的主力战将,任何个人或企业的推广营销都会在这个平台上下一番功夫。实践也证明了在这个平台上进行推广营销,具有成本低、效果好的优势。本章主要向大家介绍微信公众号和朋友圈的推广运营技巧,帮助自媒体人迅速涨粉,增加粉丝黏性。

要点展示

>>> 玩转公众号:让粉丝更加信任你

>>> 朋友圈营销:自媒体这么玩才赚钱!

9.1 玩转公众号：让粉丝更加信任你

微信公众号平台具有很大的自由性——自媒体人只需要注册一个账号，至于发布什么内容、什么时间发布、发布的数量完全由自己做主，不需要固定发布时间、不需要协商版面，完全可以做到"我的地盘我做主"。而自媒体人如果想要让自己的公众号人气高、粉丝多，就一定要做好运营工作，让粉丝更加信任你。本节为大家介绍一些比较实用的公众号运营技巧。

9.1.1 做好微信公众号内容定位

要想做好微信公众号运营，那就要提高内容的创作要求。因为只有丰富的、有趣的内容才能吸引用户。因此，对于微信公众平台内容的管理，自媒体人一定要非常重视。微信公众平台多以文字、图片和视频等形式来表现主题。想要在众多自媒体账号中脱颖而出，就必须把握好内容定位，具体技巧如图9-1所示。

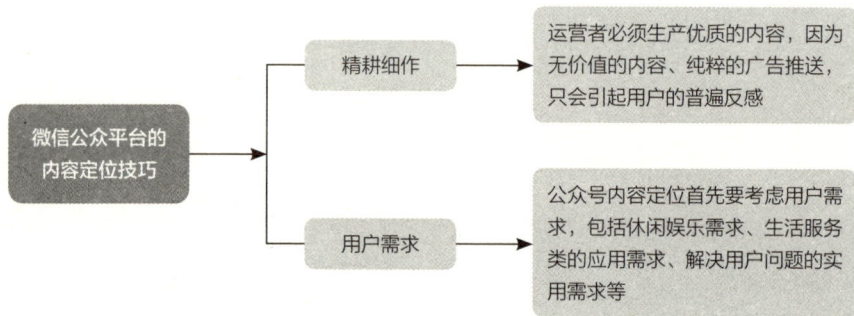

▲ 图9-1 微信公众平台的内容定位技巧

9.1.2 尽快完成微信公众号认证

一般来说，开通了微信公众号之后，接下来要做的就是微信公众号认证。这一点千万不可忽略。对自媒体人来说，进行微信公众号认证是很有必要的，尤其是对那些品牌企业来说，认证的重要性就更突出了。如果决定运用微信公众号进行营销，那么应尽快完成公众号认证。一般来说，进行微信公众号认证有以下一些好处。

（1）让自己的公众号更具公信度，提高公众号的权威性。

（2）在信息搜索方面有积极的帮助，能让自己的公众号排名更靠前。

（3）认证后可获得更多的功能，为平台订阅者提供更优质的服务。

下面向大家介绍微信公众号认证的相关事项。

1. 认证的类型

就目前而言，只有微信的订阅号和服务号支持认证。且这两种公众号中可以进行认证的主体是有条件和选择性的，具体来说，包括图 9-2 所示的 4 种类型。

> 企业（企业法人、非企业法人、个体工商、外资企业驻华代表处）；
> 媒体（事业单位媒体、其他媒体）；
> 政府及事业单位；
> 其他组织。

▲ 图9-2 订阅号和服务号支持认证的主体

图 9-2 所示的 4 种类型的微信公众号在进行认证时，还需要具备两个条件：一是微信公众号粉丝数量不少于 500 个；二是有新浪微博或腾讯微博的认证微博账号。自媒体人在清楚了认证的类型和条件之后，还需要清楚主体认证所需的资料。这样才可以提前将所需资料准备好，为认证节省时间。

2. 认证的步骤

介绍了微信认证的类型之后，我们接着介绍认证的操作步骤，帮助大家了解微信公众号认证的最初的工作。

第 1 步，进入微信公众平台后台，单击"设置"区域的"微信认证"按钮，进入微信认证页面；单击"开通"按钮。

第 2 步，进入"验证身份 / 选择验证方式"页面，选择其中的一种方式进行验证；单击"下一步"按钮，按照系统指引填写相关信息资料；单击"提交"按钮，进入"同意协议"页面。阅读完协议之后，勾选页面最下方的"我同意并遵守上述的《微信公众平台认证服务协议》"复选框；单击"下一步"按钮，按照系统的指引完成操作即可。

9.1.3 灵活利用所有线上线下推广渠道

要做好微信公众号运营，自媒体人就要灵活利用所有线上线下推广的渠道。利用QQ、微博、百度贴吧和天涯论坛等火爆的社交平台与微信进行连通，来增加用户的转化率。同时，还要结合线下的活动、会展和促销等方式吸引用户的关注。

在微信公众平台，自媒体人可以多策划一些有趣的线上线下活动，以此来调动用户参与活动的积极性，拉近与用户的距离。在自媒体人微信公众号的运营和营销中，利用微信公众平台进行线上线下活动策划的目的有两点，即提升粉丝参与互动的积极性及其对微信公众号的依赖性。

9.1.4 策划多样化内容，吸引海量用户

我们都知道，微信公众号展示内容的方式包括：图片、视频、文本等，不管是在以前的网络营销，还是现在的微信营销，只有丰富的、有趣的、有特点的内容才更能吸引人。

在微信公众号运营中，很多自媒体人学会了以 H5 化的方式进行微信内容展现，使公众号页面可以多层次、多角度去展现内容，再配上诸多实用的和个性定制的功能，来吸引粉丝的关注。下面介绍微信公众号运营中 3 个利用内容吸引用户的要点。

1. 富有个性

个性化内容是自媒体运营者和营销人员最难把握的一个要点，因为要打造真正意义上的个性化内容既没有标准，又不是一件很容易就达成的事，特别是在需要持续更新内容的情况下，会是一个很艰巨的任务。

在此，笔者就从简单易操作的方面来阐述。自媒体运营者可以取巧，以表达形式的个性化代替内容内涵的个性化，即利用图文、长图文、短视频和纯文字等诸多形式来推广，这样也是打造富有特色的个性化内容的技巧之一。

2. 丰富有趣

丰富有趣是指微信公众号的内容要有足够的新意和吸引人的地方，就算不能做到让内容全部都具备创意和新意，那也要做到让发布的内容不至于太过空洞无聊。另外，"情感类"的内容也可以归类到丰富有趣的内容中，能引发用户情感上和心理上的共鸣，也是很吸引粉丝的。

3. 利益驱动

利益驱动是指自媒体运营者应分析用户需求，发布的内容要具备一定的实用性，既可以为用户传授生活常识，也可以为用户提供信息服务。总而言之，只有用户能从公众号推广的内容中获取到某种形式或某方面的利益，他们才会成为自媒体人的追随者。

9.1.5 策划大量有奖互动活动

想要让用户活跃起来，利用活动是一种比较有效的方式。说到活动，大多数人脑海中就会出现诸多与之相关的词汇。一般来说，只要是活动，就会对促进用户活跃有一定的影响，只是所产生的影响有大有小而已。

在运营过程中，自媒体人一般会选择那些能极大地活跃用户的活动。在此，简单介绍人们常用的促活用户（促进用户活跃度）的活动，如图 9-3 所示。

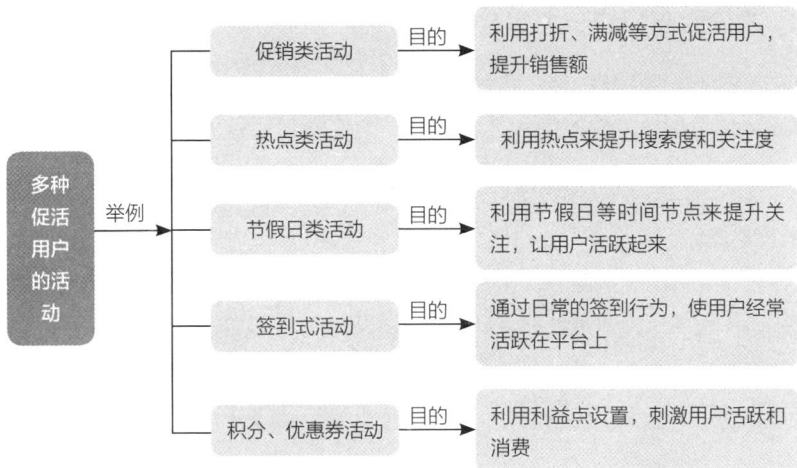

▲ 图9-3　多种促活用户的活动

除了上述活动外，在活动中加入用户奖励机制也是一种必要的促活用户的技巧。一般来说，用户奖励机制包括物质、精神等方面。在此介绍利用物质奖励机制促活用户的方法。这里的"物质"既可以是实体物质，也可以是虚拟物质。利用不同形式的物质进行用户促活，是众多自媒体人选择的方式，具体分析如图9-4所示。

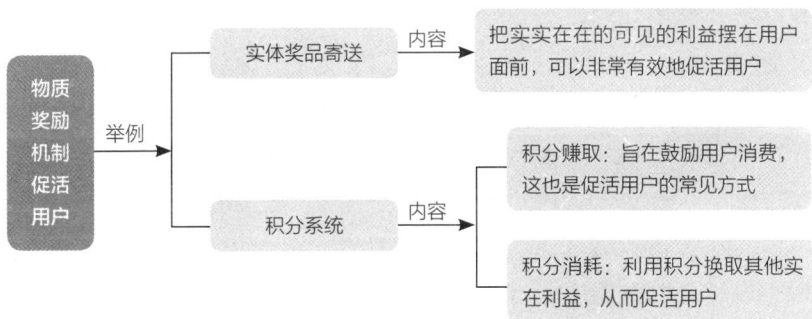

▲ 图9-4　物质奖励机制促活用户举例分析

9.2　朋友圈营销：自媒体这么玩才赚钱！

随着微信进入人们的日常生活，朋友圈也成为自媒体、自明星的营销阵地之一。自媒体人需要掌握一定的营销技巧才可以达到事半功倍的营销效果。因此本节主要介绍如何利用微信平台进行朋友圈的营销。

9.2.1 微信朋友圈的十大商业价值

微信朋友圈营销是移动互联网发展的产物。我们要想更好地进行微信朋友圈营销，就需要充分了解微信朋友圈的本质和价值。那么我们应该怎么深入了解微信朋友圈呢？下面介绍微信朋友圈的十大商业价值。

1. 营销成本低

在微信还没有出现的时候，只要是与互联网有关的营销，就面临着需要持续购买流量的压力。微信出现之前的购买流量的方式，主要是购买搜索引擎网站的关键字排名，增加用户的点击率。自从微信普及以后，这种购买搜索引擎网站排名的方法就失去了优势。首先，搜索引擎的流量只能按次数购买，某天一旦停止购买，当天就不会有新用户关注，也没有办法将用户留下来。其次，与搜索引擎网站的用户相比，微信朋友圈里的好友可控性更强，获取成本更低。

2. 做到以人为本

微信对移动互联网的影响是不言而喻的。可以说，在微信进入移动互联网之前，用户都只是流量数字而已；只有当微信进入移动互联网之后，用户和运营者之间的关系才被拉近。微信朋友圈更是将"以人为本"做到了极致，粉丝和自媒体人可以通过朋友圈从陌生人变成彼此了解的朋友。

3. 提升关系质量

在流量时代，很多自媒体人都会关注数据，关注自己在几个月内粉丝数量涨了多少，但很少有自媒体人关注与粉丝用户的关系质量。而微信正好满足了自媒体人提升关系质量的需求。现在，人们有心事就会在第一时间通过微信与亲人朋友倾诉，或是发朋友圈，让好友评论。基于此，相较于其他软件，微信明显是更适合做客服工具的。自媒体人可以利用微信与用户进行深度沟通，提升关系质量。

4. 建立朋友关系

微信的本质是沟通交友，所以微信朋友圈的一切营销都建立在交朋友的基础上。只有建立了朋友关系，自媒体人才能获得用户的信任，此时进行营销推荐才能达到事半功倍的效果。不过很多自媒体人容易忽略一点，即每进行一次营销，就消耗了一次用户对你的信任，所以自媒体人需要持续输出有特色的、有价值的内容，不断地累积用户的信任。

5. 营销价值高

与微博相比，微信朋友圈的社交功能其实要弱得多——微信朋友圈是一个封闭的圈子，只能在自己的微信好友之间传播；而微博是开放式的，能够形成病毒式的传播。

但也正是微信独特的社交功能，让微信的社交好友关系变得更优质。因为一个微信朋友圈中的用户，都是朋友关系，或者是朋友的朋友，大多能够相互信任，而信任是可以带来高质量的营销价值的。

6. 最佳 O2O 模式

很多关于 O2O（Online To Offine，线上线下电子商务）的观点都忽略了移动互联网时代的核心——把用户放在第一位，更多的关于 O2O 的观点都只阐述了产品的营销和推广渠道。只有微信朋友圈鼓励大家召集独属于自己的粉丝用户，不需要通过其他渠道进行推广，也不需要花钱进行引流。可见，微信朋友圈营销是更加适合自媒体人的 O2O 营销模式。

7. 便于整合资源

微信比较特别的一点就是，能联合两个不认识的人一起创业，而且一起创业的两个人还可以在两个不同的地方继续工作，不受地域的限制。例如，一个有粉丝和一个有产品的自媒体人，可以通过朋友介绍相互引流，进行资源整合，然后分别在自己的朋友圈中推广、销售产品，这能产生更大的营销价值。

8. 打造个人特色

对于自媒体人来说，打造品牌价值的关键不是你有多么宏大的理想或有多少产品，而是你是否有一定数量的忠实粉丝。用户能否成为忠实粉丝，取决于自媒体人是否有特色。微信朋友圈就是一个打造个人特色的最佳场所——自媒体人可以通过日常行为、做事风格等，经过长期地积累，形成个人的形象特色。

9. 完成品牌招商

微信的根本价值在于拓展人际关系和增强好友关系。因此，自媒体人如果有高价值的产品或品牌，又有人际关系比较广的好友，就不用去各个渠道做推广、寻求合作伙伴，完全可以直接将微信好友发展成合作伙伴，也可以让微信好友帮助你进行招商推广。

10. 企业 CEO 传播

一般来说，企业 CEO 的任何举动都能对品牌的推广产生影响。而朋友圈可以说是企业 CEO 展示自己的初始地。无论是活动、宣传还是策划，都可以在微信朋友圈进行。例如，某微商大咖的朋友圈，就经常会发布一些书籍宣传信息以及帮朋友做推广的信息，如图 9-5 所示。这些行为能给企业品牌带来正面效应。

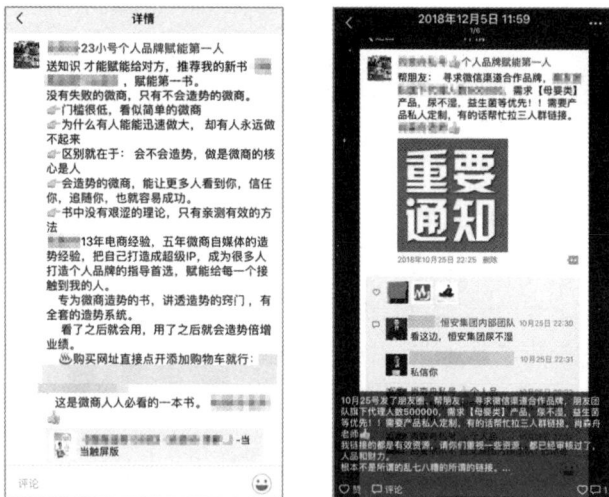

▲ 图9-5　某微商大咖的朋友圈

9.2.2　快速与陌生人建立关系的方法

自媒体人想要通过朋友圈赢得好友的好感，增加信任感，就需要多提升自己的存在感，展现帅气、甜美的形象。特别是颜值高的自媒体人，吸引力会更强，可以间接引发情感上的共鸣。下面主要介绍吸引陌生人的几个技巧。

1. 用好形象打造吸引力

人们都喜欢高颜值的事物。如果自媒体人是帅哥、美女，那么对于与陌生人的交流来说就是一把利器。通过高颜值，自媒体人还能吸引不少粉丝与追随者。所以，自媒体人在朋友圈中除了发产品广告外，还需要多发一些个人照片、自拍照、旅行照等，颜值越高，越能吸引陌生人的关注。

2. 表现高端品位

一个有眼光、有品位、有格调的人，才会有足够的人格魅力，更能被人所喜欢、所追逐。因此，在朋友圈中，不要发低俗不雅的信息，而要发有一定品位和格调的、源于生活又高于生活的内容，让用户觉得你是一个具有高尚人格魅力的人。

3. 展示渊博的学识

俗话说：光说不练，假把式。在朋友圈中，自媒体人不仅要让用户看到你的远大理想、奋斗目标，更要让好友看到你的成功、你的努力，知道你是一个有真才实学的、能给身边的人带来益处的人。

4. 体现个人情怀

在日常营销中，自媒体人要尽量发布一些充满个人情怀的内容。这样不仅不会引人反感，甚至会让人喜欢上你的文风、期待每天看到你发的朋友圈。

9.2.3 如何用微信朋友圈做好自媒体？

不论是从市场大环境的发展和变化来分析，还是从微信的发展状况来展望，微信朋友圈这一渠道的发展都是有前途的，并且具有广阔的可挖掘的空间。那么自媒体人应该如何利用微信朋友圈做好自媒体呢？下面介绍一种方法。

在微信朋友圈中，自媒体人可以在朋友圈发布自己的日常动态，吸引粉丝的关注，活跃人气。图9-6所示为某网红在朋友圈发布的照片动态。

▲ 图9-6　某网红在朋友圈发布的照片动态

9.2.4 掌握朋友圈内容运营的基本方法

文字的力量是非常强大的。在朋友圈进行营销推广，文案是必不可少的。下面主要介绍在朋友圈发文的技巧，帮助大家掌握朋友圈内容运营的基本方法。

1. 重点内容放在前面

在微信朋友圈中，能直接展示文字的空间只有6行。虽然没有字数限制，但自媒体人最好是利用前3行来吸引微信用户的目光，这样才能让人们有继续看下去的欲望。如果发布的内容太长，就会发生"折叠"的情况，只显示前几行文字，读者必须点击"全文"才能看余下的内容。

微信作为一个社交平台，人们更愿意接受碎片式的阅读形式，不喜欢长篇累牍的内容。可见，对于做微信软文营销的自媒体人来说，不要让自己朋友圈的内容太过冗长。如果需要用篇幅较长的内容来进行介绍，笔者建议自媒体人将重点提炼出来，让人一眼就能看到重点。

2. 用热点提高文案的阅读量

"热点"之所以"热"，正是由于它的普遍性和全民性。也就是说，这些信息是大部分人都知道的。所以，用"热点"信息作为文案撰写的引入点，可能会带来更高的阅读量。当然，在编辑朋友圈文案时，更合适的做法是将热门词句植入标题当中。只有标题有意思，才能带来一定的点击率。

3. 传递正能量

在这个快节奏的时代，工作一天后，人们抽出一点时间翻看朋友圈，更希望能有一个相对轻松和愉悦的环境，而不是充斥着消极情绪的朋友圈。所以，在朋友圈中，自媒体人应该发布一些正能量的内容，让人觉得积极向上，感受到其中的热情与温暖。

9.2.5 微信朋友圈的十大营销要点

在朋友圈的营销活动中，有些自媒体人会通过明星效应来带动产品的推广，有些自媒体人会结合时下的热点话题来进行产品营销。下面详细介绍微信朋友圈的十大营销要点。

（1）在粉丝经济时代，粉丝文化已经发展成熟。明星效应已经对我们的生活产生了重大影响。电视屏幕上展示的明星代言的广告会对我们产生潜移默化的作用，并能提高企业的美誉度、提升产品的销量以及提高品牌知名度等。资金比较雄厚的自媒体团队也可以考虑邀请一些当红的达人来为自己的品牌代言。

（2）有一句古话是"物以稀为贵"，意思就是越紧缺的资源价值越大。正是这种稀缺性，激发了人们想要拥有的欲望。自媒体人可以把这种心理用在产品的营销活动当中——制造某种产品供不应求的状态，让用户对这种产品充满好奇心，并且想要购买产品，一探究竟。

（3）制造热销氛围可以让用户产生从众心理，形成羊群效应。人们常常随大流而动，即使与自己的想法全然相反，也会选择否定自己的想法跟随大众的方向。例如，人们出去用餐，置身于多种美食可选择的环境中，一般来说，人们更愿意选择店内用餐人数较多的餐馆，"生意惨淡"在我们眼中就是"菜不好吃"，"有人排队"则意味着"菜色可口"。

（4）人们常说："竞争对手不仅仅是敌人，还是自己最重要的老师。"自媒体人通过引入外界的竞争者，能激活内部的活力，从竞争对手那里获得灵感。这也是朋友圈营销的招数之一。

（5）通过赠送产品进行营销是最古老、最有效、最广泛的营销手段之一。人们往往会抵挡不住赠品的诱惑而产生消费行为。自媒体人可以从生活需要出发去设置赠品，相信大部分人都乐意接受用心馈赠的礼物。一方面，用户可以感受到赠送礼物的人对自己的重视；另一方面，得到赠品，用户会认为自己赚了，而且充满惊喜感的得到总是让人欲罢不能。

（6）在营销过程中，自媒体人必须意识到，我们所销售的，看似是产品，实则售卖的是产品本身所存在的价值。所以，在进行营销的时候，自媒体人应该仔细去询问用户的情况，选择一个正确的切入点来进行营销。

（7）在进行营销的过程中，除了需要发布产品的文字与图片信息外，为了让用户更充分地信任自己的产品，还需要把用户好评拿出来"晒一晒"。通常来说，提到"好评"，人们就会想到淘宝。而对于自媒体人而言，好评渠道来自各大自媒体平台和电商平台。

（8）给用户一些折扣福利，即在特定的时期或举行活动时，对产品的价格进行让利，得到用户的关注。

（9）给用户一些奖励福利，如抽奖，其意义就是增加粉丝用户的黏性。

（10）给用户一些节日福利，节日福利是指在中国传统节日期间，通过传统节日的良好氛围来制造营销的商机。

9.2.6　微信朋友圈的八大营销误区

在营销过程中，由于市场与客户心理的多样性，如果自媒体人过度地注重某些方面可能会陷入一些常识误区当中，使销售重点偏移，忽略真正重要的内容。下面详细介绍在营销中自媒体人可能会陷入的误区。

1. 抓不住营销重点

在微信朋友圈营销过程中，自媒体人关于所要经营的产品总是有两个方面的误区。一是没有明确的目标，人云亦云；一是纠结于哪一类产品更有吸引力，举棋不定。针对前一种情况而言，自媒体人应该有明确的目标定位。针对后一种情况而言，自媒体人更多的是在不同类别的产品之间犹豫不决，似乎每个产品都有很好的市场，又似乎每一种产品都不好卖。这一问题也同样需要有明确的自身定位。

因此自媒体人应该抓住朋友圈营销的重点。毕竟微信朋友圈不是一个专门的营销平台，可以说，它只是一种辅助其他营销方式的工具。所以在微信朋友圈中，卖什么远没有选择正确的途径有意义。

2. 忽略产品质量

进行微信朋友圈营销，在经营好客户关系的同时，还要特别关注一个问题，那就是营销的前提——产品质量。而这个问题在微信朋友圈的产品信息推送中容易被忽略。产品质量是提升客户满意度的关键。只有产品质量经得起考验，才能在微信朋友圈营销互动过程中提升客户体验好感度。

3. 忽略粉丝质量

粉丝是实现营销目标的重要支撑，他们是精准营销的重要目标客户群体。在目前的营销生态圈层中，粉丝是其中不可或缺的组成元素，具有巨大的营销价值。一些企业和商家其实也意识到了粉丝营销的重要性。然而由于这方面知识的稀缺，可能会导致自媒体人走入营销的认识误区，导致他们过于追求粉丝数量，而忽略了与粉丝互动。

关于微信粉丝质量的问题，自媒体人需要端正自己的态度，予以正确对待，避免走入恶性循环的误区。自媒体人必须准确地意识到粉丝并不是越多越好，应该尽量和已有粉丝培养好感情，准确地找到合适的、具有购买潜力的客户。

4. 转发信息过多

众所周知，微信朋友圈在信息发布方面有着极大的优势，既不限定发布次数，又没有任何发布成本，操作也很简单。但是在充分利用微信朋友圈信息发布方面的优势时，还应该注意一个适度的问题。假如过度、大量地发布信息，其结果只能适得其反。微信朋友圈具有的在发布信息方面的优势，被很多人滥用，从而使得朋友圈信息泛滥，导致用户注意力分散，甚至会引起用户的反感。

5. 理解错位

在微信朋友圈的运营中，自媒体人应该认识到推销与营销是不同的概念，不能随意把它们混淆。准确地说，推销是一个注重眼前目标、以短期推广为目的的活动。它是销售环节中的一环，只是一个将产品卖出去的具体步骤。

因此，在微信朋友圈中，需要的是以确保用户良好的使用体验为目标的营销，而不是处心积虑的、卖完产品之后就当甩手掌柜的推销。确切地说，以客户服务功能为途径、以客户为中心的微信朋友圈营销，是一连串的具体活动，包括针对部分客户的广告、与客户培养感情、分析客户需求内容和后期跟踪了解等。

6. 看不上朋友圈营销

关于微信朋友圈营销，还有一个误区，即有人总是瞧不起这一营销方式。他们觉得从事朋友圈营销的人，由于微信好友数量的限制性，不可能会有太多的推广量，那么公司规模肯定不大，也很难做出什么让业界认同的大事件。事实确实如此——微信朋友圈营销这一模式更适合中小企业。

然而，无论人们瞧不起朋友圈营销的原因是什么，做这份工作的自媒体人不能和他们持有同样的心理。因为不管人们如何瞧不起微信朋友圈营销，线上销售也已经成为时代的趋势。不管人们喜不喜欢这种形式，自媒体人都必须紧跟潮流的步伐，不然就会被其他企业甩在身后，品牌也会"奄奄一息"。

7. 不坚持自己的风格

微信是一个沟通交友平台，没有自己的特色和魅力是无法对用户产生吸引力的。因此，自媒体人必须要以打造明星的要求来打造自己，必须有自己的风格和特点，修炼出人格魅力。如果自媒体人在进行营销时没有坚持自己的特色，而是人云亦云，看别人做什么就盲目地去做什么，只会造成粉丝流失。

8. 只加粉丝不进行交流

在粉丝经济流行的今天，很多自媒体人都把精力花在快速增长粉丝上，而忽略了对已有粉丝用户的维护。有了粉丝之后，如果只是通过朋友圈发布内容，而没有与点赞或评论的粉丝进行任何交流，这样会让他们对你失去关注的动力。其实，粉丝与自媒体人之间是关系平等的朋友，每个粉丝用户都是独立的个体，我们需要在朋友圈中和每一位粉丝用户认真的互动，多感谢他们给你的点赞，以及积极回复他们的评论，这样才能累积出感情和信任。

第 10 章

今日头条：
支持所有自媒体内容体裁创作

今日头条可以说是一个名副其实的内容资讯 APP。头条号都选择这一平台作为其新媒体运营和营销的途径之一，预示着又一个创业新航海时代的到来。本章将详细介绍头条号的运营技巧，帮助自媒体人更好地进行高质量的粉丝运营。

>> 做好头条号运营，当合格的自媒体新人！
>> 头条号内容矩阵，吸引用户、提高阅读量！

10.1　做好头条号运营，当合格的自媒体新人！

在移动互联网时代，新媒体发展迅速，其中今日头条通过多方面策略来扩展阵地，如做好推荐引擎、开放头条号、打通与微博的联系等。更重要的是，在短视频方面，头条系的产品线非常丰富，除了今日头条自身的小视频频道外，还打通了火山小视频、抖音短视频以及西瓜视频等 App 渠道，用户可以直接在今日头条上阅历这些视频 App 中的内容，并且全面打通头条系产品的粉丝数据，最终成为自媒体行业内的一个"超级独角兽"。

10.1.1　平台功能：提供连接人与信息的新型服务

关于今日头条平台，可能人们了解得最多的就是它是一个可以为我们提供各种资讯的平台。其实，今日头条作为一款基于数据挖掘的推荐引擎产品，其最主要的功能就是提供连接人与信息的新型服务。这一功能在具体的系统运营中，又表现为 4 个主要功能，即头条号、头条寻人、算数功能和精准辟谣。

1. 头条号

头条号，又称为"今日头条媒体平台"，它是今日头条推出的专业信息发布平台。今日头条的服务对象非常广泛，如个人、群媒体、媒体、国家机构、企业等，他们都可在头条号平台上找到自己的内容创作和推广的舞台。

有着广泛的服务对象的头条号，其所拥有的入驻用户数自然也是非常惊人的。截至 2017 年，已经注册头条号的用户数量超过 110 万。在这些头条号中，自媒体（包括个人和群媒体）类型的头条号最多，媒体类型的头条号最少。

说到今日头条，人们总是会联想到它强大的智能推荐算法。而头条号作为今日头条的一项功能和一款内容产品，其智能推荐算法更是强大，能轻松帮助众多原创作者实现其内容与人的连接，且在效果上也表现良好——让众多优质内容获得了更多的曝光机会。

而且借助头条号，原创作者能获得莫大助益，具体说来，主要表现在两个方面。一是头条号推出了原创保护机制，这一机制能帮助原创作者保护版权，不用再担心侵权问题；二是头条号还激发了原创作者的创作动力——推出了各种广告变现和其他获利方式，让原创作者在创作的同时还能获利。

2. 头条寻人

在今日头条 APP 上，用户如果搜索关键词"今日头条"和"头条"，会发现多个今日头条系统下的官方账号。在以"头条"为关键字的搜索结果中，很容易就能看到一个"头条寻人"账号，这是今日头条平台上的公益寻人项目的官方账号。通过头条寻人功能，平台账号可以把寻人或寻亲的信息以弹窗的形式精准地推送给特定地域的人，让今日头条平台用户帮助寻找。

3. 算数功能

所谓"算数功能"，其实就是今日头条的"算法"和"数据"功能。这一名称是在2015年今日头条举办的"算数·年度数据发布会"上提出的，并作为发布会的主题为大家所关注。与前文介绍的头条寻人功能不同，这一功能更多的是基于平台运营层面而开发的，目的在于为今日头条平台用户服务。无论是企业、商家，还是原创作者，或是今日头条资讯关注者，今日头条平台都可凭借算数功能为他们提供"个性化"服务。之所以能提供个性化服务，其原因就在于，建立在今日头条的强大算法和大数据及其分析上的推荐引擎技术，可以把今日头条内容与众多用户完美匹配。

4. 精准辟谣

随着网络的普及，人们越来越趋向于通过它来查询信息。然而网络上又有太多的虚假信息混杂其中，人们难以分辨，此时人们就迫切希望有能识别网络虚假信息的功能。今日头条就针对人们的这一需要，推出了精准辟谣功能。关于这一功能的应用，主要表现在两个方面，即用户反馈和机器算法。

其中，用户反馈包括两个途径，一是有众多用户在账号推送的内容评论中反映是"假信息""假新闻"等；二是有众多用户通过平台的"举报"按钮反馈某一篇内容推广的是虚假信息，如图10-1所示。

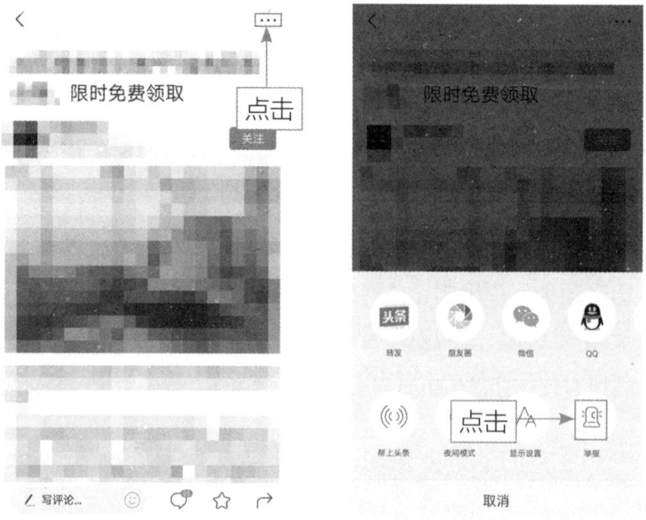

▲ 图10-1 用户举报虚假信息的操作

10.1.2　账号运营：成为优秀的头条号运营人

头条号开通后，想要成为优秀的头条号运营人，你就必须在多个方面加以努力，特别是在后台的管理和设置以及运营过程中的规范遵守方面，更是要仔细斟酌和谨慎操作。下面就分别从账号的基本权限、账号信息和自定义菜单等方面进行介绍。

1. 基础权限

进入头条号后台，单击页面右上角的账号头像，在弹出的下拉列表中选择"账号权限"选项，如图 10-2 所示，即可进入"账号权限"页面。此时可以看到，该页面上呈现了两大权限，即"账号权限"和"功能权限"。它们为创作者和运营者提供了多种宣传推广和变现的实用功能。

（a）

（b）

▲ 图10-2　进入"账号权限"页面

2. 账号信息

运营者登录头条号，通过选择图 10-2（a）中的"账号设置"选项进入相应页面，就会发现该页面上包含 5 个选项，即"账号信息""账号设置""黑名单""手机换绑申诉""修改账号类型"。自媒体人选择选项可以进入相应的页面进行账号信息的操作。

3. 自定义菜单

在设置头条号自定义菜单时，不可以随意操作，而应该遵循 4 个规范。① 限制菜单数量，一级菜单最多只能设置 3 个，每个一级菜单下的二级菜单最多只能设置 5 个。

② 名称最多不能超过 8 字符。③ 链接规范的管理菜单内容。由于头条号设置的自定义菜单的内容都是链接的可跳转的网页，因此，在链接方面尤其要加以注意。④ 在设置菜单时，其操作也要规范。只有符合规范的操作才能审核通过。规范操作具体表现为：不能恶意操作，也不能多次提交违规内容。

10.2　头条号内容矩阵，吸引用户、提高阅读量！

无论什么平台，内容都是其进行宣传推广的关键。那么，在今日头条平台上，头条号用户应该怎样进行内容推广呢？本节将具体介绍在遵循平台审核规则和推荐机制的情况下如何安排内容，才能更快、更好地达到头条号的推广目标。

10.2.1　文章：了解头条号作者基本发文规范

文章审核的顺利通过是实现推荐的前提。没有通过审核的文章，在没有达到标准的情况下，是不予推荐的。当然，对某些违规比较严重的内容，甚至连返回修改的机会都不会有，平台将直接关闭该篇文章的推荐功能。下面重点介绍审核过程中可能出现的违规内容及其相应的扣分和惩罚，如表 10-1 所示。

表 10-1　头条号文章审核中发现的违规行为、账号扣除分值和惩罚的关系

违规行为	惩罚
经举报，文章确认抄袭	扣 40 分
发布色情、低俗等内容	扣 20 分
发布广告或其他营销推广信息	扣 10 分
标题党	扣 10 分
发布与事实不符的各类信息	扣 10 分

扣除分值	惩罚
每扣 10 分	禁发文 / 禁微信和 RSS 接入 1 天
被扣 50 分	关闭头条广告和自营广告权限
被扣 100 分	封禁账号，且不可恢复

除了上述惩罚以外，其相关违规行为还有一些与之对应的惩罚，举例如下。

（1）被判定有抄袭行为时，头条号的原创标签和赞赏功能将会被收回，且以后将不会再允许其申请和开通。

（2）当连续 3 天及以上都受到禁言惩罚时，那么该头条号的文章推荐量也会受到较大影响。

（3）凡是因为抄袭或发布色情内容受到惩罚的头条号，原创标签与千人万元计划将永久与之绝缘。

10.2.2 图集：图片是文章信息的主要载体

在今日头条平台的图文内容产品中，除了图与文相结合的内容，还有一种由多张图片组成的图集内容。在这种推送内容中，图片作为推送内容的构成主体，是有一定质量和内容范围要求的——要注意不能发送有违规内容的图片或明显不合格的图片，如图 10-3 所示。

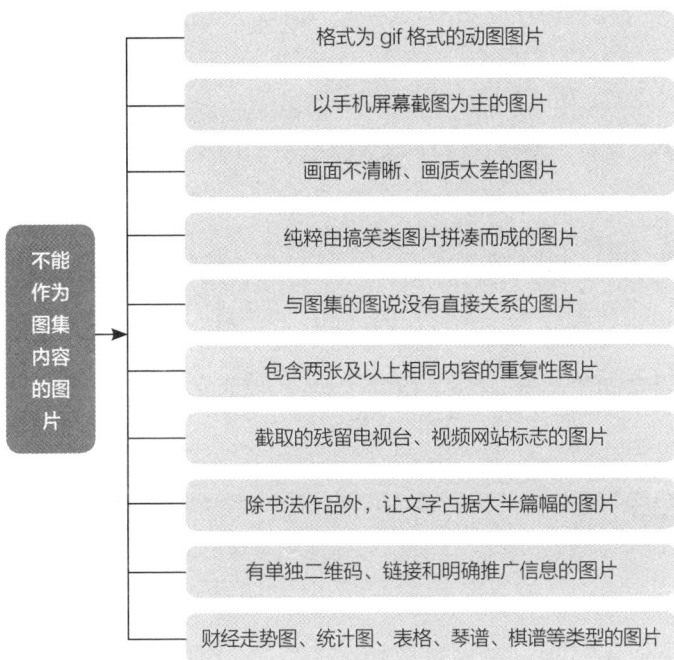

格式为 gif 格式的动图图片

以手机屏幕截图为主的图片

画面不清晰、画质太差的图片

纯粹由搞笑类图片拼凑而成的图片

与图集的图说没有直接关系的图片

不能作为图集内容的图片

包含两张及以上相同内容的重复性图片

截取的残留电视台、视频网站标志的图片

除书法作品外，让文字占据大半篇幅的图片

有单独二维码、链接和明确推广信息的图片

财经走势图、统计图、表格、琴谱、棋谱等类型的图片

▲ 图10-3 不能作为图集内容的图片

如果自媒体人发布的图集中包括上图所示的违规内容，那么是会受到平台处罚的——轻则将图集文章退回，且当天由于发布限额使得自媒体人不能再发布其他文章，重则将被禁言和封号。

10.2.3 微头条：分享你身边有趣的新鲜事

微头条内容本身就比较简短，因此，很少有自媒体人在其中添加引导语来吸引用户的关注，更多的还是利用"@XX"的形式来让用户关注自媒体人的账号，特别是把一些图文内容分享到微头条的自媒体人，更是如此。但是在有些微头条内容中，还是存在引导关注的现象，如图 10-4 所示。

▲ 图10-4　微头条内容引导关注

图中内容显示，有些微头条不仅引导用户注意头条号，更重要的是，还会引导用户关注相关产品的内容，从而让品牌可以成功收获更多的用户。

10.2.4　悟空问答：专注分享知识、经验、观念

在日常生活和工作中，我们经常会遇到各种各样的问题。因此，可能会有人说："提一个问题还不简单！"然而，在今日头条的悟空问答中，提问真的如人们所想的那么容易且无须思索吗？其实，提一个问题是很容易，难的是如何提一个有价值、值得人们回答的问题。一般来说，一个好的悟空问答问题需要具备 3 个特色，如图 10-5 所示。

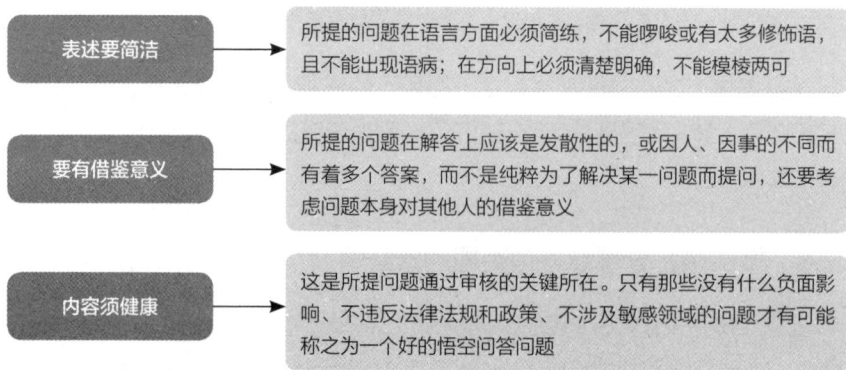

表述要简洁	所提的问题在语言方面必须简练，不能啰唆或有太多修饰语，且不能出现语病；在方向上必须清楚明确，不能模棱两可
要有借鉴意义	所提的问题在解答上应该是发散性的，或因人、因事的不同而有着多个答案，而不是纯粹为了解决某一问题而提问，还要考虑问题本身对其他人的借鉴意义
内容须健康	这是所提问题通过审核的关键所在。只有那些没有什么负面影响、不违反法律法规和政策、不涉及敏感领域的问题才有可能称之为一个好的悟空问答问题

▲ 图10-5　一个好的悟空问答问题需要具备的 3 个特色

10.2.5　西瓜视频：让每个人都可以成为创作者

　　西瓜视频是字节跳动旗下的短视频平台，可以通过人工智能帮助视频内容创作者轻松地向全世界分享自己的视频。西瓜视频有一个边看边买的功能，可以为创作者带来收益——创作者只需在视频中插入和视频内容一致的商品卡片，用户在观看视频时点击商品卡片进行购买后，视频作者就能获得收益。

10.2.6　火山小视频：展示自我，获得粉丝，发现同好

　　火山小视频是一款收益分成比较清晰、进入门槛较低的短视频平台。火山小视频的定位从一开始就很准确，而且也把握住了用户想要营利的心理，打出的口号就是"会赚钱的小视频"。

　　那么，火山小视频的主要收益究竟来自哪里呢？火山小视频是由今日头条孵化而成的，同时今日头条还提供了 10 亿元的资金补贴，以供众多视频作者全力打造平台内容，聚集流量，炒热 APP。因此，火山小视频的主要收益也是来自平台补贴。自媒体人利用第三方账号，如微信、QQ、微博等登录火山小视频后，进入个人主页，点击"火力"按钮，即可进入相应页面查看与火力、钻石相关的数据。

> 💡 **专家提醒**
>
> 　　火山小视频是通过火力值来计算收益的，10 火力值相当于 1 元钱。然而获得营利的关键在于内容，最好是垂直细分领域的内容，而不是低俗、无聊的内容。

10.2.7　抖音短视频：专注新生代的音乐短视频社区

　　抖音是一款备受年轻人喜爱的音乐短视频 APP，它的收益主要来自平台补贴。同时该平台还常常与品牌主发起相关话题挑战，吸引用户参与，以便推广品牌。

　　抖音平台上发起的话题挑战，需要品牌商、平台方、达人以及用户等共同合作来完成。平台方和品牌商发起话题挑战，利用达人和活动运营炒热话题，从而吸引广大用户参与挑战。如果用户打造了优质的内容，且引起了较为广泛的传播，那么平台就会提供奖赏和补贴。

第 11 章

BAT 平台：
百家号＋大鱼号＋腾讯企鹅号

学前提示

前面为大家介绍了微信、今日头条等大流量平台，本章将主要为大家介绍 3 个适合自媒体人入驻的平台，同时也是用户量比较大的平台。它们分别是百家号、大鱼号以及腾讯企鹅号，希望读者能够熟练地掌握本章内容。

要点展示

>>> 百度百家号：百度旗下的内容分发平台
>>> 阿里大鱼号：从运营货品走向运营内容
>>> 腾讯企鹅号：实现社交基因与内容串联

11.1 百度百家号：百度旗下的内容分发平台

百家号平台于 2013 年 12 月正式推出，它是百度旗下的一个自媒体平台。自媒体人入驻百家号平台后，可以在该平台上发布文章，然后平台会根据文章的阅读量给予自媒体人一定的收益。与此同时，百家号平台还以百度新闻的流量资源为支撑，能够帮助自媒体人推广文章、扩大流量。本节主要教大家如何玩转百家号平台。

11.1.1 账号注册：如何申请百家号账号？

在注册百家号之前，自媒体人首先要了解注册账号需要准备哪些资料。一般来说，在注册个人类型的账号时，需要准备的资料包括自媒体人的姓名、证件号、手机号和邮箱地址。同时自媒体人还需要准备一个百家号名称、一个签名、一段文字介绍和一张头像图片。

自媒体人想要注册百家号，就需要进入百家号平台的官网，单击页面上的"登录"按钮，跳转至"登录百度账号"界面；自媒体人用自己的百度账号登录；执行操作后，进入百家号平台首页，单击页面右上角昵称下的"个人中心"按钮，进入个人中心；单击"加入百家号"按钮，如图 11-1 所示。

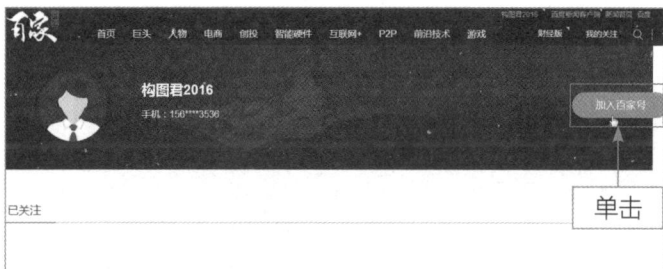

▲ 图11-1 单击"加入百家号"按钮

执行操作后，进入相应页面。在该页面上，自媒体人需要选择入驻百家号的账号，可以在该页面单击"使用此账号，加入百家号"按钮，也可以选择使用其他的方式加入百家号。

11.1.2 内容推荐：如何推荐内容给用户？

成功入驻百家号平台之后，自媒体人接下来要做的是撰写文章进行导粉引流。下面以"手机摄影构图大全"账号为例，为大家讲解在百家号平台推送文章的流程。

自媒体人需要登录百家号平台的后台，然后单击"发布内容"按钮，如图 11-2 所示。

▲ 图11-2　单击"发布内容"按钮

　　执行操作后，开始编写标题和正文，利用加粗、居中等功能按钮设置好标题和正文样式，如图 11-3 所示。

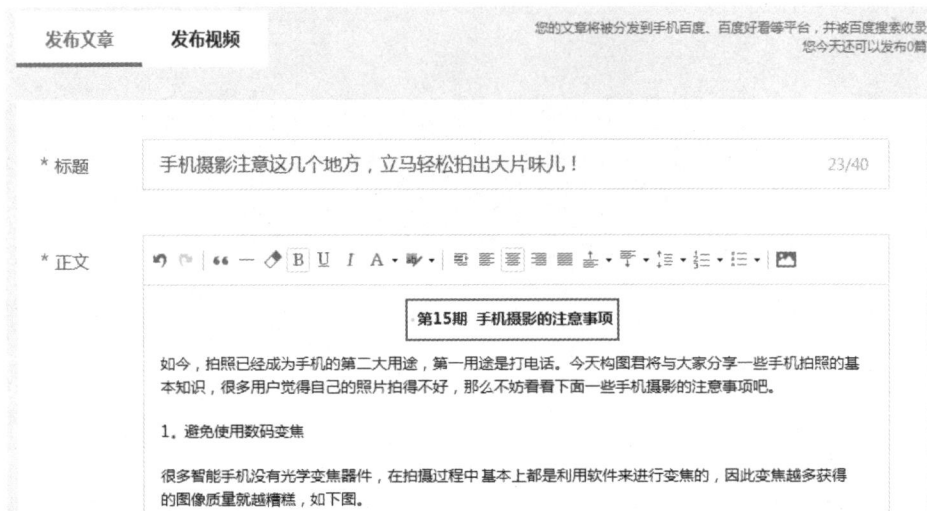

▲ 图11-3　正文编辑

　　正文编辑完毕后，要设置好封面，以便更好地吸引读者。完成封面设置后，自媒体人只要单击"预览"按钮，就能预览文章，如图 11-4 所示。在预览的过程中，如果没有发现错误，即可单击"发布"按钮发布文章。文章发布后，等待后台审核通过，通过审核后即可将文章推荐给平台用户。

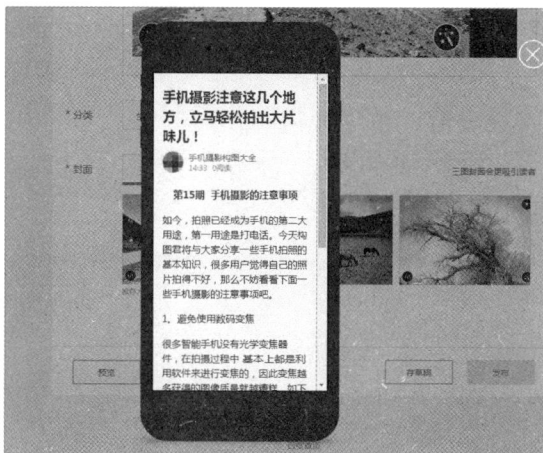

▲ 图11-4　预览文章

11.1.3　百家号指数：获得更好的投放效果

百家号指数是对作者的运营行为进行统计后得到的数据。一般来说，指数越高，说明账号越优质，运营者也能够享有更高的等级和权益。那么，自媒体人该如何提升百家号指数呢？我们可以通过提高内容质量、活跃度、领域垂直度、原创能力以及用户喜爱度这 5 个方面的分数来提升百家号指数——任何一个方面的分数都会影响整体的指数。下面介绍提升百家号指数的具体方法，如图 11-5 所示。

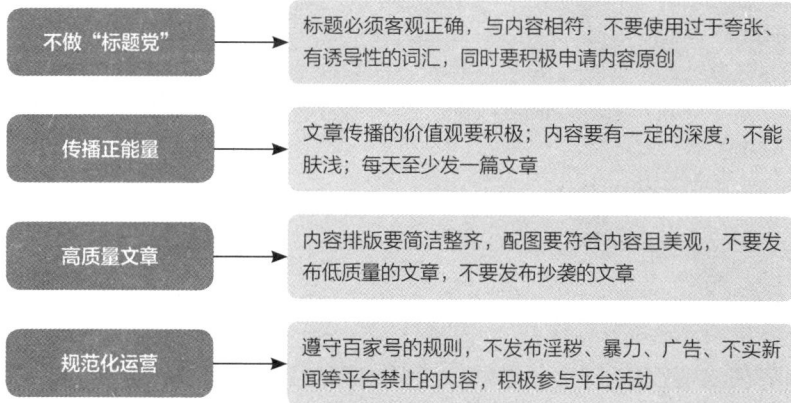

不做"标题党"	标题必须客观正确，与内容相符，不要使用过于夸张、有诱导性的词汇，同时要积极申请内容原创
传播正能量	文章传播的价值观要积极；内容要有一定的深度，不能肤浅；每天至少发一篇文章
高质量文章	内容排版要简洁整齐，配图要符合内容且美观，不要发布低质量的文章，不要发布抄袭的文章
规范化运营	遵守百家号的规则，不发布淫秽、暴力、广告、不实新闻等平台禁止的内容，积极参与平台活动

▲ 图11-5　提高百家号指数的具体方法

11.1.4　新手期：如何快速度过"新手期"

处于新手期的自媒体人，每天可以发布 1 篇内容，可以是图文也可以是视频。自媒体人在发布内容时要注意，即使发布的内容没有通过审核，也会占用当天的发文数量。

入驻百家号不久的自媒体新人，在对平台的规范不了解的情况下，可能会发布一些违规内容。百家号为了平台的良性运营，规定入驻的新人都必须通过平台的新手考验，转正之后才能获得更多权益。一般来说，百家号平台中新手转正的标准有以下 3 个。

（1）账号注册必须超过 7 天。

（2）百家号指数不能低于 500 分。

（3）信用分达到 100 分。

如果以上条件都达到了，自媒体人可以在百家号账号"我的权益页"向百家号平台发送转正申请，等待人工审核。百家号的人工审核也是按照账号发布的内容质量、数量、活跃度等方面来进行评判的，符合标准的新手账号则可以通过转正审核。

如果自媒体人第 1 次发送转正申请没有通过，那么需要在半个月后达到转正条件时才可以进行第 2 次申请；如果第 2 次申请仍然没有通过，那么就需要在一个月后达到转正要求时才能再次申请；如果第 3 次申请还是没有通过，那么自媒体人就不能主动申请转正了，需要等待百家号平台邀请转正。另外，百家号平台也会定期邀请一些指数高的优质新手账号转正，因此自媒体人在新手期间要认真运营，把握机会快速度过新手期。

11.1.5 原创内容：将获得众多平台权益

申请原创之前，我们首先要知道百家号平台有哪些原创内容申请的标准。一般来说，自媒体人需要满足以下 4 个条件，才可以申请百家号平台的原创内容标签。

（1）已经过了新手期的作者，且百家号指数中内容质量分数高于 500 分、原创分数高于 800 分。

（2）以往发布的内容中，原创内容占比不少于 70%。

（3）近一个月内发布的文章数量不能少于 10 篇，如果是视频作者，发布的视频不能低于 5 个。

（4）信用分达到 100 分。

获得文章或者视频原创标签之后，自媒体人能得到平台提供的 6 个方面的权益。

（1）每天可以发布 10 篇文章。

（2）发布文章或者视频时，能够获得原创标记。

（3）可以用原创内容获得更多的广告收益。

（4）能够获得百家号平台百＋计划的上榜机会。

（5）拥有向百家号平台自荐的资格。

（6）文章申请原创标签后，内容可以享有原创维权保护。

> 💡 **专家提醒**
>
> 　　自媒体人需要记住的是，在百家号平台上如果滥用"原创"标签，一旦被发现并确认内容并非原创，那么账号将被永久取消原创功能，且不能申请恢复。

11.2　阿里大鱼号：从运营货品走向运营内容

　　大鱼号是为内容创作者提供的通行阿里文娱平台的账号。截至 2018 年 3 月，该平台已经拥有 6 亿用户，并且每个月大约有 4 亿的活跃用户——这为自媒体人提供了绝佳的推文导粉条件。本节从大鱼号的注册开始，详细介绍大鱼号的运营方法。

11.2.1　账号注册：如何注册和修改资料

　　大鱼平台的订阅号具有推送能力强大、商业变现能力强以及用户黏性高等特点。下面为大家介绍大鱼号的注册流程。

　　打开大鱼号官网，然后在首页单击"注册"按钮，即可进入注册页面，如图 11-6 所示。

▲ 图11-6　大鱼号注册页面

　　填写完相关信息之后，单击"注册"按钮，将出现图 11-7 所示的页面，然后单击"前往激活账号"按钮，即可前往邮箱激活账号。

▲ 图11-7 验证邮箱

账号激活后，进入图 11-8 所示的页面，按照要求选择账号类型，在此选择"个人 / 自媒体"选项。

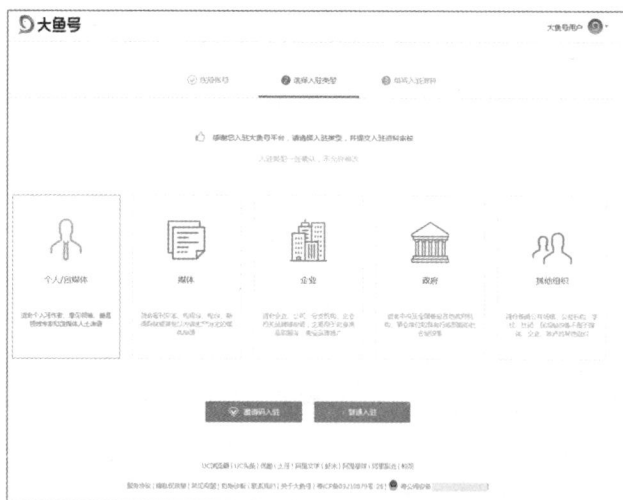

▲ 图11-8 选择账号类型

选择入驻类型后，进入个人信息页面，全部填写完成后，单击"提交审核"按钮即可，如图 11-9 所示。

▲ 图11-9　提交审核

　　账号申请完成后，进入账号审核期。审核通过后，平台会给自媒体人发送审核通过的通知，如图 11-10 所示。

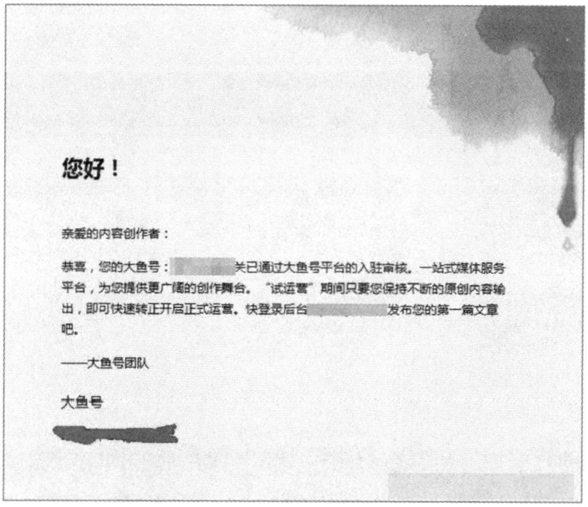

▲ 图11-10　审核通过的通知

11.2.2　试运营：试运营与快速转正攻略

　　只要自媒体人的大鱼平台账号申请通过了审核，账号就会进入"试运营"状态，后台的大多数功能就可以使用了。不过，试运营时期和正式期的权限还是有区别的，具体表现在3个方面：① 试运营时期自媒体人每天最多只能发文3篇，转正后每天可发文10篇；② 在试运营时期，平台权益中心的各项权益都不能申请，转正后只要达到条件就可以申请权益；③ 在试运营时期账号没有收益，而转正后只要符合条件就可以申请收益。

大鱼平台主要是根据自媒体人的文章数量和质量来判断该账号是否达到转正标准的。当文章被平台推荐过多次以后，会自动触发申请转正考核，然后平台将会根据文章的质量和账号情况进行综合判断，决定账号能不能通过考核。所以，自媒体人如果想要快速转正，必须做到以下3点。

（1）提供有价值的内容，如干货教程、影评都可以，但不要写没有内涵、空洞无物的文章。

（2）要有明确的领域定位，发布的每篇文章都要与自己的领域定位相符。

（3）账号的昵称和简介要与所选择的领域相符。

11.2.3　后台功能：基础设置和创收模块

大鱼号的基础设置主要有4个，具体如图11-11所示。

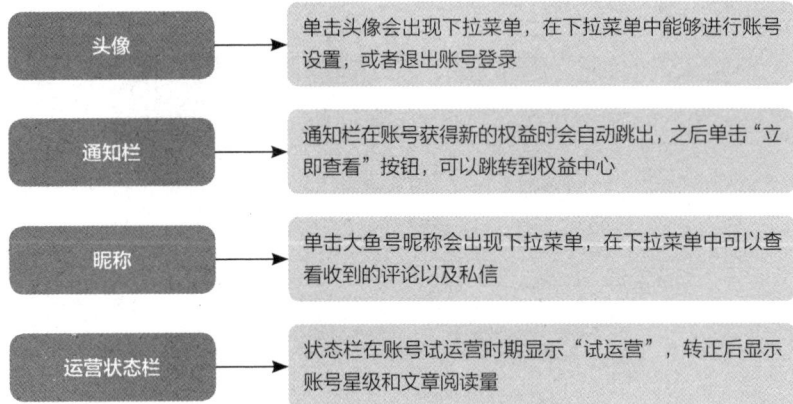

头像	单击头像会出现下拉菜单，在下拉菜单中能够进行账号设置，或者退出账号登录
通知栏	通知栏在账号获得新的权益时会自动跳出，之后单击"立即查看"按钮，可以跳转到权益中心
昵称	单击大鱼号昵称会出现下拉菜单，在下拉菜单中可以查看收到的评论以及私信
运营状态栏	状态栏在账号试运营时期显示"试运营"，转正后显示账号星级和文章阅读量

▲　图11-11　大鱼号的基础设置

在大鱼号的创收模块，可以查看账号有广告收益后的日常数据。自媒体人可以根据这些数据了解自己每天的收益情况。除此之外，自媒体人还可以在创收模块的结算中心入口查看每月的提现流程、提现数据和提现状态，同时还能在创收模块报名参加大鱼计划、申请大鱼任务等平台活动。

11.2.4　作品发布：大鱼号内容发布技巧

　　自媒体人只需要在大鱼号后台单击"写文章"按钮，即可进行文章创作，如图
11-12 所示。

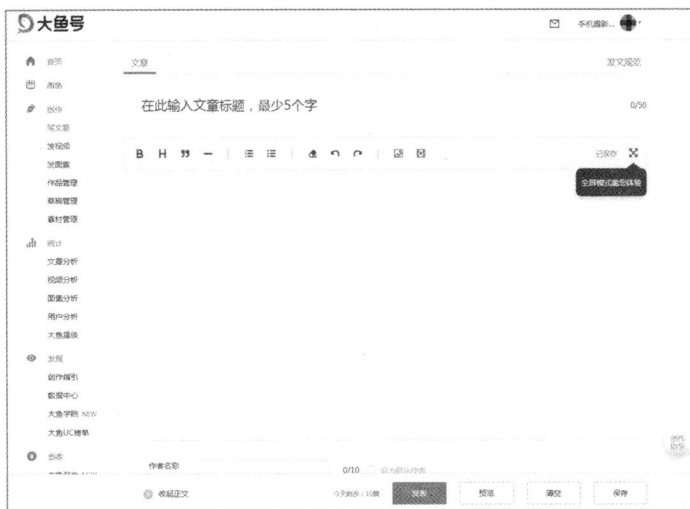

▲ 图11-12　在大鱼号后台进行文章创作

　　创作完成后单击"发表"按钮，等待文章通过审核即可。如果自媒体人想要发布
视频内容，单击后台的"发视频"按钮，可以选择本地视频或者素材中的视频发布，
如图 11-13 所示。

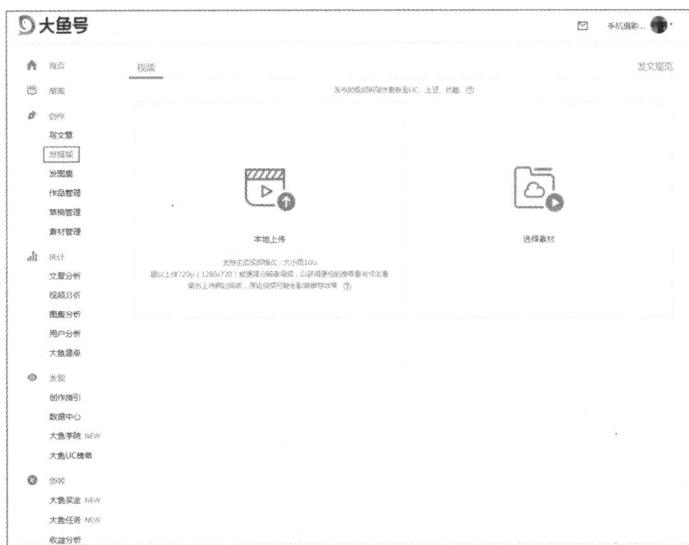

▲ 图11-13　在大鱼号后台发布视频内容

11.2.5 大鱼星级：教你如何做出 5 星号

大鱼平台的大鱼星级分为 1 星到 5 星这 5 个等级标准。其评判标准是基于账号的创作行为产生的，主要根据"文章原创指数""用户关注指数""内容质量指数""创作活跃指数""领域垂直指数"5 个方面的指数进行评级。处于试运营时期的账号不参与星级评定。那么，自媒体人应该怎么做才能提高自己的星级评判指数呢？方法如图 11-14 所示。

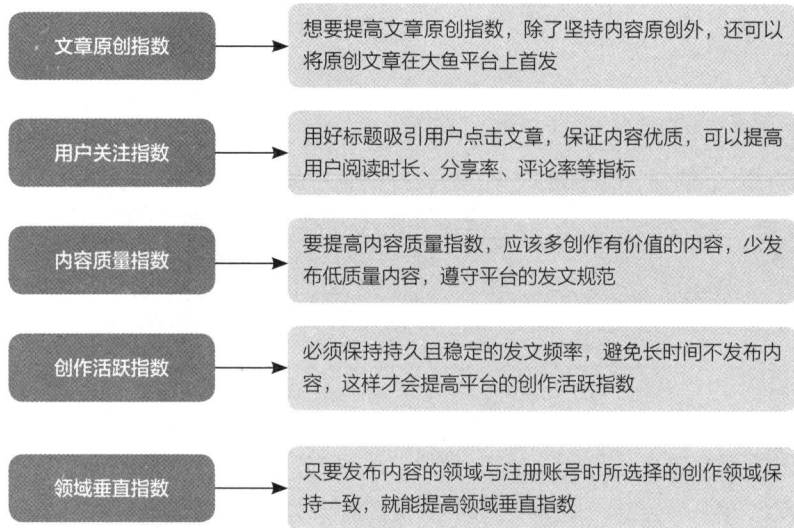

文章原创指数	想要提高文章原创指数，除了坚持内容原创外，还可以将原创文章在大鱼平台上首发
用户关注指数	用好标题吸引用户点击文章，保证内容优质，可以提高用户阅读时长、分享率、评论率等指标
内容质量指数	要提高内容质量指数，应该多创作有价值的内容，少发布低质量内容，遵守平台的发文规范
创作活跃指数	必须保持持久且稳定的发文频率，避免长时间不发布内容，这样才会提高平台的创作活跃指数
领域垂直指数	只要发布内容的领域与注册账号时所选择的创作领域保持一致，就能提高领域垂直指数

▲ 图11-14 大鱼号提高星级评判指数的方法

11.2.6 信用分：大鱼号信用分处罚规则

大鱼号信用分反映自媒体人在大鱼平台上的违规扣分情况。信用分越高代表账号违规越少。没有违规情况或新注册的大鱼账号，信用分都是满分 100。如果账号的信用分值被扣到了 0 分，大鱼平台会直接对该账号作封号处理。

大鱼号平台扣除信用分的处罚规则，一般是根据账号目前的剩余分数和本次扣分情况综合判定的，具体扣分规则有 4 个：① 如果账号目前的分值不低于 80 分，并且本次扣分不高于 50 分，此种情况下不会被禁言和封禁；② 如果扣分高于 50 分，大鱼平台会根据该次扣除的分数，每多 5 分就增加禁言天数 1 天；③ 如果账号目前分数少于 80 分，那么只要被扣分，该次扣除的分数每满 5 分就增加禁言天数 1 天；④ 如果分数被扣到 0 分或者 0 分以下，那么账号会被永久封禁。

因此，自媒体人需要遵守大鱼平台的运营规则，尽量不要被扣除信用分，从而保证大鱼账号的正常运营。一旦发生账号被扣分的情况，大鱼平台都会发送提醒通知。另外，大鱼平台还有 7 天的扣分考察期，也就是说，在最近一次违规被扣分结束后的 7 天以内都是考察期。如果在这 7 天内自媒体人账号没有发生违规被扣分的情况，就能通过考察，大鱼平台会根据恢复条件让自媒体人的账号分数恢复。

11.3　腾讯企鹅号：实现社交基因与内容串联

企鹅媒体平台是由腾讯推出的一个媒体平台，原名是腾讯开放媒体平台，经"芒种大会"之后改名。企鹅媒体平台虽然也是由腾讯公司推出的产品，但它和 QQ 公众平台并不是同一个产品。本节主要介绍企鹅平台的运营方法。

11.3.1　平台入驻：主体类型与注册方法

如果是个人自媒体入驻企鹅媒体平台，需要准备以下信息资料：①账号名称；②账号介绍；③ 账号头像；④ 辅助材料（其他媒体平台的链接）；⑤ 微信公众号；⑥ 联系人的电话；⑦ 联系人的邮箱。

注册企鹅媒体账号，首先要进入企鹅媒体平台，单击页面上的"立即注册"按钮，如图 11-15 所示。

▲ 图 11-15　单击"立即注册"按钮

执行操作后，进入邮箱注册页面，在该页面输入注册的邮箱和密码，勾选"我同意并遵守《企鹅媒体平台服务协议》"复选框，然后单击"注册"按钮，如图 11-16 所示。

▲ 图11-16 单击"注册"按钮

执行操作后，跳转至相应页面，自媒体人需要进入邮箱激活账号，单击"登录激活邮箱"按钮即可，如图 11-17 所示。

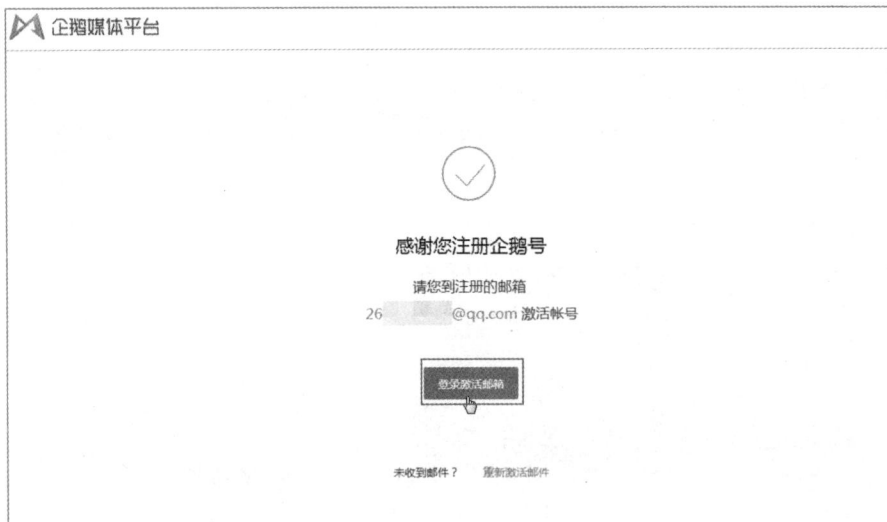

▲ 图11-17 单击"登录激活邮箱"按钮

执行操作后，进入邮箱页面，单击"收件箱"，查看企鹅媒体平台发送的邮件，单击邮件中的链接。执行操作后，进入相应页面，选择"个人／自媒体"的主体类型，单击"加入"按钮，如图 11-18 所示。

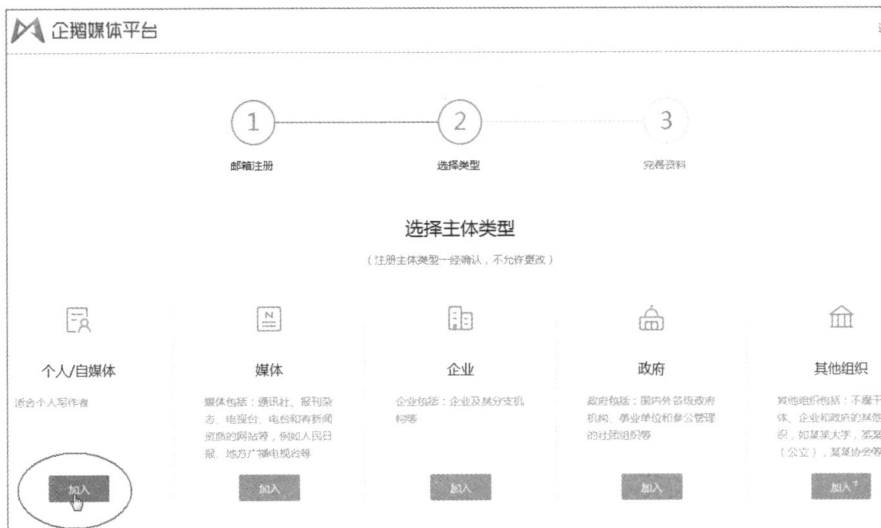

▲ 图 11-18 单击"加入"按钮

执行操作后，进入相应页面，自媒体人需要完成企鹅媒体平台的登记信息，在相应的地方完善媒体名称、媒体介绍、媒体头像和辅助材料等信息，如图 11-19 所示。

▲ 图 11-19 填写企鹅媒体平台的登记信息

执行操作后，自媒体人需要在微信公众号验证处，使用已经注册成功的微信公众号进行信息验证。图 11-20 所示为认证成功的截图。

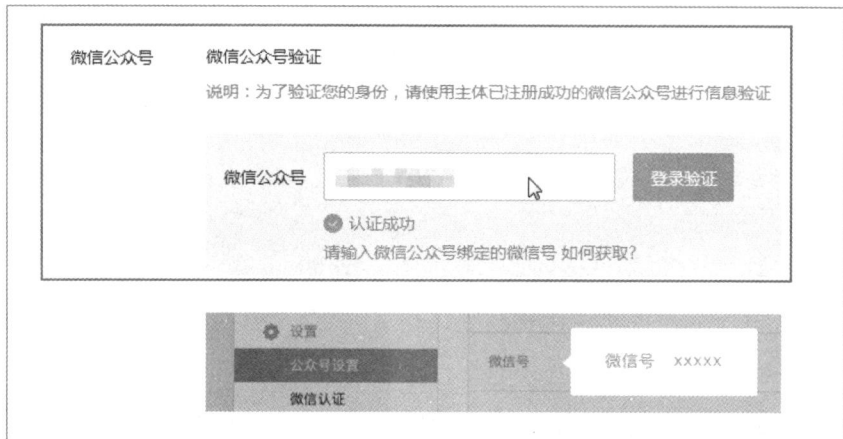

▲ 图11-20　微信公众号认证成功的截图

执行操作后，需要登记个人信息，自媒体人将联系人电话和联系人邮箱填写完整，并勾选"同时申请开通QQ公众号，并接受QQ公众号的资质审核"复选框，然后单击"提交"按钮即可，如图11-21所示。

▲ 图11-21　单击"提交"按钮

注册成功以后，账号就会进入资质审核阶段。自媒体人可以在企鹅媒体平台的后台查看资质审核的进展。自媒体人如果想要使用管理员QQ的专属功能，还需要绑定管理员QQ。其具体的操作是，单击管理员QQ下的"马上绑定"按钮，如图11-22所示。

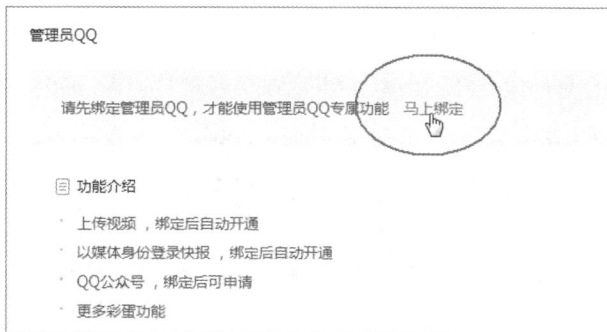

管理员QQ

请先绑定管理员QQ，才能使用管理员QQ专属功能 马上绑定

功能介绍

· 上传视频，绑定后自动开通
· 以媒体身份登录快报，绑定后自动开通
· QQ公众号，绑定后可申请
· 更多彩蛋功能

▲ 图11-22 单击"马上绑定"按钮

执行操作后，进入相应页面，自媒体人需在相应的文本框中输入 QQ 号，再单击
"下一步"按钮，如图 11-23 所示。

▲ 图11-23 单击"下一步"按钮

执行操作后，跳转至扫描二维码页面，自媒体人需要使用手机 QQ 扫描二维码。
图 11-24 所示为扫描成功的提示。自媒体人只要在手机上确认是否授权登录即可。

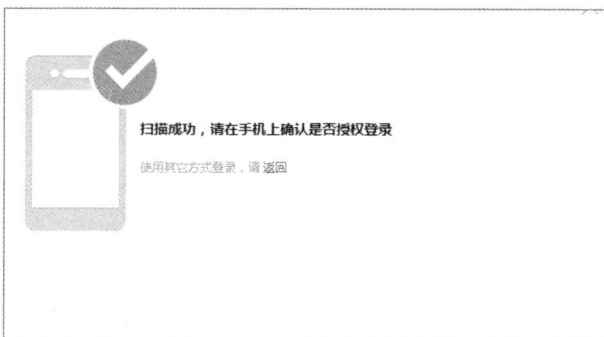

▲ 图11-24 二维码扫描成功

11.3.2　账号管理：登录方式与密码安全

企鹅媒体平台可使用 QQ、微信、手机或邮箱等方式登录，如图 11-25 所示。

▲ 图11-25　企鹅媒体平台的登录方式

如果自媒体人的账号密码需要修改，可单击登录界面的"忘记密码"按钮进行修改，如图 11-26 所示。

▲ 图11-26　单击"忘记密码"按钮

11.3.3　内容创作：企鹅号的内容创作方式

企鹅媒体平台支持的内容创作方式包括但不限于手动发文、微信同步、内容抓取和 QQ 看点。下面分别对微信同步、内容抓取以及 QQ 看点进行介绍。

1. 微信同步

自媒体人开通微信内容同步后，可以将公众号的内容自动同步到企鹅媒体平台上。在平台内容管理界面的"微信内容"中可以查看内容发布情况。正式运营且信用分为100 分的企鹅号，开通微信内容同步后会自动开通流量主，能够获得文章所有的广告收益。

2. 内容抓取

自媒体人开通内容抓取同步后，内容会自动同步到企鹅媒体平台上。内容抓取支持抓取网页列表，企鹅媒体会自动解析提交页面内的所有链接及其所含内容。自媒体人要注意，要提交符合企鹅号要求的网址，不能抓取太多非原创、转载或广告内容，以免影响账号的信用分。开通内容抓取同步后，自媒体人可以在企鹅平台内容管理界面的自动发布中查看。

3. QQ 看点

开通 QQ 看点后，企鹅平台文章将同步到 QQ 客户端，可以帮助自媒体人在多个内容渠道进行曝光。那么文章要如何同步到 QQ 看点呢？主要有两个方法。

（1）**基础文章同步**。正式运营企鹅号并设置管理员 QQ 号后，自媒体人在企鹅媒体平台发布的文章就都要通过 QQ 看点审核后发布，文章在 QQ 看点的数据可以在企鹅媒体平台上查看详细情况。

（2）**高级文章同步**。首先需要开通 QQ 公众号，其后自媒体人在企鹅媒体平台上发布的文章，都会成为图文素材自动同步到 QQ 公众号。自媒体人可以使用自己的管理员 QQ 号登录 QQ 公众号，手动群发文章。

11.3.4 收益结算：开通流量主与提现技巧

自媒体人只要符合以下两种标准的一个，就可以自动开通流量主。

标准一：①有正式运营的企鹅号；②企鹅号开通了微信内容同步；③信用分为100 分，且没有被扣分的情况。

标准二：①正式运营达到 30 天，且后台右上角状态为"企鹅号"；②发布的文章数量达到 20 篇，并且每篇文章的推荐量不为零。

那么，如何进行提现操作呢？

企鹅媒体平台每个月的 2 日到 4 日，提现入口会开放，如果累计结算金额达到提现标准，就可以申请提现。申请提现后，个人用户的收益会在 30 个工作日内到账。

11.3.5 平台运营：如何获得更多推荐量

自媒体人在追求企鹅媒体平台更高的推荐量之前要知道，企鹅号的指数越高，获得的推荐量越多。企鹅号的指数取决于每天的综合数据。指数的满分是 1000 分，主要依据自媒体人在企鹅平台、腾讯新闻、腾讯视频、天天快报等平台的表现确定。那么，自媒体人应该如何提高自己的企鹅号指数，从而提高推荐量呢？具体有以下 5 种方法。

（1）创作出有吸引力的内容，提高用户的阅读时长和点击率，同时要让用户主动转发。这样平台会增加账户的用户喜爱度分值。

（2）坚持每天更新自己的原创作品，积极申请平台的原创标签，提高账户的原创度分值。

（3）保持更新频率，不要断更，积极回复用户的评论留言，用心维护已有的粉丝用户，可以提高账户的活跃度分值。

（4）发布的内容最好集中在一个领域，不要涉及太多其他领域的内容，提高自己的领域垂直度的分值。

（5）遵守平台的发文规范，因为每个新注册的企鹅号都有 100 分的健康度分数，一旦违反平台的发文规则，健康度分数就会被扣除。

11.3.6 权益开通：原创标签与伯乐计划

1. 原创标签

开通视频原创标签后，自媒体人可享受的特权有以下 5 个。

（1）可以给自己的原创视频贴上"原创标签"，保护原创内容。

（2）得到"芒种计划"的原创补贴申请资格。

（3）一旦有其他账号抄袭自己的原创视频，可以向企鹅平台举报。

（4）有"原创"标签的视频，能得到更多的曝光机会，并且企鹅平台会提供 3 倍的流量主收益。

（5）有优先报名参与企鹅媒体平台活动的资格。

2. 伯乐计划

有原创能力的自媒体人可以向平台推荐一些没有注册企鹅号的优质账号。如果企鹅平台接受了你的推荐，那么你就可以获得平台的奖金，还能得到参与平台决策的权利。这就是企鹅平台的"伯乐计划"。

　　自媒体人的推荐范围是拥有原创微信公众号或者今日头条账号的自媒体。那么，自媒体人如何邀请优质账号参与企鹅平台的"伯乐计划"呢？主要有以下 4 个步骤。

　　（1）在账号设置界面"我的邀请"栏中，单击"立即去邀请"按钮。

　　（2）仔细填写被邀请人的账号名称和个人信息，生成邀约链接，一个邀约链接只能邀请一个人，链接生成超过 48 小时后无效。

　　（3）被邀请人用邀约链接注册一个企鹅账号，并且填写的注册信息需要与邀请人填写的信息完全相同。

　　（4）被邀请人的企鹅媒体新账号正常运营后发布两篇文章，就算成功推荐。

　　自媒体人成为企鹅媒体的伯乐后，有以下 4 个好处。

　　（1）可以生成 6 个邀约链接。

　　（2）成功推荐一个优质自媒体人注册企鹅账号，就可以获得 50 元奖励金。

　　（3）使用完 6 次邀约机会以后会得到"企鹅号伯乐"的勋章。

　　（4）可以参与企鹅平台的重大决策，成为企鹅平台的优先扶持账号。

第 12 章

其他平台：
360 快传号 + 搜狐公众平台 + 网易号

学前提示

360 快传号最初名为 360 众媒平台，是 360 公司旗下的自媒体内容发布平台。网易号的优势在于有核心功能，能对自媒体人发布的内容进行精准推荐。在该平台上一个身份证号可以注册两个账号。搜狐公众平台是一个比较适合新手自媒体人的平台，同时它也有自己的 APP 流量入口。本章介绍这 3 个自媒体平台，帮助大家获取更多流量和收益。

要点展示

>> 360 快传号：提供展现自我的广阔空间
>> 搜狐公众平台：优质的自媒体内容平台
>> 网易号：依托网易传媒的自媒体平台

12.1　360快传号：提供展现自我的广阔空间

与其他大众自媒体平台相比，360快传号推出的时间并不长，但该平台的收益比较可观。本节主要介绍360快传号的账号注册方法、提高推荐量的方法、运营技巧、收益结算以及如何对一些热门问题进行整理和解答。

12.1.1　360快传号的账号注册方法

360快传号支持手机、邮箱、360账号、新浪微博、QQ和微信登录。不过，自媒体人注册360快传号只能通过手机号注册，登录界面如图12-1所示。进入360快传号的登录界面后，只需单击"注册"按钮，即可填写资料进行注册。注册过程比较简单，用户根据界面提示进行相关操作即可，在此不进行赘述。

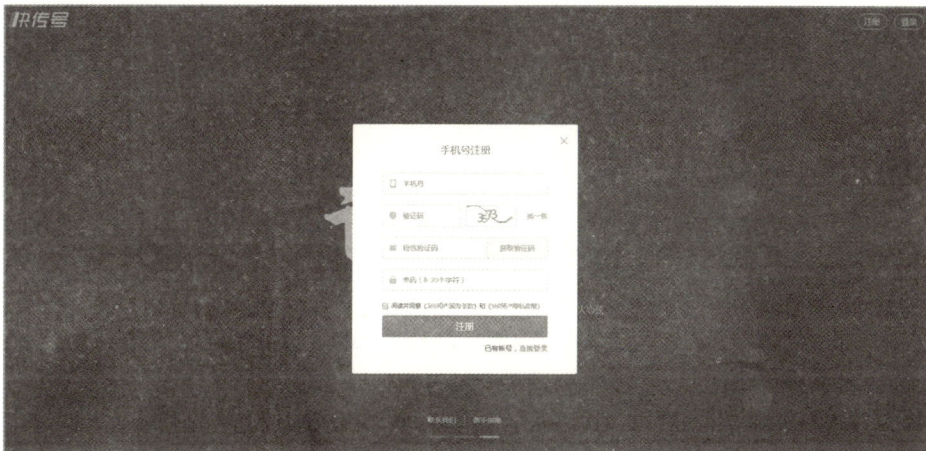

▲ 图12-1　360快传号的登录界面

12.1.2　360快传号的内容审核与推荐

在360快传号上发布的内容，都会被推荐给360旗下的各个平台，如360搜索客户端、360手机卫士、360手机助手、快视频等。平台对内容进行领域识别后，会推荐给对该内容感兴趣的用户。该平台的内容推荐机制是建立在数据匹配基础之上的。

平台还会根据用户的反馈数据来决定下一次推荐的范围和推荐量。因此，文章的推荐量低，是由于上一次发布的内容点击率和推荐量都低。那么，怎样才能有更好的推荐效果呢？自媒体人需要做到以下7点。

（1）给自己的内容和账号贴上标签，便于将内容推给第一批感兴趣的用户。

（2）内容和账号领域的标签必须要明确，方便平台判断内容所属的领域，将内容更精准地推荐给用户，获得更多点击量。

（3）在文章或标题中要少用生僻字，便于平台机器理解。

（4）标题要突出重点，便于系统识别。

（5）要优化封面，增强内容的辨识度。

（6）文章要尽量做到图文结合，可读性强，才能增加用户的阅读时长。

（7）内容要丰富，观点要有话题性，这样才能引发用户讨论。

12.1.3　360快传号的平台运营技巧

在进行360快传号的运营时，自媒体人需要掌握的技巧有两个，一是怎样提高快传号的指数，二是怎样尽快开通原创声明。下面分别对快传号指数的提高和原创声明的开通进行介绍。

快传号指数的高低取决于自媒体人的发文质量、账号影响力、平台信用度和原创领域指数。可见，自媒体人提高快传指数也要从这4个方面入手，做到以下几点。

（1）发文质量。保持创作内容的质量，做到排版整洁美观，内容具有可读性，增加读者对内容的正面反馈。

（2）账号影响力。在快传号平台进行数据统计的周期内，得到更多用户关注和更多的内容浏览量、分享量，都能够提升快传号在一定时期内的影响力指数。

（3）平台信用度。快传号的信用总分为1000分。当账号被举报违规发布文章时，平台就会根据情况扣除账号的相应信用分。因此自媒体人要拒绝发布抄袭、低俗、标题党、质量差的内容，尽量保证信用分不被扣除。

（4）原创领域指数。自媒体人不要连续出现不专注于某一领域的情况，否则会拉低原创领域指数。因此，自媒体人最好坚持发布自己垂直领域的内容。

自媒体人想要开通快传号的原创声明，需要达到4个条件：① 通过快传号新手期；② 指数分至少提高至350分；③ 近30天内发布文章不少于10篇；④ 信用分保持在1000分。

12.1.4　360快传号的收益结算技巧

一般来说，自媒体人可以通过登录快传号后台，单击收益一栏的"收益统计"查看360快传号的详细收益。当天的数据可以在第二天查询，收益统计中显示的都是能结算的收益，快传号平台最终收益的实际数额以月底结算数额为准。

自媒体人的账号在快传号平台通过了新手期，并且达到了平台开通收益的标准后即可开通收益。具体的开通标准有以下3个：① 入驻快传号达到30天，且已通过新手期；② 发布的内容超过 20 篇；③ 质量分至少达到 100 分，信用分至少达到 600 分。

满足这 3 个条件的账号，可以在快传号的后台单击"收益统计 - 收益设置 - 开通"主动申请开通收益。通过平台审核后，即可开通收益，审核通过第二日就开始计算补贴。如果审核未通过，自媒体人则需要在第二个月的 10 日之后才可以再次申请。

12.1.5　360 快传号的热门问题整理

大多数自媒体人在申请或运营 360 快传号时总会遇到一些问题。下面笔者总结了 3 个比较常见的问题为大家进行解答。

（1）什么情况下会被封号？违反法律规定或公共道德，擅自发布营销推广、广告文章，提供虚假的个人资料，大量注册快传号、养号卖号等行为，都会被封号。其次，有作弊行为的账号也会被封号，例如违规刷点击量来获取平台收益就会被封号。

（2）注册账号时审核为什么不能通过？无法通过审核可能是注册信息存在以下 4 个问题：① 身份证照片与快传号平台的规定不相符；② 自媒体人的头像、名称以及账号简介与快传号平台的规定不相符；③ 自媒体人的账号名称、账号简介与账号申请的领域不相符；④ 财经、健康等自媒体账号没有上传专业的证明材料。

（3）为什么满足了条件，新手期过不了，原创和收益也不能开通？因为快传号平台的转正以及权限开通并不是即时更新的，一般来说，平台在更新快传指数时才会全部更新。而新手期、原创声明以及权益的开通条件，是必须在每周星期一平台更新指数时达到更新条件，否则就只能等下周更新指数时，达到条件后才能成功转正或开通原创。

12.2　搜狐公众平台：优质的自媒体内容平台

搜狐公众平台，是搜狐门户下一个融合了搜狐网、手机搜狐网、搜狐新闻客户端三大资源的平台。由此可见，搜狐公众平台的资源力量是比较充足的。本节就为大家详细地介绍搜狐公众平台。

12.2.1　搜狐公众平台的账号入驻方法

注册搜狐公众平台账号，首先要进入搜狐公众平台官网，然后单击右上角的"立即注册"按钮，如图 12-2 所示。

执行操作后，进入注册页面，在该页面输入手机号和密码，然后单击"获取验证码"按钮，如图 12-3 所示。

▲ 图12-2 单击"立即注册"按钮

▲ 图12-3 单击"获取验证码"按钮

执行操作后，输入获取的手机验证码，然后单击"立即注册"按钮，如图 12-4 所示。

▲ 图12-4 单击"立即注册"按钮

执行操作后，进入"选择类型"页面，在选择的相应账号类型下方单击"申请入驻"按钮，如图 12-5 所示。

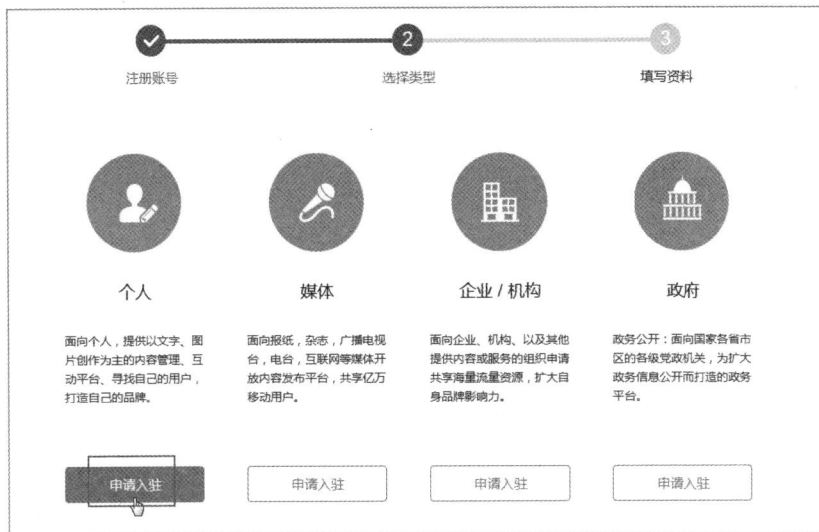

▲ 图12-5　单击"申请入驻"按钮

执行操作后，进入"填写资料"页面，自媒体人需要进行"主体信息登记"，如图 12-6 所示。在进行"主体信息登记"时，自媒体人需要填写姓名、证件号码并上传证件照片等。

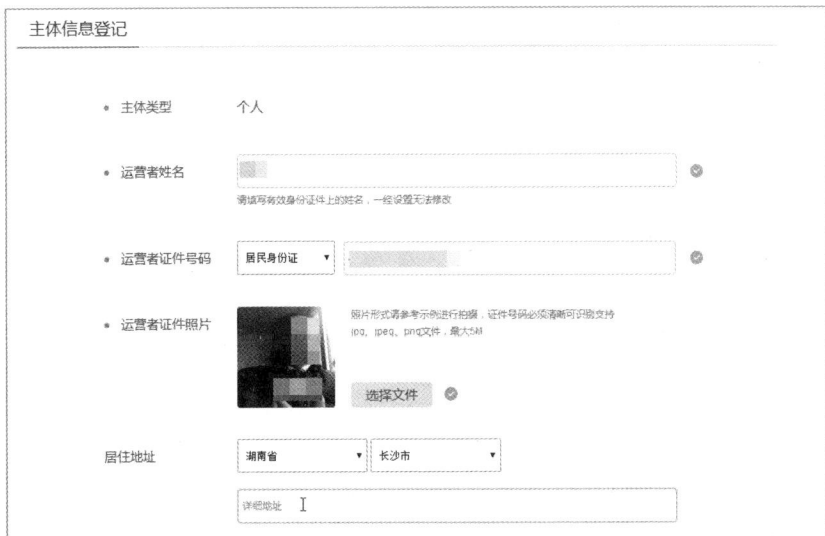

▲ 图12-6　主体信息登记

完成主体信息登记后，自媒体人要完成"公众平台信息登记"，如图 12-7 所示。自媒体人需要填写账号名称、账号介绍、账号头像和领域等信息。

▲ 图12-7　公众平台信息登记

公众平台信息登记好后，勾选"同意《搜狐公众平台服务协议》"复选框，然后单击"提交"按钮，如图 12-8 所示。

▲ 图12-8　单击"提交"按钮

执行操作后，就会自动跳转到相应页面，平台会提示入驻申请已经成功提交，如图 12-9 所示。

▲ 图 12-9　提示成功提交入驻申请

12.2.2　搜狐公众平台的信息修改方法

搜狐公众平台的头像、昵称等信息的修改，可以在搜狐的管理后台进行。自媒体人只要单击"账号信息"一栏，即可修改账号的名称、描述和头像。账号注册成功后，账号领域不可进行修改。此时自媒体人可选择注销账号，重新注册一个账号，然后选择一个新的账号领域。

搜狐公众平台的账号密码应该怎么修改呢？自媒体人可以在搜狐通行证页面，单击屏幕下方的"修改密码"按钮，然后根据平台提示的步骤，修改账号密码。

自媒体人如果想要注销账号，需要准备以下 3 个方面的资料，并将其发送到搜狐公众平台服务邮箱申请注销账号。

① 账号以及名称。

② 注销账号的原因。

③ 申请账号时填写的姓名、身份证照片和手机号码。

12.2.3　搜狐公众平台的文章发布技巧

自媒体人在搜狐公众平台编写要推送的内容的时候，需要从标题、图片、格式、封面、摘要等角度考虑。下面介绍在搜狐公众平台推送文章的实战技巧。

1. 标题

发布文章前，需要登录搜狐公众平台，在"首页"界面单击"写文章"按钮，如图 12-10 所示。

▲ 图12-10 单击"写文章"按钮

执行操作后，在相应界面的最上方输入标题，如图 12-11 所示。

▲ 图12-11 输入标题

除了全文的大标题外，小标题也非常重要，小标题的编辑流程如下。

首先在文章正文栏中编辑好相应的文字，如图 12-12 所示。

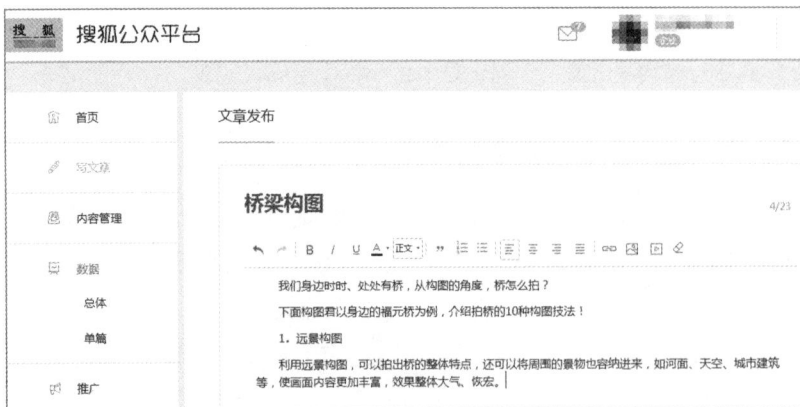

▲ 图 12-12 编辑相应文字

完成文字编辑后，选中要标记为小标题的文字，然后单击"正文"按钮右侧的倒三角形按钮，在弹出的下拉菜单中单击"标题"，如图 12-13 所示，即可将选中的文字设置为小标题的格式。

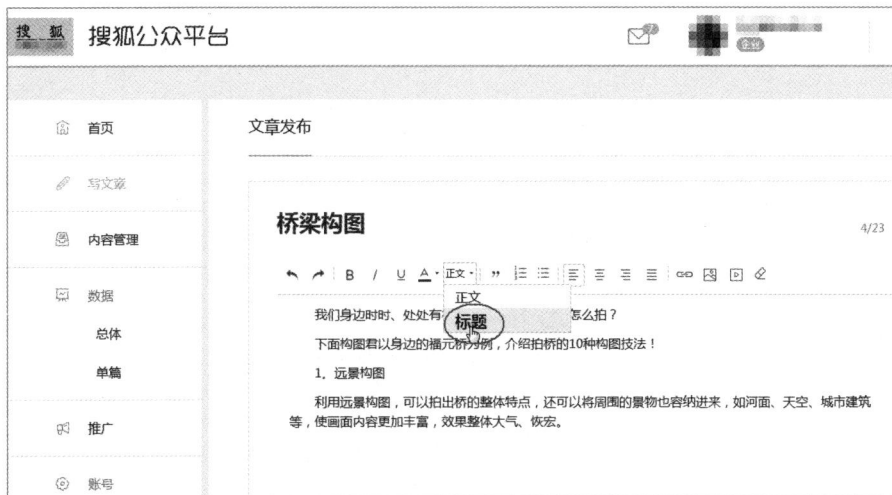

▲ 图12-13 单击"标题"按钮

然后选择居中按钮，将小标题格式设置为居中。图 12-14 所示为小标题编辑完成后的效果。

▲ 图12-14 小标题编辑完成后的效果图

2. 字体格式

在编辑文章的过程中，有时候会遇到需要特殊标记的文字——这些文字能够突出文章的重点。因此学习制作具有吸引力的字体格式也是很有必要的。

在文章编辑页面的正文部分，撰写一段文字。撰写完成后，选中需要标记的文字，然后单击"加粗"按钮，如图 12-15 所示，即可将文字进行加粗处理。

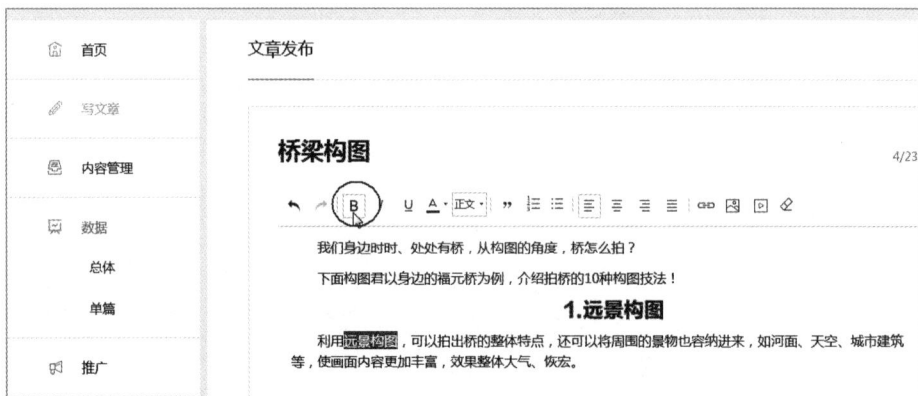

▲ 图12-15 单击"加粗"按钮

如果想要为文字标记颜色，只要点击"颜色"按钮即可，如图 12-16 所示。自媒体人可以将文字标记成不同的颜色，以此来突出重点内容，让读者一眼就能将这些内容区分开来。自媒体人还可以为文字添加下划线、将文字改成斜体，同样可以让重点部分突显出来。

▲ 图12-16 为文字标记颜色

3. 摘要

和微信公众平台一样，在搜狐公众平台的文章编辑栏下方，也有摘要一栏，如图 12-17 所示。自媒体人通常需要用一句话来概括文章的信息，以此来突出重点。

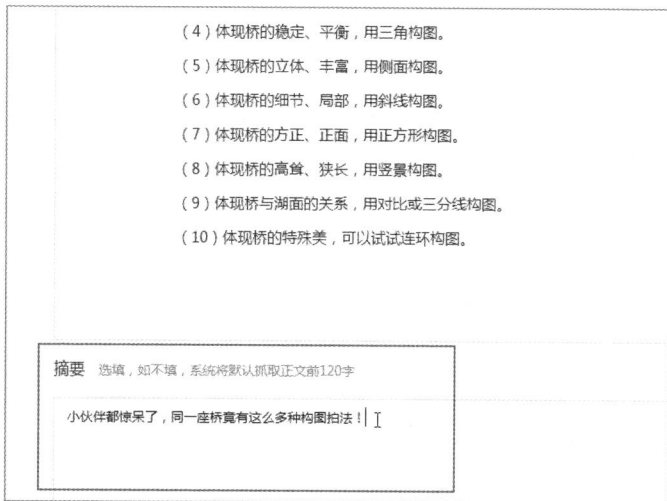

▲ 图 12-17 撰写文章摘要

4. 发布

将标题、正文和摘要等内容编辑好后，选择合适的频道分类和栏目，就可以发布文章了。具体的操作是单击文章编辑页面最下方的"发布"按钮，如图 12-18 所示。

▲ 图 12-18 单击"发布"按钮

12.2.4 搜狐公众平台的内容管理技巧

为了让平台有一个良好的内容生态环境，搜狐公众平台设置了一些内容发布规则，例如搜狐公众平台的文章编辑器支持插入视频和链接。自媒体人只有了解这些规则，才能更好地管理内容。下面就对搜狐号文章编辑器支持插入的视频和链接进行介绍。

（1）视频。搜狐公众平台支持上传的视频方式包括本地视频和在线视频两种。其中，本地视频支持 mp4、flv、mpeg、mov、rmvb 等视频格式，视频大小不能大于500MB；在线视频一般可支持搜狐视频网站的所有视频。

（2）链接。搜狐公众平台的插入链接功能仅支持搜狐网站内的链接。如果搜狐公众平台插入了其他网站的链接，那么插入的链接将会无法打开。一般来说，创作图文内容时如果要在网页中插入链接，只需要在后台的"文章发布"页面中单击"添加链接"按钮即可，如图 12-19 所示。

▲ 图12-19 单击"添加链接"按钮

12.2.5 搜狐公众平台的违规处罚方案

搜狐公众平台的账号违规行为包括两个方面，即账号入驻违规和发布文章违规，下面进行具体介绍。

搜狐公众平台的账号入驻违规主要体现在以下 4 点。

（1）注册搜狐公众平台时提供虚假的个人资质证明资料。

（2）注册搜狐公众平台时伪造或买卖身份信息。

（3）批量注册搜狐公众平台账号用来养号卖号。

（4）冒用他人信息注册搜狐公众平台账号。

搜狐公众平台的发文违规行为主要体现在以下 5 点。

（1）发布不符合互联网内容管理规定的内容。

（2）发布侵犯其他个人或企业等合法权益的内容，例如侵犯他人的肖像权。

（3）发布低俗、色情、暴力等内容。

（4）抄袭其他账号的原创文章，没有经过别人授权就转载他人内容。

（5）恶意发布营销广告、垃圾信息等。

12.3 网易号：依托网易传媒的自媒体平台

网易号平台的内容推广渠道有网易新闻、网易公开课等网易公司旗下的产品。自媒体人在网易号平台发布的内容也有机会在这些网易产品上展示出来。因此，自媒体人需要运营好网易号平台。本节主要为大家介绍网易号的账号功能、MCN（Mutti-Channel Network）赋能计划、平台的扶持计划方案、内容运营技巧、账号指数以及平台分成收益等内容。

12.3.1 了解网易号的账号功能

网易媒体开放平台是网易旗下推出的一个新媒体平台。在网易媒体开放平台上，运营者可以利用多种形式的推广软文广告来进行吸粉引流。

网易媒体开放平台为入驻用户提供了 5 种类型的账号，它们分别是订阅号、本地号、政务号、直播号以及企业号，每种账号的功能会有所不同。网易媒体开放平台的账号拥有以下四大特色。

（1）亿万用户资源共享。

（2）网易跟帖引爆话题。

（3）优质媒体品牌推广。

（4）商业合作共享未来。

12.3.2 网易号推出 MCN 赋能计划

MCN 赋能计划是网易号平台在 2017 年推出的。MCN 机构能从流量、收益、运营权限和品牌等多个方面对账号提供支持。现在已经有上百家 MCN 机构入驻了网易号平台。网易号平台也已经向 MCN 机构开放了 4 个基础功能：① 内容管理；② 成员管理；③ 收益管理；④ 数据分析。

MCN 机构是指能够服务、管理一定数量账号，并且能通过运营确保持续输出内容且能实现变现的机构。MCN 账号的注册主体一般是实体公司或机构。

12.3.3 网易号的扶持计划方案

网易号的扶持计划方案包含以下 3 个方面的内容。

（1）针对垂直领域的作者，网易号平台推出"各有态度"的特色内容的鼓励计划。而且平台还会通过不同的推荐方式，让更优质、更有特色的原创内容也能够得到推荐，不会因为内容小众而没有关注度。

（2）网易号平台会给成长空间大、专业度高的账号提供更多的扶持，并推出了"达人加薪计划"。参与这个计划的自媒体人可以获得更好的收益以及更多的流量扶持，每月还能获得 3000 元的基础收益。

（3）网易号平台推出了原创态度势力榜，来鼓励原创短视频的创作者。自媒体人登上了原创态度势力榜后，可以获得现金奖励。

12.3.4 网易号的内容运营技巧

为了让内容更加优质、更有可读性，网易号平台会对每一篇要发布的图文文章进行审核。自媒体人应该清楚地知道网易号平台的审核标准，才能保证自己的文章顺利发布出去。一般来说，网易号平台的审核标准分为标题和内容两个方面。不符合标准的情况包括以下两点。

（1）标题。标题有错别字以及不完整、不通顺；标题中有特殊的符号或大量的外文、繁体字；用词太过夸张，有标题党的嫌疑；标题中有侮辱性质的口头语。

（2）正文。通篇都是繁体字或者外文、乱码、未分段、没有标点符号；内容不完整，或内容全部是由截图组成的；文章中包含了广告，尤其是一些低俗广告。

知道了网易号平台的审核标准后，自媒体人应该如何让自己的文章顺利过审呢？主要有以下 5 个方法。

（1）要撰写一个有吸引力又不属于标题党的好标题。

（2）文章要图文并茂，具备可读性，能够吸引用户读完文章，并且能让用户在较长时间内停留在文章的阅读页面。

（3）内容的观点有特点且有实用性，能引发用户积极评论、分享和收藏。

（4）内容符合平台发文规范，不会被用户投诉举报和引发负面评论。

（5）坚持发布质量好、受用户欢迎的文章。

12.3.5 网易号指数衡量账号质量

网易号的指数衡量建立在星级体系的基础上。不同星级的账号有不同的账号权益，星级越高，享有的权益才会越多，也代表该账号的质量越好。星级分为5个等级标准，一星为最低等级，五星为最高等级。而网易号的指数就相当于一张积分卡，积分达到平台的标准，就可以上升一个星级。

网易号的积分扣除情况如下。

（1）文章有错别字，每篇会被扣除指数积分1分。

（2）文章内容不准确，每篇会被扣除指数积分2分。

（3）标题不符合要求，涉嫌标题党，每篇会被扣除指数积分5分。

（4）在平台重复发布某篇文章，每篇会被扣除指数积分5分。

（5）文章内有第三方广告，每篇会被扣除指数积分20分。

12.3.6 网易号的平台分成收益

平台分成是网易号的具体收益方式，该平台的收益是指固定的收益分发渠道，即网易新闻客户端和网易订阅的收益。而网易公开课和一些其他网易产品分发渠道的收益是不包括在内的。网易平台的分成收益有以下3种。

（1）一般来说，在网易平台达到了一星以上的网易账号，都能够在"网易号媒体开放平台-设置-账号状态"中申请开通网易平台的收益权限，从而获得平台奖金。

（2）网易平台主要根据账号的阅读量、评论数、转发分享量、账号星级和内容原创度等，综合计算自媒体人的分成收益。

（3）在平台活动期间，有一些主题内容可以获得流量加成，参与后会得到更高的流量，进而有更高的收益。因此，自媒体人可以多关注网易号的活动公告。

第 13 章

吸粉引流：
"日涨千粉"自媒体绝不能错过

学前提示

自媒体人在进行平台账号运营时，肯定希望能够拥有更多活跃度高的粉丝。因为粉丝数量的多少是衡量平台账号运营成功与否的一个重要依据。而想要吸引更多粉丝关注，就需要利用一些实用的技巧来达到目标。本章将为大家介绍常用的吸粉引流的技巧。

要点展示

>> 引流推广：简单快捷的九大自媒体吸粉方式

>> 快速涨粉：新手如何一个月内增加 1000 位粉丝

>> 粉丝运营：精细化运营，10 万粉丝不是梦！

13.1 引流推广：简单快捷的九大自媒体吸粉方式

自媒体和新媒体的盛行，让粉丝经济迅速崛起。这种依靠粉丝发展的运营方式让许多企业和商家纷纷转变战场。对于想要利用好粉丝经济的运营者来说，如何进行粉丝导流和转化，是一个极富挑战性的问题。本节将介绍自媒体人可以使用的九大简单快捷的吸粉技巧，希望大家能完全掌握并灵活运用。

13.1.1 微信朋友圈吸粉

利益刺激是驱使微信好友主动分享的主要因素。在微信朋友圈中，假如信息中设置的利益是微信好友所需要的，那产品信息被主动分享的可能性就非常大，其信息传播的广泛性和快速性也会相应提升。接下来从两个方面介绍如何用利益驱使微信好友分享、转发吸粉。

（1）分享、转发朋友圈送好礼。这是最常见也是最通用的方式。自媒体人通过制订某种优惠方案，促使粉丝用户自发地传播该条朋友圈消息。

（2）与微信好友产生共鸣。要想让用户产生共鸣，首先要对用户的需求进行调研。充分了解用户需求后，有针对性地在朋友圈发布信息，让用户进行分享、转发。

13.1.2 微信公众号吸粉

自媒体人在运营时，如果想要获得高黏度的粉丝，那么利用微信公众号吸粉不失为一种行之有效的方法。接下来为大家介绍 3 种比较实用的公众号吸粉引流方法。

1. 通讯录的转化

通讯录转化是指运营微信公众号的自媒体人，将自己手机通讯录中的微信用户添加到自己的个人微信账号上，然后给他们推送自己的微信公众号的信息，从而将他们吸引到自己的公众号上来。这种吸粉引流方法的优点是转化率比较高，且粉丝黏性会更好；缺点是粉丝数量会受到通讯录中人员数量的限制。

2. 开展征稿、网络大赛

自媒体人还可以通过在公众平台上，或者其他平台上开展各种大赛活动，进行吸粉引流。在奖品或者其他奖励的诱惑下，参加活动的人会比较多，而且通过这种大赛活动获得的粉丝质量都会比较高——他们会更加主动地关注公众号的动态。

自媒体人可以选择的大赛活动类型非常多，但要坚持一个原则，即大赛的类型要尽量与自己账号所处的行业、领域有关联。这样获得的粉丝才是高质量的。

3. 二维码吸粉

二维码已经成为我们日常生活中不可或缺的因素，购物付款时要用到、添加好友时要用到、登录某个页面时要用到、识别某个物品时要用到……总而言之，它的用途非常多，也在生活与工作之中被广泛使用。扫描二维码已经是生活常态。

对于大众来说，二维码最熟悉的使用方式是进行收付款。但是从营销角度来看，自媒体人更应该将它的重点放在跳转页面、添加关注等引导行为上。正是因为二维码的存在，用户选择关注企业主页的概率可以说是大大提高了。

自媒体人在给自己的公众号吸粉时，可以将公众号二维码放到文章的结尾处，或者通过其他渠道来发布二维码，同时加上一些自己的优势或者能够给用户带来的好处，吸引他们扫码关注你。图 13-1 所示为"手机摄影构图大全"公众号的二维码，用户扫码后即可快速关注该公众号。

深入持续学习
1000 种构图在等你！
长按关注，立马不同

▲ 图13-1　公众号的二维码展示效果

13.1.3　微信群吸粉

当我们找到并进入大量的精准微信群后，此时就可以添加群里面的成员为自己的好友，打造成自己的私域流量池。当然，在添加群内成员时，还需要掌握一些技巧，来提高通过率，如图 13-2 所示。

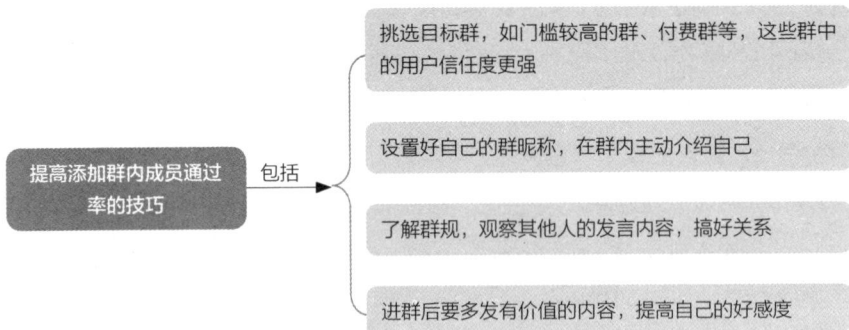

提高添加群内成员通过率的技巧　包括

挑选目标群，如门槛较高的群、付费群等，这些群中的用户信任度更强

设置好自己的群昵称，在群内主动介绍自己

了解群规，观察其他人的发言内容，搞好关系

进群后要多发有价值的内容，提高自己的好感度

▲ 图13-2　提高添加群内成员通过率的技巧

另外,在微信群中"智造"用户时,为了留住用户,制造用户喜闻乐见的内容是必不可少的。很多自媒体人认为内容的制造只是简单地向用户提供文本、图文、音频、视频等形式的信息就可以了。

其实,在微信中,"智造"用户的前提条件是用户来创造和分享内容。因为只有这样的内容才能满足用户需求并提升用户的活跃度,促使用户成为我们的目标粉丝用户。

对于自媒体人而言,不同类型的内容价值也不同。例如,用户提供了评论产品的内容,我们就可以从中吸取精华,用在产品改善上;用户提供了娱乐类的内容,我们就可以记住内容中的特点,查找相关内容,并发到微信群中去,引起群用户的注意。

在微信群内发布内容,自媒体人要注意图 13-3 所示的几个方面。

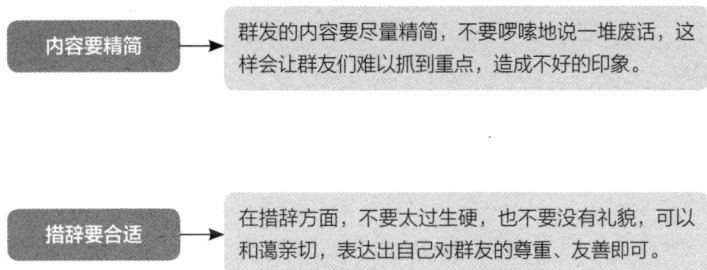

| 内容要精简 | ➤ | 群发的内容要尽量精简,不要啰嗦地说一堆废话,这样会让群友们难以抓到重点,造成不好的印象。 |
| 措辞要合适 | ➤ | 在措辞方面,不要太过生硬,也不要没有礼貌,可以和蔼亲切,表达出自己对群友的尊重、友善即可。 |

▲ 图13-3 群发的内容要注意的几个方面

💡 专家提醒

利用微信群吸粉,内容需要有标签。标签是一种标注内容属性、关键词的工具。自媒体人通过标签可以过滤内容并进行聚合,能快速找到用户所需要的内容,帮助用户提高查找内容的效率,最终使留在微信群中的用户都是黏性强和精准度高的用户。

13.1.4 APP 吸粉

如果自媒体人开发了团队 APP,即可通过微信将 APP 的链接入口传递到平台上,为 APP 平台引流,然后可以在 APP 上利用一系列营利模式实现商业变现。图 13-4 所示为"今日头条"公众号展示的 APP 下载链接入口,作用是吸引更多用户。

▲ 图13-4 今日头条APP下载链接入口

13.1.5 论坛吸粉

网络虚拟论坛因为具有开放性、高黏性等特点，在活跃度和话题方面都保持着比较高的人气。利用这些优势，自媒体人可通过发布帖子积累影响力，带动论坛用户向粉丝转变。论坛是一个有共同兴趣和话题的社群，自媒体人在论坛中进行细分，主要是为了针对论坛用户做好社群运营。自媒体人的论坛运营需要注意图 13-5 所示的几个关键点。

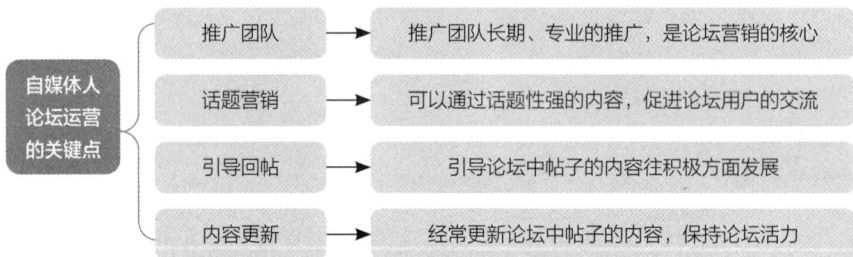

▲ 图13-5 自媒体人论坛运营的关键点

13.1.6 电商平台吸粉

电商与自媒体结合，有利于吸引庞大的用户流量，特别是在自媒体短视频制作方面。一方面，短视频为碎片化的信息；另一方面，短视频展示商品时更加直观、动感，更有说服力。如果短视频内容能与商品很好地融合，那么商品卖家和自媒体人都能获得较多的人气和支持。著名的自媒体平台"一条"是通过短视频发展起来的，后来它走上了"电商＋短视频"的变现道路，盈利颇丰。图 13-6 所示为"一条"微信公众号推送的内容。其内容包罗万象，不仅有短视频，还有巧妙推荐自营商品的软文。

▲ 图13-6 "一条"微信公众号推送的内容

13.1.7 百度百科吸粉

知识权威属性和百科审查机制为百度百科的运营推广提供了信任背书。自媒体人利用百度百科吸粉时不能把它变成纯粹的广告营销，必须学会加入一些实用的内容，或者加入一些公益内容。利用百度百科吸粉是一个长期的过程，不可急功近利，而是要在两个方面多加注意，如图 13-7 所示。这样才能促进百度平台的运营推广。

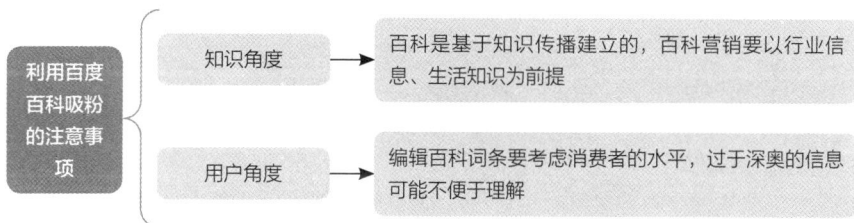

▲ 图13-7 利用百度百科吸粉的注意事项

13.1.8 视频应用吸粉

自媒体人如何通过视频实现精准吸粉呢？在制作好视频后进行针对性推广，再结合受众特点进行营销即可达到理想效果。当然，自媒体人还需考虑以下 4 个因素。

1. 针对不同视频类别——分别推广

对于视频的推广效果来说，视频的类别是一个重要的影响因素。不同类别的视频产生的效果不同。如果想要让推广方式的效果达到最佳，目标人群喜爱的程度更高，自媒体人就应该根据用户的喜好来使用不同类别的视频进行营销。那么，不同类别的视频各自具有怎样的特点，适合宣传什么呢？笔者以3种视频为例进行介绍，如图13-8所示。

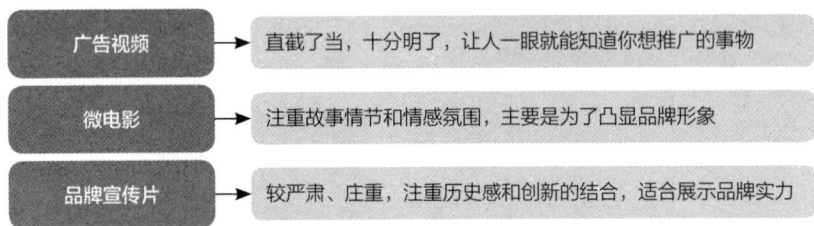

广告视频 → 直截了当，十分明了，让人一眼就能知道你想推广的事物

微电影 → 注重故事情节和情感氛围，主要是为了凸显品牌形象

品牌宣传片 → 较严肃、庄重，注重历史感和创新的结合，适合展示品牌实力

▲ 图13-8　不同视频类别适合宣传的类型

2. 根据关注人群共性——有效宣传

自媒体人在进行视频推广时，应该考虑不同的人喜欢浏览什么类型的网站。显然，自媒体人不能随意地将视频放在不对口的平台上进行推广，这样的做法会使推广效果不理想。自媒体人也不能为了方便就在所有的平台上进行推广，这样是对资源的极度浪费。那么，自媒体人究竟该怎么做呢？其流程总结如图13-9所示。

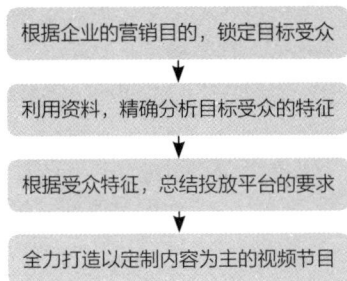

根据企业的营销目的，锁定目标受众

↓

利用资料，精确分析目标受众的特征

↓

根据受众特征，总结投放平台的要求

↓

全力打造以定制内容为主的视频节目

▲ 图13-9　根据目标受众的特征利用视频进行推广的流程

3. 明确推广目标——选择匹配平台

自媒体人在平台上投放视频时，最重要的就是明确自己的推广目标。要达到什么目的，就选择与之相配的平台。推广目标一般以打响品牌和提升品牌认知度为主。那么，自媒体人应该怎么选择平台呢？主要有两个方法：① 选择影响力强的网站平台，如腾讯、新浪、网易、搜狐等；② 选择与视频内容紧密联系的流量平台，其原因在于这些平台的用户黏性强，忠诚度高。

4. 选择高价值平台——让营销有保障

平台价值的高低是以平台本身的质量为基础的。质量在这里可分为"质"和"量"。对于平台而言，"质"代表平台的影响力、关注度、综合环境（广告、编辑、宣传等）和专一程度；"量"一般指浏览量、点击率、转发量和收入成本等。

一般来说，只要平台的质量有保障，这个平台也就具有了投放的价值。平台的价值是进行高效营销时需要考虑的因素之一。随着时代的进步和技术的发展，现在很多具有强大公信力的视频网站都已经掌握了针对性推广的高效营销技术。那么他们是怎么做的呢？具体流程如图 13-10 所示。

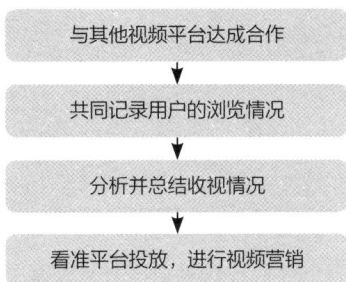

与其他视频平台达成合作

共同记录用户的浏览情况

分析并总结收视情况

看准平台投放，进行视频营销

▲ 图13-10 进行针对性推广的高效营销的流程

此外，还有一种简单明了的"四问法"可以帮助自媒体人进行视频的精准投放，也就是提 4 个问题，即"谁会来看""在哪里看""要看什么""会看几次"。弄清楚这 4 个问题，就能进行视频的精准投放了。

13.1.9 利用产品吸粉

对于自媒体人而言，要想利用产品取得吸粉的成效，首先要做的是选择合适的产品。找准自己要打造的产品，才能以最正确的方式开启自己的爆款产品之路。在选择自己运营的产品之前，自媒体人首先要明白成为爆款的吸粉产品必须具备的几个特质。图 13-11 所示为爆款产品的 4 个特质。

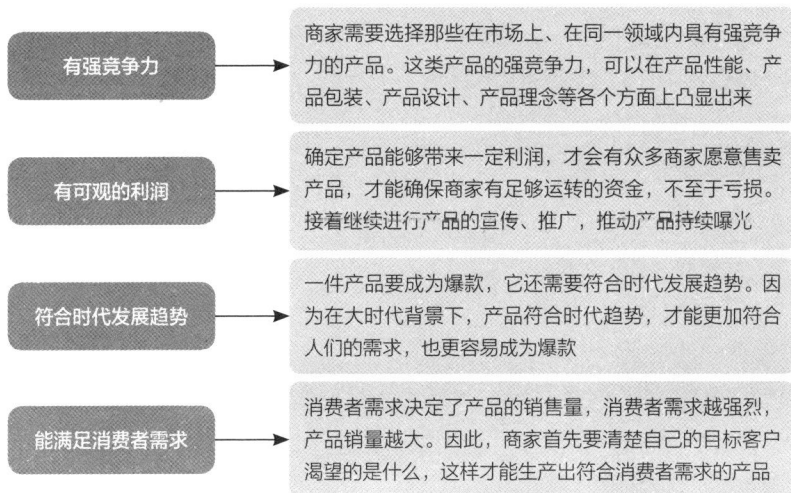

有强竞争力	商家需要选择那些在市场上、在同一领域内具有强竞争力的产品。这类产品的强竞争力，可以在产品性能、产品包装、产品设计、产品理念等各个方面上凸显出来
有可观的利润	确定产品能够带来一定利润，才会有众多商家愿意售卖产品，才能确保商家有足够运转的资金，不至于亏损。接着继续进行产品的宣传、推广，推动产品持续曝光
符合时代发展趋势	一件产品要成为爆款，它还需要符合时代发展趋势。因为在大时代背景下，产品符合时代趋势，才能更加符合人们的需求，也更容易成为爆款
能满足消费者需求	消费者需求决定了产品的销售量，消费者需求越强烈，产品销量越大。因此，商家首先要清楚自己的目标客户渴望的是什么，这样才能生产出符合消费者需求的产品

▲ 图13-11 成为爆款产品必须具备的4个特质

13.2 快速涨粉：新手如何一个月内增加 1 000 位粉丝

刚刚做自媒体的人往往会十分重视如何涨粉的问题。因为粉丝增多，文章阅读量就有可能会增加，而阅读量增加，能获得的收益也会增多。既然粉丝数量这么重要，那么新手自媒体人应该如何通过正确的方法快速吸引粉丝呢？本节主要阐述这个问题。

13.2.1 营销活动涨粉

自媒体人的营销活动一般在线上进行。如果是利用营销活动吸粉的话，可以选择一些热门活动，例如流行的投票活动。假设用户参与了活动，肯定会发动身边的朋友帮忙参与投票，于是涨粉的概率就会大大提升。另外，针对一些关注度较高的节日也可进行营销，例如在中秋节、情人节开展营销活动，也会有不少用户愿意关注并参与。

13.2.2 SEO 优化涨粉

关于 SEO（search Engine Optimization, 搜索引擎优化）优化涨粉，在此以微信为例进行介绍。微信 SEO 这一渠道，还是一个待开发的状态，所以以自媒体运营者有很多机会去运营 SEO。笔者曾进行尝试，将一篇文章通过微信 SEO 优化到微信搜一搜首页的前几名，笔者平时的文章阅读量不算多，但是通过 SEO 优化的文章，其阅读量已经明显增加。而且笔者还在文章中设计了"诱饵"，所以当这篇文章排名靠前以后，至少带来了上千的粉丝增量。过去了很长一段时间后，还有人搜索这篇文章，看完文章后也会关注笔者的微信公众号。所以，只要这篇文章的排名还在，那么就会源源不断地带来精准用户。

那么自媒体人应该如何通过微信 SEO 来做优化呢？如何批量操作，让成千上万的词有排名，每天给你带来上万的精准用户呢？其实，影响微信 SEO 排名的因素有以下 6 个核心点。

（1）标题关键词设置。

（2）内容关键词布局。

（3）文章阅读量。

（4）文章点赞量。

（5）文章转发量。

（6）粉丝的数量。

这就是影响微信 SEO 排名的六大因素。看完微信 SEO 的核心技巧会发现，其实只需要运营者把握好这六大方面，对文章排名进行优化，那么文章就会源源不断地带来精准用户。

13.2.3 利用付费的推广涨粉

招收付费会员是自媒体人引流和变现的方法之一。某微信公众号推出的付费会员有两个等级：5 000 个普通会员，200 元 / 个；500 个铁杆会员，1 200 元 / 个。这一看似不可思议的会员收费制度，其名额却在半天内就售罄了。

该微信公众号初期的任务主要是积累粉丝，他们通过各种各样的方式来吸引用户，例如写作、演讲、录视频、播音等。当粉丝达到了一定的数量后，该微信公众号便推出了付费会员制度。对于该微信公众号来说，招收会员其实是为了设置更高的门槛，留下忠诚度高的粉丝，形成纯度更高、效率更高的有效互动圈。

> 💡 **专家提醒**
>
> 为什么该微信公众号能做得如此成功呢？主要是因为它运用了社群思维来运营微信公众平台——将一部分属性相同的人聚集在一起，就是一股强大的粉丝力量。

13.2.4 QQ 社群推广涨粉

QQ 群有很多热门分类。自媒体人可以通过查找同类群的方式加入群，成为群成员后，不要急着推广自己的账号，而是要先在群内提高认知度，然后才可以在适当时期发布广告引流。

例如，在减肥瘦身群中，可以发布一段这样的内容：姐妹们，我今天关注了一个微信公众号，它有一篇文章写得很好，是关于如何让身体各个部位瘦下来的，有兴趣的一定不要错过。

> 💡 **专家提醒**
>
> 自媒体人在 QQ 群内投入广告，一定要有技巧，不能生硬地打广告和要求别人加自己的账号。这样的做法不仅扰民，还会被群主踢出群。

13.2.5 线下推广涨粉

一些自媒体人抱着过于乐观的心态，不切实际地认为只要将用户聚集起来，进行一次线下活动，就能起到很好的营销效果。这样做会使用户远离产品，主动撤离用户圈。

所以，自媒体人想要通过线下活动吸粉，就需要坚持运营，多推出一些活动、多与用户建立感情基础，这样才能积累忠实的用户。自媒体人在决定进行线下推广之前，就应该做好长期运营的准备，而不是采用哗众取宠、一瞬而逝的营销手段，只有这样才能让线下活动真正发挥作用。

13.2.6　蹭热点涨粉

任何一个热点、热词的出现，都会在自媒体平台上被广泛传播。那么，如何跟上"潮流"把握这些热词呢？自媒体人可以关注百度搜索风云榜中的词。这些词是人们搜索最多的、最热的，排名越靠前，越能代表搜索热度。

那么，如何利用百度热词进行引流呢？首先在电脑上打开"百度搜索风云榜"，寻找热门关键词。从实时热点排行榜上，我们可以看到被网友搜索的热点和关键词。运营者可以结合热词撰写软文进行推广和引流。

13.3　粉丝运营：精细化运营，10万粉丝不是梦！

自媒体人在进行运营的过程中，除了可以利用各种平台、技巧引流推广和快速涨粉外，还可以精细化运营粉丝，让自己的吸粉引流之路更顺畅。本节将为大家介绍粉丝运营的技巧。

13.3.1　真正有效的互粉与互动的方法

很多自媒体人都知道互粉这一方法。在很多公域流量平台上，即使你没有任何粉丝，只是一个刚刚注册账号的用户，也可以通过优质的内容来吸粉。因为平台会根据一定的算法机制，将你的内容推荐给对这个领域感兴趣的用户，帮助你快速找到精准粉丝，比较典型的平台就是今日头条和抖音等。

在互粉的过程中，很多对我们的内容不感兴趣的人也可以成为我们的粉丝。但是，如果你是采用互粉的方式吸粉，则粉丝的精准度就相对来说比较低了。因为粉丝可能是在别人的推荐下关注你的，他对你的内容和账号定位可能一无所知，这样的粉丝流失率也是相当高的。因此，自媒体人必须掌握真正有效的互粉方式。在自媒体运营中，大号互推是一种比较有效的互粉方式。

其中，最常用的就是通过一些爆款大号来互推，即账号与账号之间进行互推，可以做到有效互粉。例如，在微信公众平台上，我们会看到某一个公众号会专门写一篇文章推广一个或者多个微信公众号。这种推广被称为公众号互推。互推的两个或者多个公众号之间，其自媒体人可能是认识的朋友，双方或者多方之间约定好有偿或者无偿给对方进行公众号推广。

其实，除了微信公众号外，其他平台也是可以有效互粉的。自媒体人在采用互推方式吸粉引流时，需要注意的一点是，寻找的互推账号类型尽量不要与自己的账号是同一类型的——同一类型的自媒体人之间会存在一定的竞争关系。两个互推的账号之间最好存在互补性。举个例子，一个主营健身用品的账号，其在选择互推账号时，就应该先考虑找那些推送瑜伽教程的账号，这样获得的粉丝才是有价值的。

除了账号与账号之间的互粉外，用户与用户之间的互动也是一种有效的吸粉方式。下面介绍两种通过促进用户互动来吸粉的方法。

1. 邀请式吸粉

在用户运营过程中，当积累了一定数量的忠实用户后，利用老用户来吸粉是一种低成本的获取用户的方式。它主要包括两种形式，一是利用奖励机制让老用户邀请新用户关注账号，二是利用奖励机制让用户把平台账号推送的信息分享给周围的朋友。在此就以利用奖励机制让用户邀请新用户关注平台账号为例进行介绍。

在邀请式吸粉方式中，一般的规则是：当老用户（推荐人）邀请新用户（被推荐人）关注或消费时，每带来1个新用户，老用户就可以获得一定的奖励。

老用户能获得的奖励，根据平台的不同而不同。从种类上来说，既可以是实物奖品，也可以是现金券，抑或是其他一些能让人获利的事物。从对象上来说，不仅老用户有奖励，被邀请到的新用户也有奖励。这样就为成功吸粉提供了更好的保障。

2. 分享式吸粉

较于邀请式吸粉方式来说，运用分享式吸粉方式的自媒体人可能更多，但是这一方式在引流效果上却是不及邀请式吸粉的。因为老用户邀请新用户这一举动，就已经有了引导动作。然而分享动作，只是老用户看到了认可的内容分享给新用户，对新用户来说，无非表现出两种反应。

（1）被分享的人可能只是看一眼就忽略了，没有给予过多的关注。此时被分享的人没有被分享的信息激起足够的兴趣，故不会加入关注者或消费者行列的。此时被分享的人还只是被分享的信息的接收者，而不是成为平台账号的新用户。

（2）被分享的人对分享的信息，或是基于兴趣，或是基于利益，或是在有一定兴趣的基础上基于对分享者的信任，而点击分享的信息、关注平台账号，成功地成为新用户。

13.3.2 汇集铁杆粉丝组建核心用户圈

QQ群、微信群都是大家日常接触较多的社交媒体社群。其中，微信群是比较私密的。群里更多的是一些好朋友或志同道合的人，人数不多。人人都有理由建立一个微信群，然后在微信群中不断地交流。这些社交媒体社群对个人来说，可以增强与朋友之间的感情；对企业来说，可以拉近与粉丝之间的距离。

13.3.3　提供发言机会让粉丝有主人翁感

普通群众不会无缘无故变成粉丝，粉丝更不会无缘无故厚爱一个自媒体人，有付出才会有收获。例如在小米企业成立之初，雷军和黎万强这两位小米的创始人就会每天在论坛上和用户进行沟通，并且保证时间在 1 小时以上，为用户提供了充分表达的机会。每天 1 小时的互动营造出来的企业和用户之间的亲和感，是耗资上亿、每天滚动播放的商业广告比不上的。

在后期的发展过程中，小米企业虽然不再像营销初期一样由企业高层亲自和用户接触，但小米还是组织了专门的团队和自媒体交流社区与用户进行交流沟通，让粉丝有发言机会并且有主人翁感。这一点是值得很多自媒体人学习的。

13.3.4　创造话题，引领话题，提倡粉丝分享

在信息飞速发展的时代，无话题不营销。甚至一些有身份、有地位的大企业家，也不免被拿来营销。企业家被用来营销，最终将会把焦点落实到产品上。

如果一个产品登上了头条，那么它火热程度自然不言而喻。为了吸引众多的用户流量引爆自媒体账号，制造话题占据头条倒不失为一个绝佳的方法。因此，具备话题感的内容或产品非常适合引流。

具备话题感的内容或产品本身就具备强大的社交属性，极容易在粉丝群中引发强烈反响。例如，抖音的话题玩法就是目前非常流行的营销方式。自媒体人可以结合抖音的 POI（Point of Interest 的缩写，中文可以翻译为"兴趣点"）与话题挑战赛来进行组合营销，通过提炼品牌特色，找到用户的"兴趣点"来发布相关的话题，这样可以吸引大量感兴趣的用户参与，同时让账号得到大量曝光，而且精准流量带来的高转化也会为自媒体人带来高收益。

抖音上每天都会有不同的挑战，用户发视频的时候可以添加一个挑战话题，如图13-12 所示。优秀视频会被推荐到首页，会让你的视频曝光率更高，也会引来相同爱好者的更多点赞与关注。用户可以通过"抖音小助手"的精选视频来分析获得高推荐量视频的内容特点，学习他们的优点，从而改进自己的缺陷。

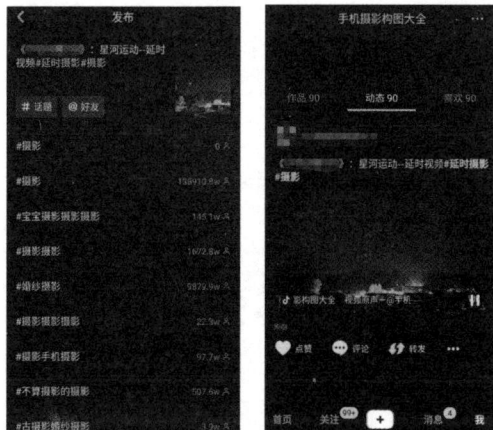

▲ 图 13-12 发布短视频时添加话题

💡 专家提醒

　　有些话题有其背后的推动力量，有非常强大的粉丝后援团。有的企业家的微博粉丝数非常多，他们的企业核心人际关系也有一定基础，正是因为有这些人的关注和推动，这些企业家的一些举动才会成为话题，并成功带动产品销售。

第 14 章

商业变现：
最为详细的自媒体变现方式盘点

学前提示

　　获得收益是每个自媒体人的最终目的，因此掌握一定的赢利方法和渠道是每个自媒体人必须要做到的。本章将为大家介绍 13 个平台的营利情况，以及多种变现营利、增加收益的方法，帮助自媒体人掌握最终获利的技巧。

要点展示

　　≫　十三大主流自媒体平台，谁家单价收益最高

　　≫　变现营利：自媒体人的 13 种赚钱方法

　　≫　增加收益：自媒体人如何进一步提升收益

14.1 十三大主流自媒体平台，谁家单价收益最高

很多人在做自媒体的时候，往往只是深入其中的一两个平台，但对具体有哪些平台可以获得收益并不是非常了解，本节主要介绍一些主流的收益平台。

14.1.1 今日头条

今日头条的流量大，所以即使单价低，每天的收益也不少。而且今日头条除了今日头条的视频和文章外，还有悟空问答、火山短视频和抖音短视频，它们共同组成了今日头条系统。

所以，自媒体人如果能专心致志地运营好这个系统，想获得收益也是不难的。例如善于回答问题的自媒体人，一天回答 100 个问题，一个月就是 3000 个问题。坚持一段时间，悟空问答就会主动找这个自媒体人签约，该自媒体人也将获得工资收益。

14.1.2 大鱼号

在大鱼号平台中，如果账号通过原创审核的话，收益会提高两倍。大鱼号的平台方是阿里巴巴，也就是说这个平台是有商品扶持的。自媒体人直接在内容中插入产品，用户在浏览的时候可以进行购买。大鱼号平台基于产品端的支持，其流量很大——主要体现在 UC 浏览器、UC 头条以及阿里体系中的一些其他产品。通过该平台，自媒体人可获得不菲的收益。

14.1.3 百家号

百家号是百度旗下的平台产品，其要求比较严格，在通过原创审核方面，其要求更高。然而通过了原创审核的百家号就可以开通收益。在百家号上，自媒体人获取收益的方式有联盟广告、百＋计划、千寻奖和百万年薪等——提供的福利非常多。只要创作的内容优质，获得福利也会更容易。同时，自媒体人如果与平台签约的话，每个月还会有固定收益。

14.1.4 企鹅号

企鹅号也开放了收益功能，只是收益相对来说较少。不过在企鹅平台流量大的情况下，收益总体来说也是不错的。另外，企鹅平台还有扶持方案，只要自媒体人积累了一定的粉丝和流量，然后多发一些文章，平台是会进行重点推荐和扶持的。自媒体人可以在企鹅号后台"收益"一栏查看收益和分析收益，如图 14-1 所示。

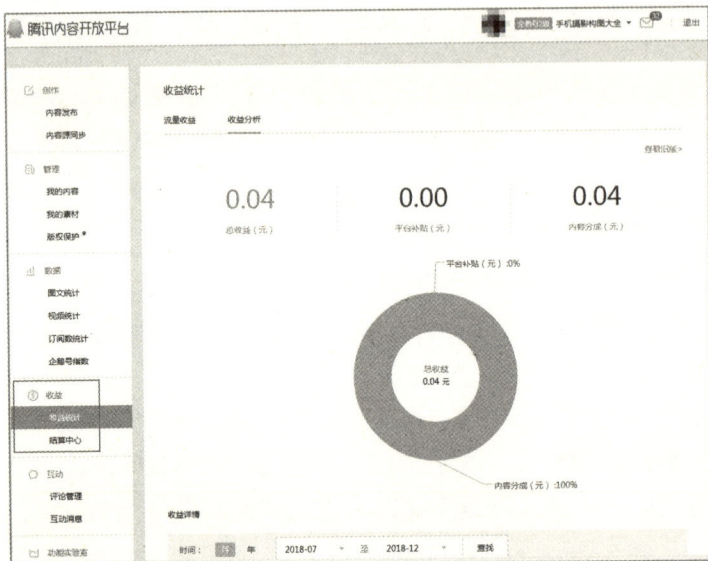

▲ 图14-1　在企鹅号后台查看收益和分析收益

14.1.5　网易号

网易号的收益方式有图文收益和视频收益。自媒体人只要开通原创，就可以获得收益权限，一般是每500阅读量可获得0.1元，每5000阅读量可获得1元。具体的收益情况可以在网易后台的"图文收益"或"视频收益"栏进行查看，如图14-2所示。

▲ 图14-2　查看网易号收益

14.1.6　搜狐号

搜狐号的收益方式是广告分成。自媒体人的账号需要通过审核才能获得广告分成。图 14-3 所示为搜狐平台广告分成项目的介绍。

▲ 图14-3　搜狐平台广告分成项目的介绍

14.1.7　新浪看点

新浪看点平台不仅有收益，还有扶持方案和奖金激励。而且新浪看点平台的补贴力度非常大，只要账号星级达到 4 级，就可获得参与补贴。可以说，自媒体人只要加入并参与平台的补贴计划，每个月都会获得它提供的奖励。另外，新浪看点平台的收益也和其他平台一样，只有通过了审核才可以获得。

14.1.8　360 快传号

360 快传号会根据自媒体人每篇内容的数据情况提供相应的补贴。另外，浏览量和点击量比较高的文章或视频的作者可以向平台申请参与广告分成，这也是 360 快传号收益的组成部分。不过，想要获得广告分成，自媒体人需要长期坚持发布内容才会有机会。

14.1.9　一点号

一点号平台的收益方式是广告收益，在所有的自媒体平台中，它的收益是偏低的。不过在该平台上，自媒体人想要获得广告收益，相较于其他平台来说更轻松。自媒体人可以在一点号后台的"收益"一栏查看收益结算、设置以及数据分析，如图 14-4 所示。

▲ 图14-4　查看一点号后台的收益情况

14.1.10　东方号

东方号是一个比较小众的自媒体平台，收益方式主要有广告收益、红日计划及浏览分成。在东方号平台上，只要内容优质就会获得不错的收益，而且自媒体人参与该平台的补贴计划也能获得部分收益。自媒体人可以在东方号后台的"收益中心"一栏预览收益并进行结算，如图 14-5 所示。

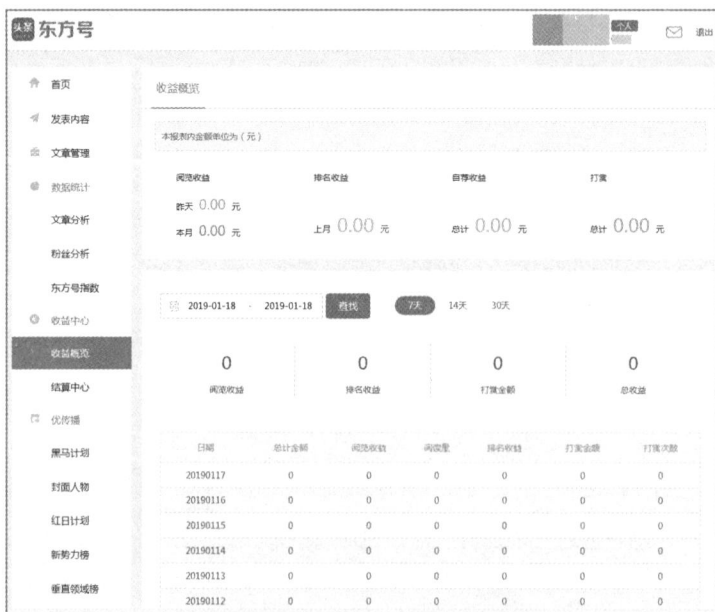

▲ 图14-5　在东方号后台预览收益

14.1.11　喜马拉雅 FM

喜马拉雅 FM 是国内顶尖的音频分享平台。在喜马拉雅平台上，除了可以收听音频节目外，自媒体人还可以进一步申请成为主播，发布自己的音频内容到平台上，从而获得收益。喜马拉雅也会不定期地推出相应的活动，自媒体人可以在主播工作台密切地关注官方公告，积极参与活动，即有机会获得丰厚的福利。

14.1.12　简书

简书平台的主要收益包括付费文章、付费连载及赞赏收益，其中付费文章和付费连载这两种收益，平台会按月结算给运营者（平台会扣税）。而赞赏收入——无论用户是赞赏个人还是赞赏文章——都不会被平台扣税。自媒体人只需要单击账号头像，打开"我的钱包"一栏，即可查看收益，如图 14-6 所示。

▲ 图14-6　简书平台的收益查看

14.1.13　趣头条

趣头条的收益方式主要包括广告收益、浏览分成。趣头条的收益要比别的平台低一些。趣头条平台的用户每天浏览一些资讯，也能获得收益——以金币的形式在账号中体现。用户可以在个人账号界面和"我的钱包"界面查看收益，如图 14-7 所示。

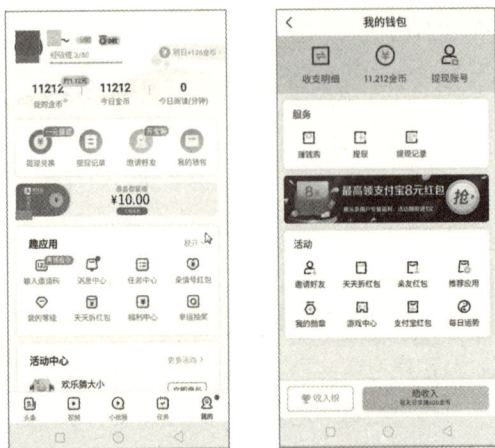

▲ 图14-7　趣头条平台的收益查看

14.2　变现营利：自媒体人的13种赚钱方法

大部分自媒体人盯着每日的广告收益，认为做自媒体只有这一种赚钱的途径。当看到每天能获得的收益很少时，就不假思索地将账号弃置一旁，觉得做自媒体不赚钱。自媒体真的不赚钱吗？其实是你没找到真正的自媒体赚钱之路。本节主要介绍自媒体人的13种赚钱方法。

14.2.1　自媒体平台的扶持金

大部分自媒体人都认为，在自媒体平台上就是靠点击广告获得收益。事实上，广告收益确实是自媒体人的一种主要的赚钱方法。但是，通过自媒体平台营利的方法不止一种，获得自媒体平台的扶持金也是一种赚钱方法。例如，今日头条的千人万元计划，百家号的百＋计划，大鱼号的大鱼计划，新浪看点的奖金激励计划，等等。这些都属于自媒体平台的扶持金，只要自媒体人的内容是原创并且优质的，就有机会获得扶持金。

14.2.2　自媒体广告收入

发布软文广告是自媒体人使用较多的营利方式，同时通过这种方式获得的盈利也是非常可观的。软文广告是指自媒体人在平台上以在文章中软性植入广告的形式推送文章。在文章中软性植入广告，是指文章中不会直接介绍产品，不会直白地夸奖产品有多么好的使用效果，而是选择将产品渗入到文章情节中去，达到在无声无息中将产品的信息传递给消费者的目的，从而让消费者能够更容易接受该产品。

14.2.3　粉丝打赏收益

为了鼓励自媒体人创作出优质内容，不少自媒体平台都推出了"赞赏"功能，自媒体人可以从中获利。以微信平台为例，开通"赞赏"功能的微信公众号必须满足以下3个条件。

（1）必须开通原创声明功能。

（2）除个人类型的微信公众号，其他类型的微信公众号必须开通微信认证。

（3）除个人类型的微信公众号，其他类型的微信公众号必须开通微信支付。

自媒体人想要让自己的微信公众号开通"赞赏"功能，就需要经历两个阶段：第1个阶段是坚持一段时间的原创，当微信公众平台发出原创声明功能邀请后，自媒体人就可以在后台申请开通原创声明功能；第2个阶段是在开通原创声明功能后，继续坚持一段时间的原创，当微信公众平台发布赞赏功能的邀请后，自媒体人就可以申请开通赞赏功能。

如果自媒体人符合开通要求，那么只需在"赞赏功能"页面，单击"开通"按钮，即可申请开通赞赏功能。图14-8所示为赞赏功能的介绍。

▲ 图14-8　赞赏功能的介绍

14.2.4　广告联盟赚钱法

广告联盟赚钱法是90%的自媒体人选择的赚钱方法，是依靠用户点击文章下的广告和利用平台所带的流量赚钱。在这一赚钱方法中，阅读量和播放量大，盈利就多，反之就少。很多自媒体人在初期感觉赚的钱很少，于是就放弃了。

自媒体人如果想用这个方法获利，正确的做法是多看、多总结其他新媒体账号爆文的特色，弄清楚获得高阅读量和播放量的原因，接着自己去实践、学习，学习后再实践，周而复始，即可成功获利。

14.2.5　电商产品收益

自媒体人既然能为别人写广告，推荐他们的产品，那么是否可以卖自己的产品呢？答案是肯定的。三农领域中很多比较出名的自媒体人，都是卖自己家的农产品，每次售卖的产品都会立刻被抢光。因此，自媒体人也可以将出售自己的电商产品当作一个收益的来源，在自己的账号中对自家产品进行推广。

14.2.6　推广赚钱法

在某些垂直领域，很多企业都有特别大的宣传推广需求，需要自媒体为他们发布文案或者视频，企业也会支付相应的推广费用给自媒体人，有了销售量后还会给自媒体人分成。可见，这也是一种赚钱的方法。

不过需要注意的是，利用这一方法赚钱有一个前提，就是需要自媒体人本身有较多的粉丝。如果粉丝很少，企业是不会选择与其合作的。

14.2.7　撰文推荐赚钱法

大多数自媒体人都会和一些电商企业合作进行产品销售，例如很多母婴类的自媒体大号，粉丝增多后，就直接在其自媒体平台上推荐一些母婴类产品，价格比其他平台低，更利于产品销售，在这一过程中自媒体人可以获得分成。不过这种营利方法同样有一个前提，就是自媒体人需要有较大粉丝量，粉丝量不够的话就难以实现撰文推广产品和获利的目标。

14.2.8　付费咨询赚钱法

自媒体人如果能坚持做垂直自媒体，积淀一段时间后，就会有很多粉丝过来询问相关领域的问题。对于粉丝提出的问题，如果分别进行回答的话，肯定会花费很多时间。此时自媒体人就可以开通付费咨询，增加一个收入渠道。这样也会让自媒体人在回答问题时更有动力。

14.2.9　线下培训赚钱法

当自媒体人深入研究某一领域后，肯定会形成自己独特的见解和看法，并且在一定程度上会打开知名度。此时一些有需求的企业看到后就会发来邀请，让自媒体人为员工培训。如果培训效果比较好，自媒体人也会获得不错的收益，而且有了口碑后，线下培训获得的收益也会增加。

14.2.10　音频、视频课程赚钱法

很多自媒体人由于有了足够的运营经验，就会录制音频课程和视频课程放在一些音频平台、视频平台上进行售卖。自媒体人只需要录制一次，就可以多次售卖，其中能获得的收益比较多，同时还能为自己吸粉，一举两得。

14.2.11　背靠大型企业赚钱法

一些大型企业特别需要知名领域的自媒体人。做得好的自媒体人会直接被各大互联网公司收拢，请他们专门为公司进行创作——自媒体人只需要每月写几篇文章，再利用自己的影响力和粉丝号召力，也能获得较多收益。

14.2.12　阅读资讯赚钱法

很多资讯类APP都推出了"看新闻赚钱"的方式，如今日头条极速版、趣看天下、抖音极速版、趣看视频、彩蛋视频、抖呱呱极速版等 APP，如图 14-9 所示。

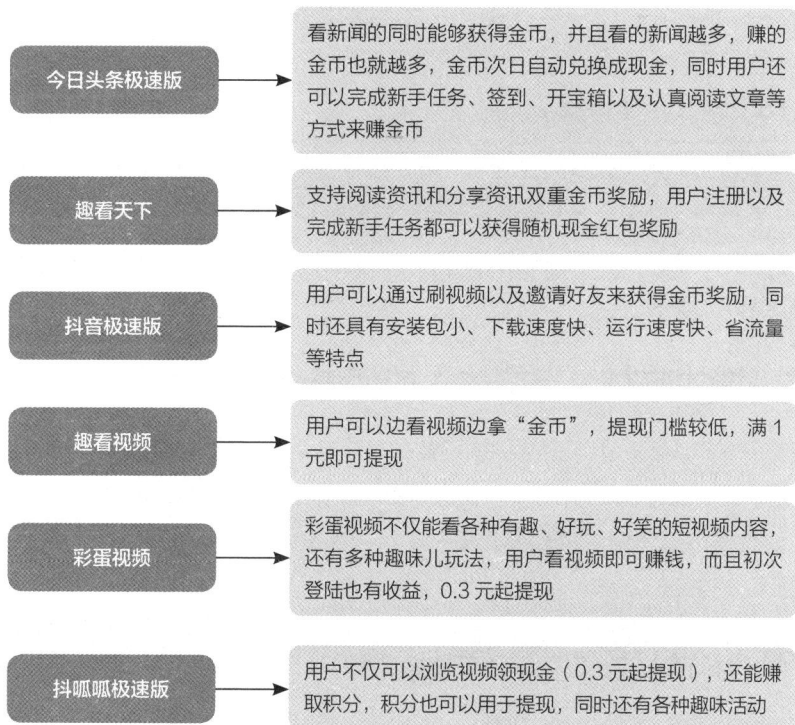

今日头条极速版	看新闻的同时能够获得金币，并且看的新闻越多，赚的金币也就越多，金币次日自动兑换成现金，同时用户还可以完成新手任务、签到、开宝箱以及认真阅读文章等方式来赚金币
趣看天下	支持阅读资讯和分享资讯双重金币奖励，用户注册以及完成新手任务都可以获得随机现金红包奖励
抖音极速版	用户可以通过刷视频以及邀请好友来获得金币奖励，同时还具有安装包小、下载速度快、运行速度快、省流量等特点
趣看视频	用户可以边看视频边拿"金币"，提现门槛较低，满 1 元即可提现
彩蛋视频	彩蛋视频不仅能看各种有趣、好玩、好笑的短视频内容，还有多种趣味儿玩法，用户看视频即可赚钱，而且初次登陆也有收益，0.3 元起提现
抖呱呱极速版	用户不仅可以浏览视频领现金（0.3 元起提现），还能赚取积分，积分也可以用于提现，同时还有各种趣味活动

▲ 图14-9　自媒体平台推出的"看新闻赚钱"方式

这种变现方式不仅可以增强自媒体平台的用户黏性，而且对于喜欢看自媒体内容的用户来说，能够在获得资讯的同时赚一些小钱，如图 14-10 所示。对于不想通过创作获利的自媒体人来说，这也是一种比较合适的赚钱方式，因为不需要考虑怎么创作，只需要进行阅读和分享即可。

▲ 图 14-10　今日头条极速版的赚钱任务和收益界面

14.2.13　软文写作赚钱法

当自媒体人积累了较多的经验后，肯定会有一些软文写作的技巧，此时就可以帮助一些企业撰写软文了。一般来说，这样的软文是按字数收费的，最低价格是 500 字 50 元，10 个字 1 元钱。按最低标准计算，每天完成一篇 1000 字的软文，一个月就能获得 3000 元收益。

14.3　增加收益：自媒体人如何进一步提升收益

很多自媒体人因为不知道应该通过什么方式去赚钱，所以很着急。其实自媒体营利的方式很多，而且收益也很丰厚。只要自媒体人有大量的粉丝，营利根本不在话下。那为什么有些自媒体人收益却很少呢？本节为大家介绍的就是自媒体人收益少的原因，以及提高收益的方法。

14.3.1　为何有些自媒体人没有收益

一说到自媒体人月入过万，很多人都不相信。然而根据权威机构给出的数据来看，月入过万的自媒体人数量已经达到 27.81%。那为什么有些自媒体人却没有收益呢？

其实，主要是因为以下两个环节出现了问题。

1. 自媒体平台权限

每个自媒体平台都有它们各自的规则。虽然平台不同，但是运营方式都大同小异。如果自媒体账号的权重过低，肯定是没有收益的。那么是哪些因素导致账号权重过低呢？影响权重的因素主要是指数，例如大鱼号设置了星级，达到星级才能享受权益；百家号需要指数达到500才能享受权益；企鹅号也有指数要求；等等。

2. 内容质量度

内容质量度的高低也会影响收益。很多自媒体人会发现，自己的内容质量度不高。那么是什么因素导致内容质量度不高呢？在笔者看来，主要有以下两点。

（1）素材源自网络。自媒体人的创作素材大多源自网络，但这就会出现一个问题：自己认为好的素材，别人也认为好，大家都在用这一个素材，导致内容雷同，没有吸引力。

（2）内容搬运。有些自媒体人发布的内容全都是直接搬运来的，内容质量肯定会大打折扣，而要想增加收益必须要注意内容的原创质量，全部搬运肯定是行不通的。

14.3.2 影响自媒体人收益的五大因素

很多自媒体人发现，自己花了很多时间和精力撰写原创内容，但是收益却迟迟不增长，也不知道到底是哪里存在问题。其实影响收益的因素主要有5个，如果能把握好这5个因素，收益自然会大大提升。

1. 广告单价

一般来说，自媒体人大多是通过广告获得平台收益的。但很多人不知道，广告收益是与发布时间、展现方式和广告主支付的单价有关的。也就是说，广告单价越高，自媒体人能获得的收益就越高；单价越低，自媒体人能获得的收益就会越低。可见，广告单价是影响自媒体人收益的一个重要因素。

2. 阅读量

阅读量会影响收益，大家都知道，阅读量越多，广告收益就越高。阅读量与广告收益是成正比的。所以，自媒体人应该想办法提高自己的内容阅读量，这是提高收益的好方法。

3. 原创度

文章是否搬运、视频是否搬运都会直接影响自媒体账号的原创度高低，也会直接影响收益高低。原创度高的文章和得到原创标签的文章，一般来说，其收益是非原创文章的两倍。所以坚持原创才是正道。

4. 文章质量

文章质量的好坏也决定了自媒体人是否能获得高收益。如果文章内容没有可读性，而且读起来语句不通顺、质量差，肯定得不到更多的推荐量和阅读量，当然也不会有可观的收益。

5. 发布时间

在发布时间上，大部分自媒体人都处于不利地位。因为很多自媒体人白天要上班，是无法发布文章的，下班回家后才能发布。因此，自媒体人可以提前将内容编辑好，利用手机进行发布，或者可以用预约功能来定时发布，不错过任何发布内容的黄金时间。

14.3.3　做兼职自媒体的赚钱方法

很多职场人士听说自媒体非常火爆，想在闲暇时间做自媒体。这一想法是很好的，但是利用业余时间做，肯定会非常累，也不能在短期内获得高收益。如果人们对自媒体期望太高，就有可能产生心理落差。如果人们只把自媒体当作一个成长的窗口，那么做好的概率反而更大，毕竟心理压力较小。

自媒体人如果压力太大且没有目标，就会不知道自己每一步该怎么走。可见，做好全面规划，自媒体运营起来才会更稳、更好。因此如果你想做自媒体，就应该定好目标轻装上阵。

14.3.4　如何实现日赚百元的小目标

作为自媒体小白如何实现日赚 100 元的小目标呢？只用一个项目达成目标有点难，如果是 10 个项目呢？每个项目只需要每天赚 10 元钱就可以了。从这个角度来思考，是不是容易得多？而且想要做自媒体，能利用的平台还是很多的。在所有能获得收益的平台上都注册一个账号，然后筛选一些最近的爆文，将最受读者关注的热点提炼出来，按照一个全新的思路写一篇切合热点的文章，这样能省掉很多思考的时间。

自媒体新人刚开始运营自媒体账号时，能获得的收益较少，然而随着运营时间的增加，因为有了沉淀，收益会越来越多。所以按照上面的方法进行操作，想日赚 100 元，真的很简单。

第 15 章

运营灼见：
将自媒体内容做全渠道覆盖推广

在新媒体时代，许多自媒体人将自己的内容做全渠道的覆盖推广，但得到的推广效果却并不好。因为他们并没有仔细研究每个自媒体平台的机制，而只是机械式发布内容。因此，我们必须认真研究所注册的自媒体平台，然后再去做相应的运营推广，这样才能得到自己想要的效果。本章笔者将为大家介绍一些自媒体运营技巧，如团队运营、数据分析以及社群运营等。

>>> 团队运营：打造高阶自媒体矩阵

>>> 数据分析：准确、清晰的自我定位

>>> 社群运营：用一个点撬动每个成员

15.1　团队运营：打造高阶自媒体矩阵

任何团队都不能没有运营，就如人不能没有心脏。运营的重要性是众所周知的。好的产品需要运营，而对于运营而言，除了产品，运营的人员也是运营的重要影响因素。因此，如何打造具有战斗力的运营团队也是自媒体人必须考虑的问题。本节将介绍如何打造优质团队。

15.1.1　团队组建的两个基本步骤

无论是什么企业，其运营团队都是根据产品的形态来组建的，而一个产品什么时候开始运营、怎么运营，实际上是由它自己的形态决定的。因此，组建运营团队时，第 1 个基础步骤就是明确产品的形态，确定运营模式。

互联网环境中的众多产品都是随着互联网的发展成长起来的，而且其种类划分越来越偏向于精细化、丰富化。概括地说，产品的形态可以分为图 15-1 所示的几大类。

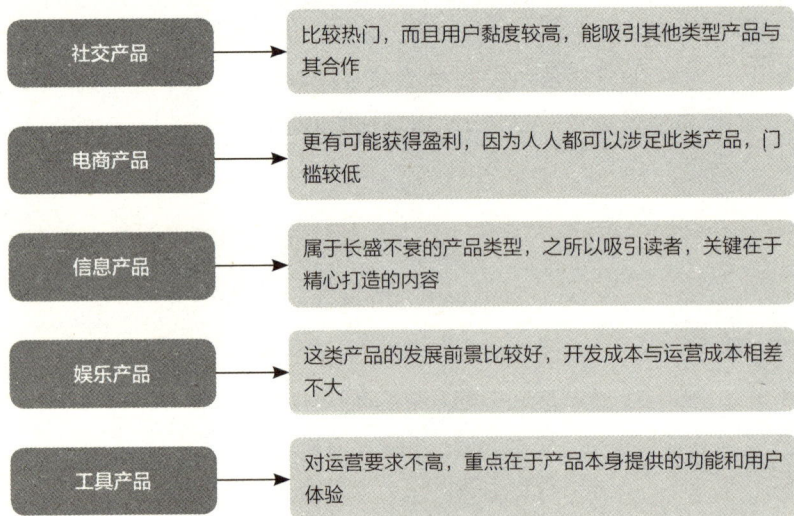

社交产品	比较热门，而且用户黏度较高，能吸引其他类型产品与其合作
电商产品	更有可能获得盈利，因为人人都可以涉足此类产品，门槛较低
信息产品	属于长盛不衰的产品类型，之所以吸引读者，关键在于精心打造的内容
娱乐产品	这类产品的发展前景比较好，开发成本与运营成本相差不大
工具产品	对运营要求不高，重点在于产品本身提供的功能和用户体验

▲ 图15-1　产品的主要形态

团队的组建是根据团队的情况而定的，有些成熟的团队已经不用考虑这方面的问题。但对于刚开始涉足运营的团队而言，虽然资金不足、资源有限，但还是需要推进运营团队的建设，因为好的产品都是运营出来的。因此，团队组建的第 2 个基础步骤就是搭建运营结构。

如果团队人员本来就具有良好的运营能力，那么运营的问题就会迎刃而解；如果创始人和团队并没有掌握运营技巧，就应该从了解运营的结构开始做起。运营的结构分为 3 个部分，具体如下。

（1）试验阶段。在此阶段，产品还处于未投放的状态，还是"胚胎"，而且也没有引进投资。因此，此时自媒体人需要做的就是利用自己的力量进行初步的宣传和推广，然后根据数据检验产品是否受欢迎。

（2）成长阶段。这一阶段也是团队迅速发展的阶段，有了上一阶段对产品的检验，投资也能陆续引进，运营的框架也可逐步搭建。

（3）壮大阶段。经过迅速发展期的锻炼，团队的各方面能力自然得到了很大的提升，业务方面也更加熟练。因此，团队此时就偏向于数据化管理，通过对数据的观察和分析，团队可以对自己的运营能力进行省察，同时可以根据数据不断优化产品。随着经验的累积，运营团队的能力也会不断提升，最终会掌握更多独到的运营技巧。

15.1.2 轻松搞定内容 + 用户 + 公关

自媒体账号运营的工作职责主要包括内容、用户和公关 3 个方面，具体分析如图 15-2 所示。

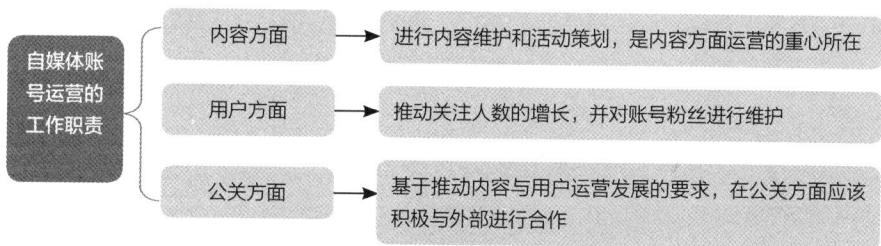

▲ 图15-2 自媒体账号运营的工作职责

15.1.3 编辑负责内容生产推广 + 美工

"编辑"这一概念从传统的出版学角度来说，是指对出版物进行后期制作的一系列工作和承担这些工作的人。而随着互联网和移动互联网的发展，它所涉及的工作范围和人员明显扩大了，所有与内容（包括各种形式的内容）直接相关或间接相关的工作、工作人员都被视为"编辑"。

相对于其他运营岗位来说，编辑是大家比较熟悉的，特别是在招聘网站上，与运营相关的编辑职位还是比较常见的，且在职责上有着明确的定位。图 15-3 所示为"前程无忧"招聘网站上与运营相关的编辑职位招聘中提及的职位要求。

▌职位信息

岗位职责：

1. 参与公司品牌战略规划，品牌形象的建立与维护等；

2. 专题活动的日常宣传、策划、发布和维护；

3. 负责撰写新闻、企业画册等相关文案；

4. 负责提升公司微信的转发率、阅读量等关键性指标。利用公司内、外部资源提升微信粉丝数量。

职位要求：

1. 思维缜密清晰、文笔流畅，具备良好的文字功底，对新闻热点有敏锐的视角，能有自己的角度和意见；

2. 熟悉常用的网页制作软件、了解微信各类应用知识和技巧，懂得微信公众平台的运营；

3. 有品牌策划、品牌形象建立与维护等相关工作经验；

4. 有培训、教育行业经验者优先。

▲ 图15-3 招聘网站上的与运营相关的编辑岗位职责

从图 15-3 可以看出，运营体系中的编辑岗位职责主要集中在平台的各种内容生产的全流程上，如策划、筛选、审核、推荐、编排、修改、加工、推广等。当然，这里的编辑主要负责平台内容的生产和推广，而关于平台和平台内容的各方面设计和美化工作，大多属于编辑范畴内的"美工"这一岗位的工作内容。

美工是一个需要精通一个或多个设计软件的技术性工种，需要对平面、色彩、基调和创意等进行设计。图 15-4 所示为 58 同城上美工编辑职位招聘中提及的职位要求。

▌职位信息

职位描述：

1.负责微信公众平台的图片制作及整体形象设计；

2.根据公司要求，美化修改平台及定期更新平台；

3.负责公司微信微博活动的图片设计与优化；

4.能独立策划完成新媒体（网站、微博、客户端）新闻美工编辑；

5.具有优秀的创意思维，有良好的平面和美工基础，较强的审美观，善于色彩搭配；

6.精通平面设计，熟练运用Photoshop、Dreamweaver、Illustrator、flash等图片和视频处理软件；

7.善于与人沟通，具有良好的团队合作精神和高度的责任感，能够承受压力，有创新精神，保证工作质量。

▲ 图15-4 招聘网站上美工编辑岗位职责

从美工编辑的工作内容来看，它主要包括 3 种类型，即平面美工、网页美工和三维美工等，具体介绍如图 15-5 所示。

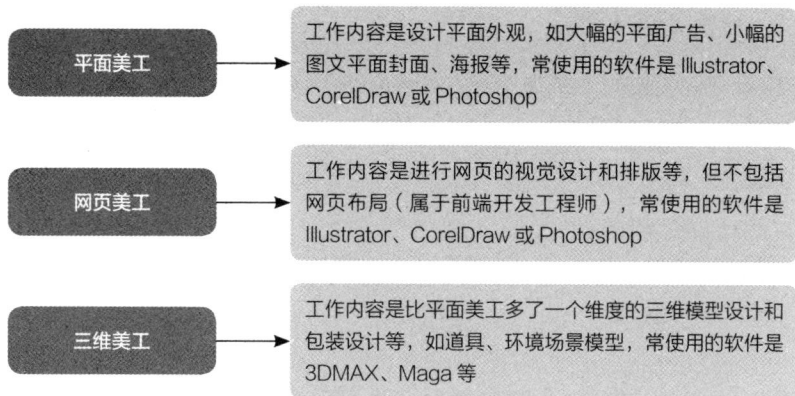

平面美工：工作内容是设计平面外观，如大幅的平面广告、小幅的图文平面封面、海报等，常使用的软件是 Illustrator、CorelDraw 或 Photoshop

网页美工：工作内容是进行网页的视觉设计和排版等，但不包括网页布局（属于前端开发工程师），常使用的软件是 Illustrator、CorelDraw 或 Photoshop

三维美工：工作内容是比平面美工多了一个维度的三维模型设计和包装设计等，如道具、环境场景模型，常使用的软件是 3DMAX、Maga 等

▲ 图15-5　美工编辑的主要类别

15.1.4　细心运营团队，吸引忠诚粉丝

周鸿祎说："好的产品是运营出来的。"因此，对自媒体人来说，一个产品或者一个账号都是离不开运营团队的。当然，在现实的运营环境中，运营岗位一般不是由特定的、单一的人员负责的，如自媒体账号的运营人员、广告投放人员等都是运营团队中的一员。

很多人都对运营的概念和具体工作职责没有全面的了解，甚至会觉得运营工作很杂。实际上，运营工作并不是只停留在"杂"的层面，而是需要运营人员具备掌控系统的运营能力，并能全面考虑细节，同时能做到与其他部门及时沟通，以达到吸引忠实粉丝、增加粉丝黏性的目的。

每一个运营岗位都至关重要，不是说内容重要就只关注内容运营，用户重要就不管数据运营，这是不可能的，也是万万不可行的。因为我们每个人都有自己的优势、亮点以及不足，而在一个团队中，大家的能力互补，才能互帮互助实现共赢。就如唐僧师徒西天取经，师徒 4 人优势互补，最后才能成功取得真经。

对于自媒体个人账号来说，如果有一天不坚持运营，那么这一天就浪费了。如果有团队，某一岗位的运营人有事无法完成当天的运营工作，就可以由同伴承担当天的运营工作，呈现在用户面前的就是一种坚持运营的状态。这样的话，自媒体账号才能吸引更多的忠诚粉丝。

15.2　数据分析：准确、清晰的自我定位

学会在自媒体平台后台和数据服务平台上查看数据并进行分析，对营销与运营来说，都是非常重要的。本节介绍自媒体运营的数据分析方法。

15.2.1 分析新增人数

下面是一幅某微信公众号表现用户新增人数趋势情况的折线图，如图 15-6 所示。在该趋势图上，将鼠标指向不同的节点（日期），可以看到该日期的详细的新增人数数据，如图 15-7 所示。

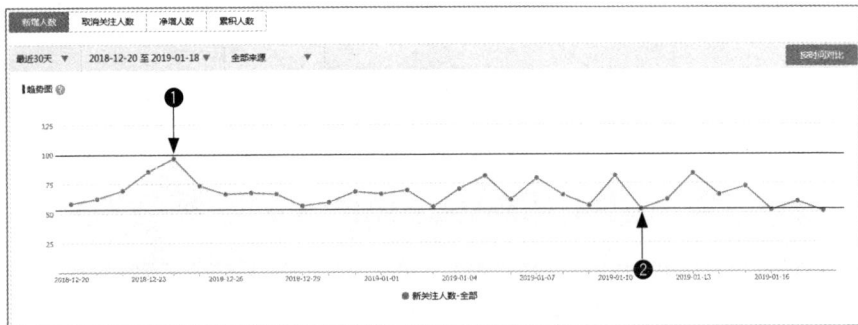

▲ 图15-6 微信公众平台用户新增人数趋势折线图

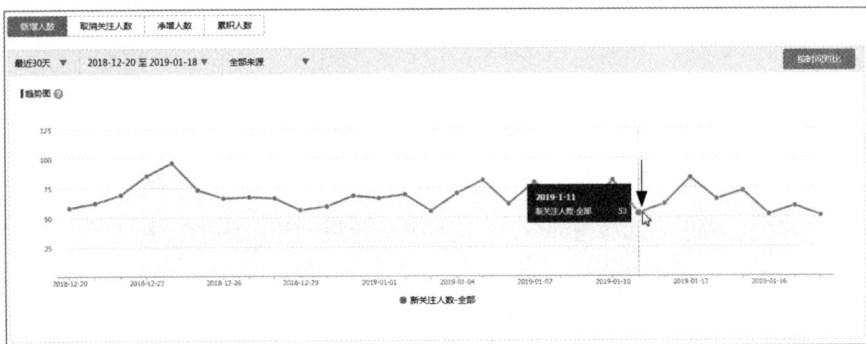

▲ 图15-7 显示具体日期的用户新增人数趋势折线图

分析上面两幅新增人数的趋势数据图，有两方面的意义。

（1）观察新增人数的趋势，可以以此来判断不同时间段的宣传效果。

从图上可以看出，平台的用户新关注人数趋势虽然有起有伏，但整体上还是比较平稳的。可见，这一自媒体账号在宣传推广方面不曾懈怠，时常有吸引用户关注的推广活动，从而取得了不错的宣传效果。

（2）观察趋势图的"峰点"和"谷点"，可分析出异常情况出现的原因。

图中 ❷ 处是"谷点"，表示的是趋势图上突然下降的节点。它与"峰点"相对，都是趋势图中特殊的点，意味着平台推送可能产生了不同寻常的效果。

图中 ❷ 处，是 2019 年 1 月 11 日的新关注人数，数值为 53 人。那么，为什么这一天的新关注人数会呈现出"谷点"的趋势呢？此时就需要找出原因——平台内容不吸引人、关键词布局不合理、文章标题没有吸引力，还是其他的原因。查明原因后，自媒体人就相当于积累了一次经验。在后续运营中可以避免出现类似情况，同时总结并还用这种经验，可以获得产生更好的效果的方法。

15.2.2　统计用户流失率

通过系统"取消关注人数"的数据就能了解每天有多少粉丝取消了关注。一旦发现取消关注的人数呈现出增长的趋势，自媒体人就要加以注意，努力找出问题所在，尽可能地避免取消关注人数继续增长。计算用户流失率的公式：用户流失率＝（取消关注用户 ÷ 平台累积关注人数）×100%。

15.2.3　用户关键词偏好

热度关键词统计表最重要的作用就是统计重点的关键词，根据统计的结果分析大部分用户的兴趣爱好。下面主要介绍"用户热度关键词统计表"的制作流程和具体方法。

步骤 ❶ 新建一个名为"热度关键词统计表"的工作表，输入相关信息，❶ 设置表格各项属性和效果，如图 15-8 所示；❷ 在 A3 单元格中输入数值"1"；❸ 选择需要填充数据的单元格区域，如图 15-9 所示。

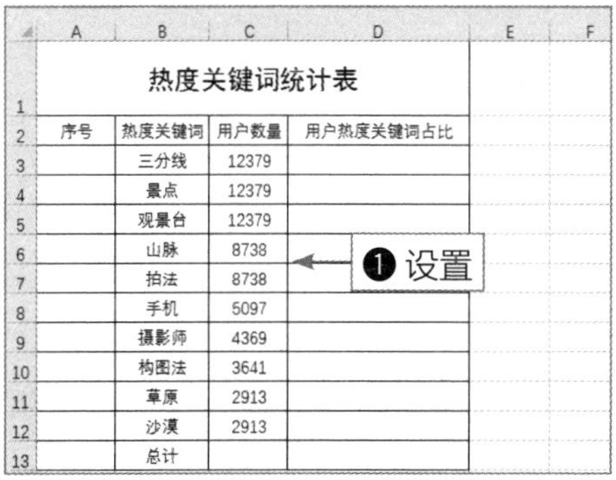

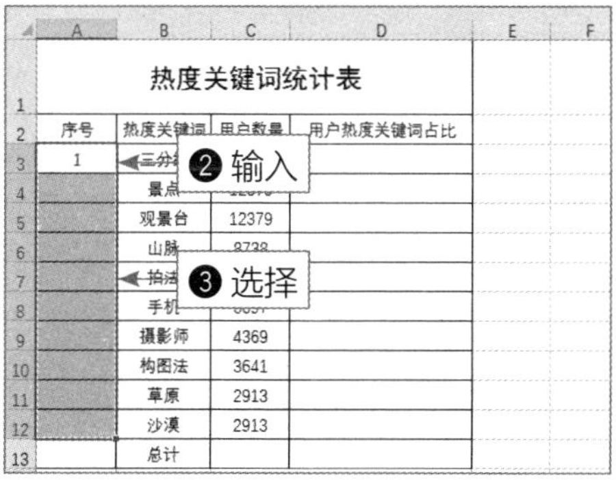

图15-8　新建工作簿

图15-9　选择相应单元格区域

步骤 ❷ 在"开始"面板的"编辑"选项板中，❶ 单击"填充"按钮，弹出下拉列表框；❷ 选择"序列"选项，如图 15-10 所示；弹出"序列"对话框，❸ 在"序列产生在"选项区中选择填充方向为"列"；❹ 设置"类型"为"等差序列"，在"步长值"右侧的数值框中输入"1"；❺ 单击"确定"按钮，如图 15-11 所示。

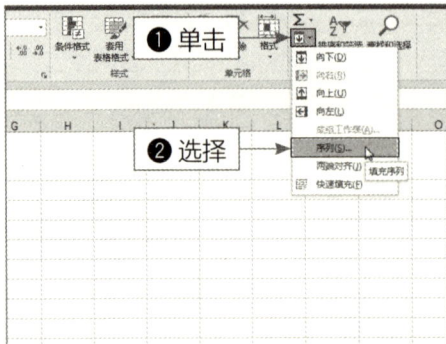

▲ 图15-10　选择"序列"选项

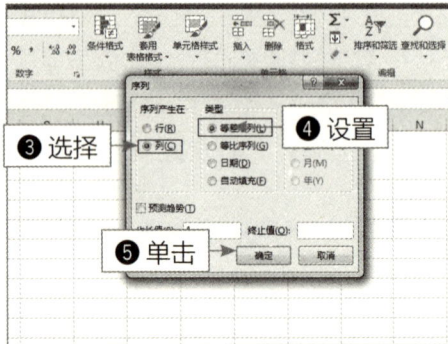

▲ 图15-11　进行相关设置

步骤 ③ 选择 A2:D13 单元格区域，❶ 单击"字体"选项板中的"填充颜色"按钮 ，如图 15-12 所示；弹出颜色面板，❷ 选择"主题颜色"下的"金色，个性色4，淡色60%"色块，单元格填充颜色效果设置完成，如图 15-13 所示。

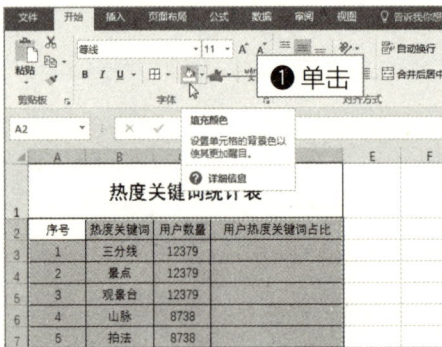

▲ 图15-12　单击"填充颜色"按钮

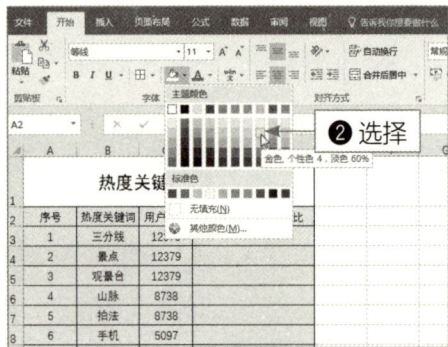

▲ 图15-13　选择相应色块

步骤 ④ 选择 C13 单元格，❶ 在单元格中输入公式"=SUM(C3:C12)"，如图 15-14 所示；❷ 按【Enter】键确认，即可得出 C13 单元格的数据结果，即用户总数，如图 15-15 所示。

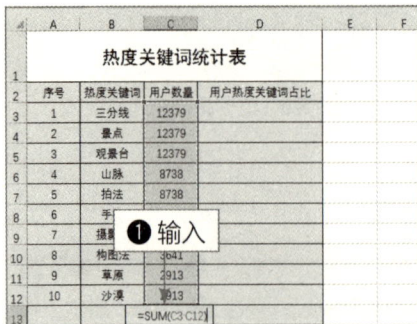

▲ 图15-14　在单元格中输入公式

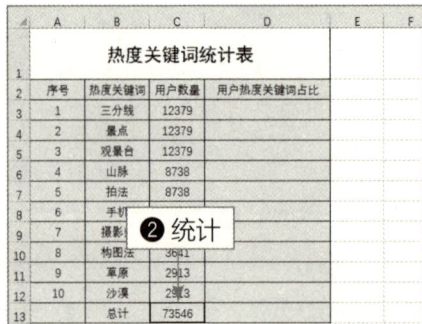

▲ 图15-15　统计用户总数

💡 **专家提醒**

　　要想设置单元格的填充颜色效果，用户还可以选择 A2:D13 单元格区域，单击鼠标右键，选择"设置单元格格式"命令，调出"设置单元格格式"对话框，在"填充"选项卡中设置相应颜色色块，单击"确定"按钮即可。

步骤 ⑤ 选择 D3 单元格，❶ 在单元格中输入公式"= SUM(C3/\$C\$13)"，如图 15-16 所示；❷ 按【Enter】键得出 D3 单元格的数据结果，即"三分线"关键词的用户占比情况，如图 15-17 所示。

▲ 图 15-16　在单元格中输入公式

▲ 图 15-17　统计关键词的用户占比情况

步骤 ⑥ 用上述方法，套用计算关键词的用户占比公式，计算其他单元格的数据结果；选择 C3:D13 单元格区域，❶ 设置"字体"为"Times New Roman"，如图 15-18 所示；选择 D3:D12 单元格区域，调出"设置单元格格式"对话框，❷ 在"数字"选项卡下，设置"分类"为"百分比"、"小数位数"为"0"；❸ 单击"确定"按钮，百分比格式设置完成，如图 15-19 所示。

▲ 图 15-18　设置字体格式

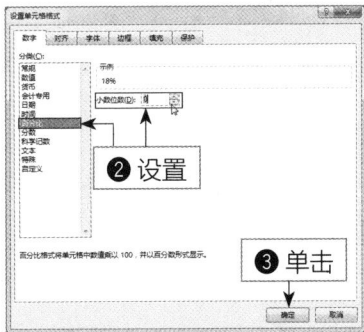

▲ 图 15-19　设置百分比格式

步骤 ⑦ 按住【Ctrl】键的同时，选择 B2:B12 与 D2:D12 单元格区域，❶ 单击"插入"面板的"图表"选项板中的"插入柱形图或条形图"按钮 📊；弹出对话框，

❷ 选择"簇状柱形图"选项，如图 15-20 所示；选择图表，在"设计"面板的"图表样式"选项板中选择"样式 6"选项，❸ 图表样式设置完成，如图 15-21 所示。

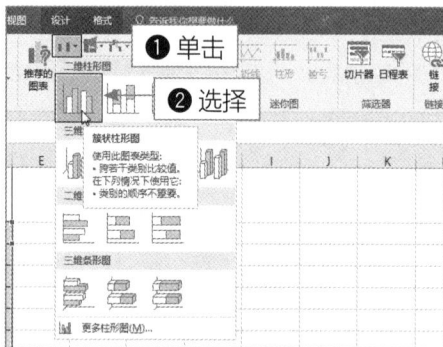

▲ 图 15-20　选择"簇状柱形图"选项

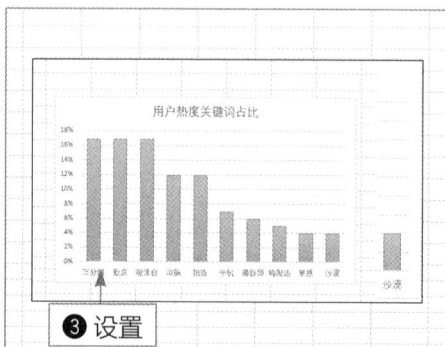

▲ 图 15-21　设置图表样式

步骤 ⑧　选择图表，在"设计"面板的"图表样式"选项板中，❶ 单击"更改颜色"按钮，弹出下拉列表框；❷ 选择"单色调色板 4"选项，如图 15-22 所示，即可更换图表的颜色效果；选择橙色柱形条，单击鼠标右键，弹出快捷菜单，选择"添加数据标签"选项，❸ 在橙色柱形条上显示各个数值，效果如图 15-23 所示。

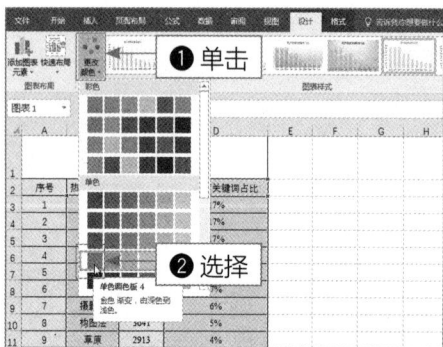

▲ 图 15-22　选择"单色调色板 4"选项

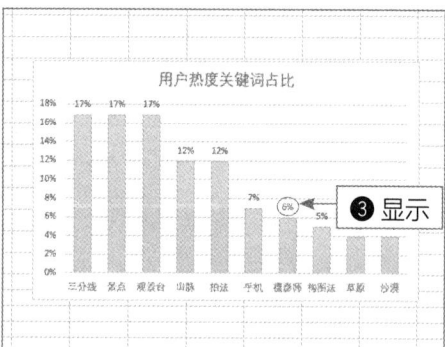

▲ 图 15-23　在橙色柱形条上显示各个数值

从图 15-23 的用户热度关键词占比数据可以看出，在自媒体平台上发布文章，用户偏好的是有关特定技巧和旅游方面的文章，其中"三分线""景点""观景台"3 个关键词在所有的关键词中，用户人数占比最高。

15.2.4　总体图文阅读数

总体图文数据变化表，主要是在统计了总体图文数据的基础上，根据计算得出的

百分比指标，运用折线图将图文数据的变化趋势显示出来。这样有利于微信运营人员
分析数据，然后根据图文的变化判断推广方案的可行度。

总体图文数据变化计算日百分比的公式：日百分比 =（当日图文阅读人数 – 昨日
图文页阅读人数）÷ 昨日图文页阅读人数。下面介绍利用公式计算日百分比变化的操
作方法。

步骤① 打开一个 Excel 工作簿，选择 C3 单元格，❶ 在单元格中输入公式 "=SUM
((B4-B3)/B3)"，如图 15-24 所示；❷ 按【Enter】键确认，即可得出 C3 单
元格的数据结果，即 7 月 26 日的日百分比变化数据，如图 15-25 所示。

▲ 图15-24　在单元格中输入公式

▲ 图15-25　计算7月27日的日百分比

步骤② 选择 C3 单元格，将鼠标指针移至 C3 单元格右下角，当鼠标指针呈现 ✚
形状时，单击鼠标左键并向下拖曳至 C31 单元格，即可在单元格中填充相
关数据；❶ 计算其他日期的日百分比变化数据，如图 15-26 所示；选择
C3:E32 单元格区域，在"开始"面板的"字体"选项板中，❷ 单击"字
体设置"按钮，如图 15-27 所示。

▲ 图15-26　计算其他日期的日百分比

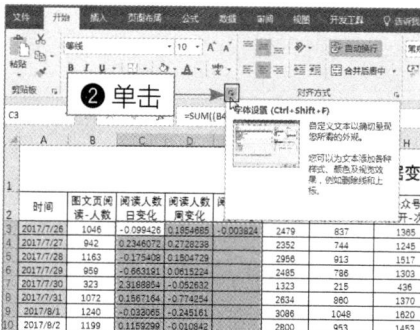

▲ 图15-27　单击"字体设置"按钮

步骤 ③ 弹出"设置单元格格式"对话框，❶切换至"数字"选项卡；在"数字"选项卡中，❷设置"分类"为"百分比"；❸设置"小数位数"参数为"2"；❹单击"确定"按钮，如图15-28所示；执行操作后，❺百分比格式设置完成，效果如图15-29所示。

步骤 ④ 选择C2:C31单元格区域，在"插入"面板的"图表"选项板中，❶单击"插入折线图或面积图"按钮，弹出列表框；❷选择"二维折线图"下的"折线图"选项，如图15-30所示；❸在工作表中插入图表，效果如图15-31所示。

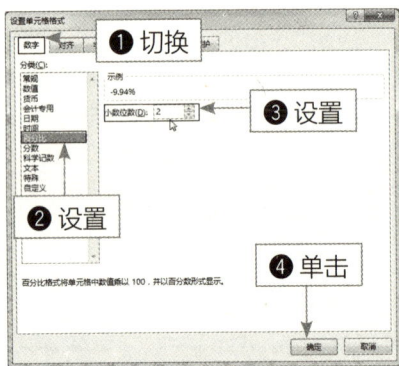

▲ 图15-28 "数字"选项卡

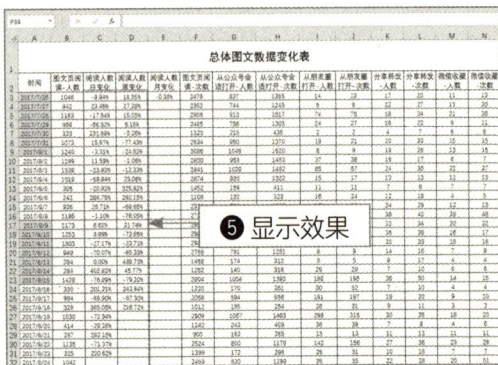

▲ 图15-29 设置百分比格式

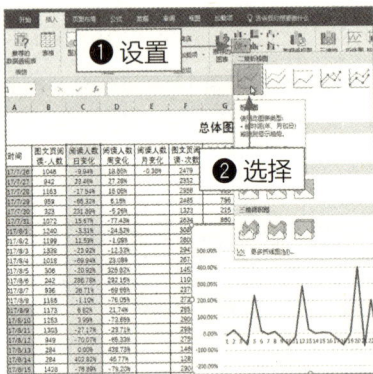

▲ 图15-30 插入折线图

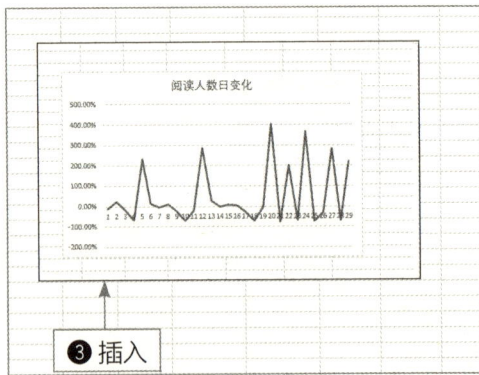

▲ 图15-31 插入图表效果图

步骤 ⑤ 选择图表，在"设计"面板的"图表样式"选项板中，❶选择"样式4"选项，可设置图表样式，如图15-32所示；❷在图表中，选择"水平（类别）轴"；单击鼠标右键，弹出快捷菜单，❸选择"设置坐标轴格式"选项，如图15-33所示。

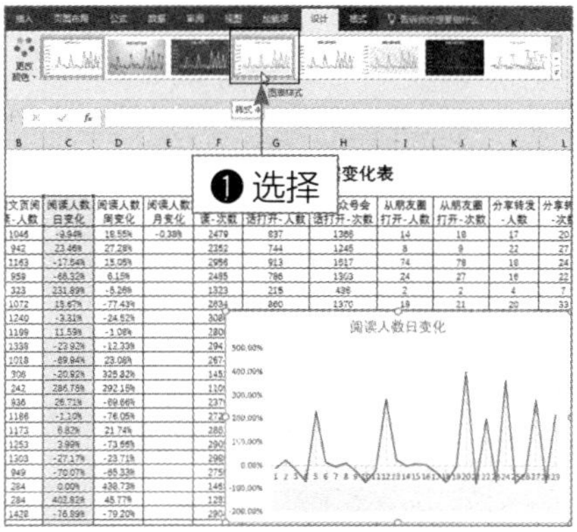

▲ 图 15-32　设置图表样式

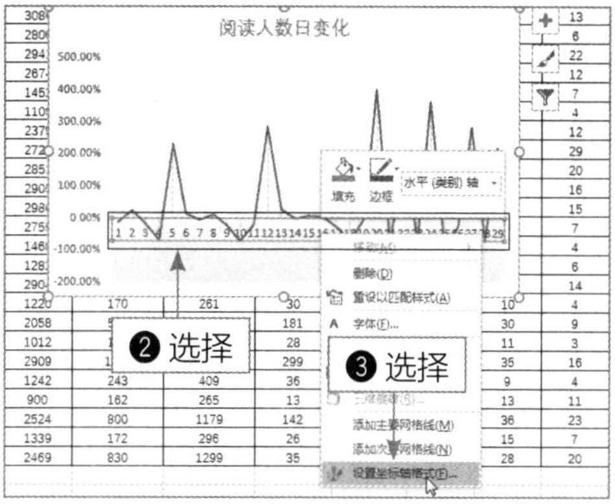

▲ 图 15-33　选择"设置坐标轴格式"选项

步骤 6 弹出"设置坐标轴格式"面板，❶ 单击"标签"左侧的倒三角按钮；在展开的选项中，❷ 单击"标签位置"右侧的下拉按钮；弹出列表框，❸ 选择"低"选项；❹ 单击"设置坐标轴格式"面板右上角的"关闭"按钮 ×，关闭"设置坐标轴格式"面板，图表水平（类别）轴的格式设置完成，如图 15-34 所示；修改图表标题为"阅读人数日变化数据分析"，❺ 显示效果如图 15-35 所示。

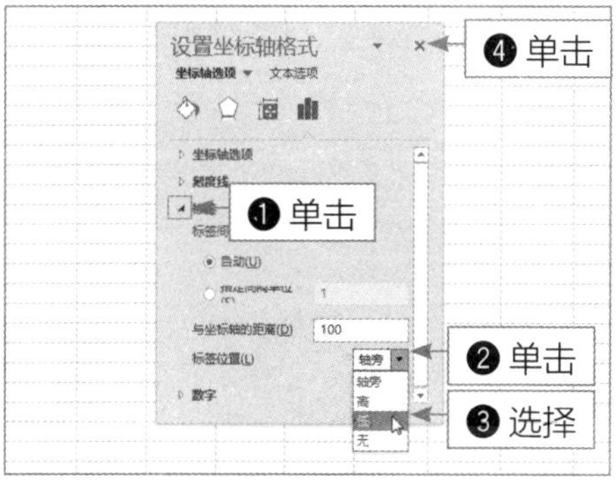

▲ 图 15-34　设置图表水平（类别）轴的格式

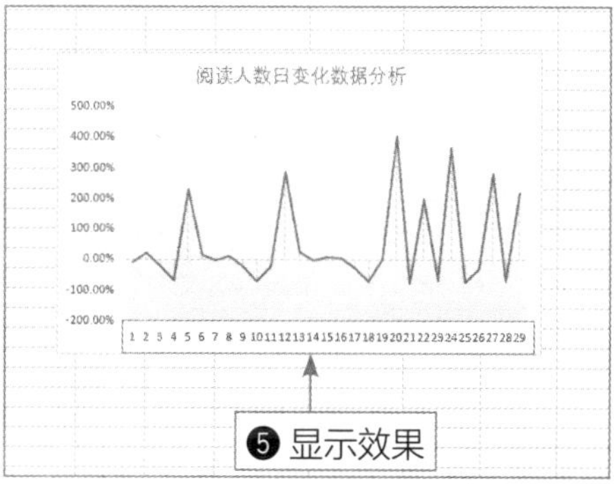

▲ 图 15-35　阅读人数日变化数据分析效果图

15.2.5　分析广告主推广目标

推广目标不同，广告主需要花费的广告费用也不同。因此，在运营过程中，不同平台、不同类型的自媒体账号，应当根据推广需要制订相应的广告推广目标——一切方案应当以适合为主。下面主要介绍"广告主推广目标数据圆环图"的制作流程和具体方法。

步骤 ① 新建一个名为"推广目标数据表"的工作表，输入相关的信息，❶ 设置工作表的行高、列宽、对齐方式、字体格式属性，并添加表格的框线效果，如图 15-36 所示；按住【Ctrl】键，同时选择 B2:B8、D2:D8 单元格区域，在"插入"面板的"图表"选项板中，❷ 单击"插入饼图或圆环图"按钮 ⬤▾，弹出列表框；❸ 选择"圆环图"选项，即可在工作表中插入圆环图，如图 15-37 所示。

▲ 图 15-36　设置工作表各属性

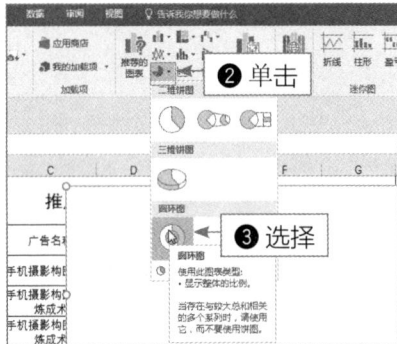

▲ 图 15-37　插入圆环图

步骤 ② 选择图表，在"设计"面板的"图表样式"选项板中选择"样式 8"选项，如图 15-38 所示，即可得到推广目标统计分析效果图，如图 15-39 所示。

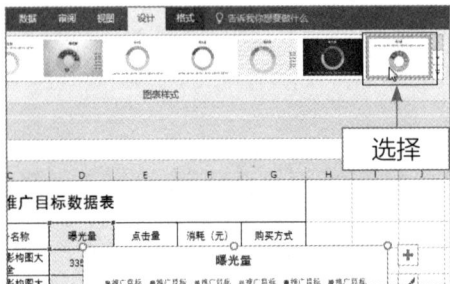

▲ 图 15-38　设置图表样式

▲ 图 15-39　推广目标统计分析效果图

步骤 ③ 在"格式"面板的"形状样式"选项板中，选择"彩色轮廓 - 黑色，深色 1"选项，如图 15-40 所示，从而得到推广目标统计分析圆环图，如图 15-41 所示。

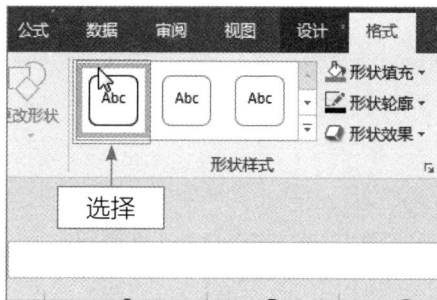

▲ 图15-40　设置图表的形状轮廓

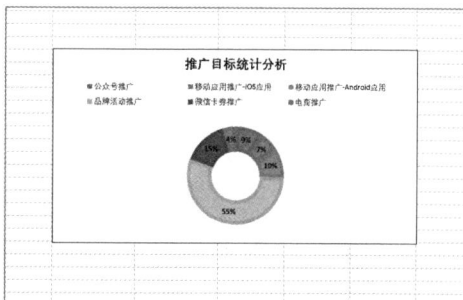

▲ 图15-41　推广目标统计分析最终效果图

15.3　社群运营：用一个点撬动每个成员

每一个社群里的成员或是有共同的爱好，或是有共同的目标。总之，每个社群里的成员都是由某个点来维系的。本节主要探究的是社群运营的相关知识。

15.3.1　多交互，加强用户关系

社群在运营初期以用户运营为主，通常用户与自媒体人会进行信息的交流和沟通，但用户的自我表达更多。此时双方进行对话和互动是为了进一步了解用户的信息和需求。因此，运营者在建立社群的初期，需要提出某个点，使得人们因为这个点而聚集起来。并且运营者还应与聚集起来的人群进行一对一、一对多的交流，走进社群成员的生活中，与他们一起交流、探讨，这样才能将社群运营起来。

用户的信息交互过程是根据目标用户群体和行业业务特征来决定的，一般而言可以分为以下3个阶段。

第1阶段，让用户从了解产品→考虑是否需要→购买→使用→给出意见→进行口碑传播。

第2阶段，让用户从感兴趣→了解产品→考虑是否需要→确定是否喜欢→购买→使用→对产品或品牌给予支持→体验服务、新产品性能→变成产品粉丝→进行口碑传播。

第3阶段，让用户与自媒体人从没有关系→潜在关系→弱关系→强关系→长关系。

关系的进展也就是让用户与用户之间、用户与自媒体人之间互相分享信息，从而促使用户与自媒体人之间的信任。自媒体人可以在社群运营中分享专业知识、产品服务或者用户关注的情况等，然后慢慢地将弱关系转化为强关系。

15.3.2　多展示，留住精准用户

自媒体人在进行宣传推广后，能为社群吸引一部分粉丝，但是却因为没有进行维

护而留不住粉丝，或者有些粉丝关注账号后就没有后续行为了。这样的情况非常不利于自媒体账号的后续发展。在具体的社群用户留存运营中，对一些新用户来说，他们是首次加入社群，对社群并不了解和熟悉。此时，如何让用户更快地进入角色，就成了决定用户留存的主要原因之一。

只有做好了新用户的引导工作，才可以让用户对社群产生兴趣和依赖，从而愿意继续关注和参与进来。此时，我们对用户引导的设置工作，可以从多个方面来完成。例如，要想做好用户引导，就需要在社群介绍上体现出该社群的亮点和主题，这有利于用户更好地认识社群。

15.3.3 好体验，培养铁杆粉丝

自媒体人可以通过制订详细的粉丝计划，大力培养自己的"铁杆粉丝"社群。在"培养铁杆粉丝"的过程中，可以从以下两个方面一步一步地进行。

（1）聆听用户的心声，与用户互动，耐心地与用户对话。只有这样粉丝才能感受到被尊重的感觉，并提升他们的用户体验。例如，大众建立了"大众自造"平台，它是由大众汽车品牌面向中国公众打造的探索未来汽车设计与制造的对话平台。这是大众汽车以社群的方式，提供人与人之间、用户与企业之间、消费者与产品之间的交流平台，以汽车为出发点，聚集人群进行沟通，给与企业一个并更为生动、直接的创新渠道。

（2）从粉丝需求出发，通过奖励来提升粉丝的活跃度。分析粉丝的需求、制订好奖励计划并送上用户需求的礼品，这样能大大地增加粉丝的体验好感度，进一步巩固粉丝的留存率。例如，荷兰航空公司会，在顾客登机的时候送上一份个性化的礼物，这样可以充分表现出荷兰航空公司是对乘客的关心，能让乘客有好的体验。

15.3.4 勤推荐，打造粉丝口碑

在社群运营中，想要顺利打造粉丝口碑就需要使用一些小窍门，例如赠送优惠的礼品、利用用户之间的口碑推荐等来打响企业品牌，为品牌树立良好形象。社群运营中的口碑打造主要是让粉丝在认可产品和品牌的基础上，心甘情愿地把它们推荐给自己身边的人，从而形成口碑。

一般来说，形成口碑的途径主要有3个：① 社群粉丝将产品或品牌抑或是社群电商中的内容，即时推送到自己的朋友圈中；② 将传播内容上传到信息流、对话框的信息流一栏中，随时监测内容并传播；③ 将产品转化为可提出申请的赠品，由传播者赠送给接收者。

例如，用户在社群中提供了评论的内容，自媒体人就可以从中吸取精华，用在自

我改善上；用户提供了娱乐类的内容，自媒体人就可以记住内容中的特点，查找相关内容，并发到社群中，引起社群用户的注意。

15.3.5　重情感，建好友小圈子

一般来说，自媒体人建立社群后，除了需要关注社群成员的动态以外，还需要做一些促进用户活跃度的工作，例如以下3个。

（1）积极组织用户群的活动。

（2）负责活跃用户群的气氛。

（3）在用户群内抛出话题进行讨论。

以微信粉丝群为例，为了吸引用户并留住用户，自媒体人需要一直关注群内动态并主动组织活动。此外，还可以通过发表"早安""晚安"等信息，努力活跃群内的气氛，如图 15-42 所示。这样可以增强用户的黏性，让用户感受到人性的关怀，从而成功地让用户继续留在群中。

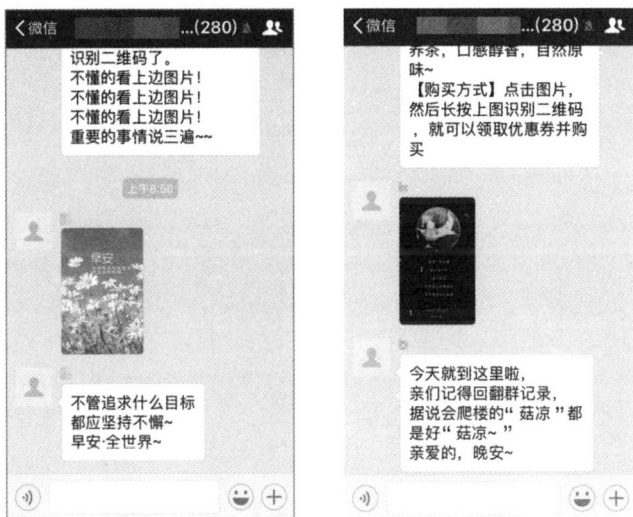

▲ 图15-42　活跃群组气氛的方式展示

💡 专家提醒

实际上，社群运营的重点就在于时刻关注粉丝的动态，特别要多关注那些黏性比较强的粉丝。自媒体人在努力活跃群组气氛的同时，可以通过发送优惠券、送出限量名额、赠送小福利等方式来达成运营目标。